INDEX & MAP

自駕路線全盤掌握！

14 松江境港 P.70
從鬼太郎的港口城鎮，到城下町松江

15 出雲大社・日御崎 P.78
從神話的故鄉到美景海岬

16 石見銀山 P.80
世界遺產與懷舊街道、溫泉

17 秋吉台・萩 P.82
從城下町萩到喀斯特台地

9 三段峽 P.60
從大峽谷前往壯觀的水壩

7 世羅高原 P.56
前往百花盛開的高原

18 角島・長門 P.86
雄壯的海景魅力十足

8 宮島・岩國 P.57
感動人心的日本三景與三名橋

3 吳・能美島 P.40
從「軍事之都」前往諸島

2 安藝灘跳島海道 P.38
渡過七橋，前往充滿鄉愁的諸島

1 島波海道 P.32
跨越海峽，享受環島樂趣

6 關門海峽 P.52
充滿異國風情的海峽與海港城鎮

39 松山・砥部 P.133
瀰漫歷史風情的溫泉與陶器之里

37 石鎚山・面河溪 P.131
西日本最高峰的靈山與溪谷之美

38 佐田岬 P.132
馳騁於細長的半島，朝岬前進

35 宇和島周邊 P.128
海、山、溪谷、歷史街景

33 四萬十川 P.124
沿著平靜的風景奔馳

34 足摺岬・龍串 P.126
遇見黑潮湧起的壯闊海景

U0076942

1

CONTENTS

中國・四國自駕遊

翻開這裡就能看到

自駕路線全盤掌握！
INDEX MAP ①

以想做的事情找尋地點！
各目的Best 5 & 計畫地圖 ③

現在就開始計畫自駕遊計畫！充實的**39**條路線 一目瞭然 附有 卷頭INDEX MAP

卷頭特輯

當日來回絕景自駕行
人氣拍照景點BEST3 ⑧

spot 1 從島波海道前往安藝灘跳島海道
還有渡輪之旅 瀨戶內環島路線 ⑧

spot 2 世界矚目的拍攝景點 角島大橋&元乃隅稻成神社
北浦街道海岸絕景路線 ⑫

spot 3 與愛車一起奔馳在四國的山脊
UFO LINE天空自駕路線 ⑯

新開幕&注目新聞
大家最想知道的
最夯Topics ⑱
**SA・PA必吃
美食地圖** ⑳
**CHECK!備受矚目的
公路休息站** ㉖
必吃美食地圖瀨戶內架橋版
**SA・PA
當地美食
CHECK** ㉚

依區域 自駕路線&MAP　⊕自駕路線&MAP 的使用方式 **7**

⊕ 山陽方面 ㉛
① 島波海道 　　　　32
街頭散步 尾道 　　　36
② 安藝灘與島波海道 　38
③ 吳・能美島 　　　　40
街頭散步 吳 　　　　42
④ 倉敷・吉備路 　　　44
街頭散步 倉敷 　　　48
⑤ 鷲羽山 　　　　　　50
⑥ 關門海峽 　　　　　52
街頭散步 門司 　　　54
街頭散步 下關 　　　55
⑦ 世羅高原 　　　　　56
⑧ 宮島・岩國 　　　　57
街頭散步 宮島 　　　58
⑨ 三段峽 　　　　　　60
⑩ 帝釋峽 　　　　　　61
⑪ 鞆之浦 　　　　　　62
⑫ 牛窗・備前 　　　　63
⑬ 高梁・吹屋 　　　　64
街頭散步 高梁 　　　65
當地美食 　　　　　　66

⊕ 山陰方面 ㉖⑦
區域特輯 備受矚目的溫泉 　68
⑭ 松江・境港 　　　　70
街頭散步 松江 　　　74
街頭散步 境港 　　　76
⑮ 出雲大社・日御碕 　78
街頭散步 出雲 　　　79
⑯ 石見銀山 　　　　　80
⑰ 秋吉台・萩 　　　　82
街頭散步 萩 　　　　84
⑱ 角島・長門 　　　　86
⑲ 大山・蒜山 　　　　88
⑳ 鳥取砂丘・但馬海岸 92
㉑ 東鄉湖・白兔海岸 　96
街頭散步 倉吉 　　　97
當地美食 　　　　　　98

⊕ 四國方面 ⑨⑨
區域特輯 讚岐烏龍麵名店指南 100
當地美食 　　　　　　105
㉒ 瀨戶大橋・五色台 　106
㉓ 屋島・高松 　　　　108
街頭散步 高松 　　　109
㉔ 大串・白鳥 　　　　110
㉕ 鹽江・脇町 　　　　111
㉖ 小豆島 　　　　　　112
㉗ 鳴門 　　　　　　　114
㉘ 祖谷溪・大步危 　　116
㉙ 劍山 　　　　　　　118
㉚ 南阿波海岸 　　　　119
㉛ 室戶岬 　　　　　　120
㉜ 桂濱・土佐橫浪 　　122
街頭散步 高知 　　　123
㉝ 四萬十川 　　　　　124
㉞ 足摺岬・龍串 　　　126
㉟ 宇和島周邊 　　　　128
㊱ 四國喀斯特 　　　　130
㊲ 石鎚山・面河溪 　　131
㊳ 佐田岬 　　　　　　132
㊴ 松山・砥部 　　　　133
街頭散步 松山 　　　134

●自駕巡遊四國八十八札所 **136**
●租車資訊 **144**
●中國、四國自駕導覽地圖 **145**
●中國、四國 高速公路地圖 **170**
●INDEX **172**

~使用本書時的注意事項~
請務必閱讀

■本書所刊載之內容，是依照2017年9月～12月時採訪、調查之資料所寫成的。

本書出版後，餐廳菜單及營業詳情、費用等各種資訊可能會有變動，也有可能會依季節變動或臨時休息、受災害影響而不可使用的狀況。此外，各項費用可能也會因應消費稅修改而調整。使用各項服務時，請事先再次確認。此外，敝公司無法賠償因本書刊載內容所導致之意外或損失，請知悉這點，再使用本書。

各項資料皆依據以下基準刊載

📞…電話號碼　由於所刊載之電話號碼為各個設施的諮詢專線，故有可能並非當地的電話號碼。以汽車導航系統搜尋位置時，所顯示出的位置可能與實際地點不同，請小心留意。

🕐…營業時間、開館時間
（住宿項目的IN／OUT為入住、退房時間）
營業時間、開館時間所記載的是實際上可以使用的時間。代表各個設施從開館到可以入館的最終時間，或是餐廳從開始營業至最後點餐時間的時間。此外，營業時間及開館時間可能會因季節或設施狀況而變動，請多加留意。

🏠…休息日
原則上只記載公休日，省略過年期間、中元節及臨時歇業日等。

💰…費用
各個設施的使用費基本上是記載平時成人所需付的費用。有可能會因季節或活動而變動。此外，有些設施所標示的價格可能不含稅。

🅿…停車場
記載有無停車場、普通小客車輛數、是否需要付費之資訊。

【敬請配合】本書中也有介紹「與酒有關的景點」，但若要駕駛車輛，請勿在當地喝酒。法律嚴禁酒駕。

自駕路線 & MAP 的使用方式

秋吉台[P.82]

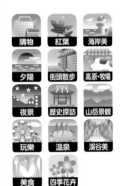
UFO LINE [P.16]

內頁範例是以4頁介紹一條自駕路線的例子。另外，也有些頁面的地圖大小有異，或是以1～2頁介紹一條自駕路線的頁面。

介紹

自駕路線概要
說明各個路線的玩樂方式。

自駕重點
從以下14種項目中，選出最5個享受自駕的重點要素標記在頁面中。

購物	紅葉	海岸美
夕陽	街頭散步	高原・牧場
夜景	歷史探訪	山岳景觀
玩樂	溫泉	溪谷美
美食	四季花卉	

自駕路線
本書中所介紹的自駕路線，皆為編輯部推薦的經典路線，但讀者可自行以各種方式組合路線與景點。因此，請將本書中所介紹的路線當成一種建議路線即可。

※路線以最近的高速公路IC為起終點來介紹。駕駛所需時間為車流順暢時的估計時間。

※雖然有可在當地住宿的建議駕駛路線，但各個路線並沒有事先設定好住宿地點。

自駕MEMO
記載著交通阻塞狀況、停車場、道路資訊等在自駕前需要先了解的交通相關資訊。

內頁範例

自駕MAP
本書有可以了解區域整體樣貌的地圖，讓讀者不只能照著書中所介紹的自駕路線玩，還能享受自駕自由自在樂趣。除了經典路線以外，相關道路上也記載有自駕資訊及道路資訊，還有花卉&紅葉資訊、當地美食資訊供讀者參考。

經典路線相關
━━━	介紹的經典路線
❶白瀧山	經典路線景點
START GOAL	經典路線起終點

其他介紹景點
📷 景點		❌ 玩樂	
🍴 美食		☕ 咖啡廳	
購物		♨ 不住宿溫泉	
住宿		複合設施	
公路休息站		四國八十八札所	

其他
雖然路面狹窄但海景很美麗	自駕資訊
春天有1000株櫻花綻放秋天則有紅葉可以欣賞	花卉&紅葉資訊
使用「伯方鹽」製作的「伯方鹽拉麵」很受歡迎	當地美食資訊

♨ 溫泉地	✳ 絕佳觀景點
賞花名勝	滑雪場
紅葉名勝	露營場
❌ 冬季封閉	

自駕路線的景點
主要鎖定各自駕路線的人氣熱門景點，或是可以推薦給任何人的絕佳觀景點或適合散步的場所。因為每個人享受自駕的方式都不同，所以此部分並沒有介紹住宿或美食景點等依個人喜好或方便所選擇的景點。

話題景點
以專欄方式介紹當地美食等地區話題景點，或是雖然不適合在兜風時順道造訪，但有時間的話可以去看看的地方或活動。

這裡也很推薦
介紹書中所刊載的路線周邊的景點/玩樂/購物/美食等值得推薦的順路景點。可將其用來自由搭配經典路線。

當日來回

人氣拍照 📷 景點 BEST 3

絕景自駕行

有瀨戶內群島、壯觀的日本海，以及四國山地的高原景緻。在中國、四國區域中，有許多地點絕佳的自駕路線！現在馬上展開當日來回的自駕旅程，朝著適合在社群網站分享的美景前進吧！

SPOT 1 從島波海道前往安藝灘跳島海道

瀨戶內
環島路線 ⋯⋯⋯⋯ **P.8**

SPOT 2 角島大橋＆元乃隅稻成神社

北浦街道
海岸絕景路線 ⋯⋯⋯ **P.12**

SPOT 3 與愛車一起奔馳在四國的山脊

UFO
天空自駕路線 ⋯⋯⋯ **P.16**

從島波海道前往
安藝灘跳島海道

還有渡輪之旅

SPOT 1 瀨戶內 環島路線

瀨戶內海國立公園
高見山山頂
標高 283M

展望台附近有停車場，移動也很順暢

被指定為國家公園

島波海道 | 向島 | 美食
以瀨戶內的山珍海味為主的島嶼午餐

立花食堂 ● たちばなしょくどう

綠意環繞的食堂兼咖啡廳。提供使用瀨戶內產的食材製作的定食或蓋飯、甜點。廣闊庭園內的一角附設有足湯與雜貨店。

📞 0848-36-5662
🏠 広島県尾道市向島町立花287-1
🕐 11:00～14:00 休 週二、第2、4週三
🅿 20輛 　地圖P.33C-2

立花食堂的定食
1300日圓

島波海道 | 向島 | 伴手禮
位於向島山腰的巧克力工廠

USHIO CHOCOLATL
● ウシオチョコラトル

賣點是僅用可可豆和砂糖製作的巧克力。推出可可香味濃郁的海地產可可豆等數種口味。也可以在景色絕佳的店內喝飲料。

📞 0848-36-6408
🏠 広島県尾道市向島町立花2200 　🕐 9:00～17:00 休 週二、三 🅿 20輛 　地圖P.33C-2

巧克力一塊756日圓～

島波海道 | 向島 | 伴手禮
用源自島嶼的當地彈珠汽水來解渴

後藤鉱泉所
● ごとうこうせんじょ

創業約90年，製造懷舊的瓶裝汽水與彈珠汽水等6種汽水。由於不可以把汽水帶回家，只能在島上品嘗到的味道令許多粉絲著迷。

📞 0848-44-1768
🏠 広島県尾道市向島町755-2 　🕐 8:30～17:30（依時期變動） 休 不定休
🅿 無 　地圖P.33C-1

瓶裝果汁一瓶150日圓

暢遊瀨戶內群島
盡情享受橋上自駕趣！

熠熠生輝的大海上，漂浮著大大小小島嶼的瀨戶內海。能像這樣一邊享受多島美一邊自駕的道路，就是「島波海道」和「安藝灘跳島海道」。橋上自駕最大的魅力就是可以馳騁在連接各個島嶼的橋上，像是檸檬生產量第一的島嶼、留有歷史街景的島嶼等；或是繞道至個性豐富的島嶼、盡情品嘗海鮮美食、享受島上特有柑橘伴手禮的魅力，都是橋上自駕吸引人的地方之一。這次的路線將會環遊向島、生口島、大三島這3個島嶼，途中還有以渡輪移動的乘船旅程。在安藝灘跳島海道會順道前往大崎下島的1島，一邊享受夕陽景緻自駕，一邊朝終點站吳前進。輕觸鼻梢的海潮香與適合照相的島嶼風景迎接你的到來。一起展開自駕慢旅吧！

自駕路線
路線景點①

西瀨戶尾道
尾道
後藤鑛泉所 高見山展望台
島ごころ USHIO CHOCOLATL
耕三寺博物館(耕三寺) ちどり 立花食堂
廣島縣 因島北
因島南
全島美術館 生口島南
大山祇神社 生口島北
大三島 大三島北
上蒲刈島 大三島南
安藝大橋 關前島 公路休息站 多多羅島波公園
(收費車道) 伯方島
下蒲刈島 安藝灘跳島海道 搭乘渡輪 大島
宗方港 オミシマコーヒー焙煎所
本家 好好 御手洗街景保存地區 愛媛縣
大和溫泉物語 船宿カフェ 若長 岡村港
歷史の見える丘公園 今治

島波海道 生口島 美食 留意名產檸檬鍋！

ちどり

創業約50年的鄉土料理店。檸檬鍋相當有名，可以品嘗到以加了檸檬汁的醬油為基底的特製高湯。使用瀨戶內海產章魚製作的章魚飯與蓋飯也很受歡迎。

☎0845-27-0231 所廣島縣尾道市瀨戶田町瀨戶田530-2 ⏰11:00~16:00、18:00~22:00 休週二、不定休 P無 地圖P.33B-2

檸檬鍋1人份972日圓

島波海道 生口島 伴手禮 用瀨戶內檸檬製作的甜點

島ごころ ●しまごころ

製造、販售使用島上特產檸檬製作的西點和果醬。質地濕潤，加了瀨戶田環保檸檬果醬的檸檬蛋糕是招牌商品。

☎0845-27-0353 所広島県尾道市瀬戸田町沢209-32 ⏰10:00~17:00 休無休 P25輛 地圖P.33B-2

瀨戶田檸檬蛋糕
島ごころ1個250日圓

島波海道

川上喜三郎『ベルベデールせとだ』

生口島 拍照景點 整座島嶼都是畫布
展示精選的藝術作品
全島美術館 ●しまごとびじゅつかん

島內遍布著作家自己選擇展示場所，受到該地的風景啟發而做出的作品。隨著季節、天候、時間不同，作品也會展現出不同風貌。

資訊➡P.34

可以就近觀賞現代藝術♪
真板雅文『空へ』

拍攝info
地點⋯瀨戶田夕陽海濱等
時間⋯正中午
重點⋯在拍攝大型藝術作品時，從下面往上拍攝的話，就可以拍出有魄力的照片。

島波海道

向島 拍照景點 令人嚮往的瀨戶內美景就在眼前！
高見山展望台 ●たかみやまてんぼうだい

這裡因為以前曾有支配這一帶的村上海賊的展望台而聞名。站在位於海拔283m高地的展望台上，可以一覽因島大橋和瀨戶內群島。春天有櫻花，秋天則有紅葉渲染的島嶼風情一覽無遺。

☎0848-38-9184（尾道市觀光課）
所廣島縣尾道市向島町 ⏰自由參觀 P100輛 地圖P.33C-2

拍攝info
地點⋯高山展望台
時間⋯順光的上午，也很推薦在傍晚時拍攝
重點⋯建議面向因島大橋和島波海道的群島會入鏡的今治方向拍攝

廣達5000㎡的大理石庭園「未來心之丘」

完全像是來到國外一般！

島波海道

生口島 拍照景點 彷彿是希臘神殿的白牆庭園！
耕三寺博物館 (耕三寺)
●こうさんじはくぶつかんこうさんじ

登錄為有形文化財的堂塔櫛比鱗次的寺廟。繽紛的堂塔相當值得一看，但現代藝術風格的大理石庭園「未來心之丘」因為就像希臘神殿一般而在社群網站上蔚為話題。是很有人氣的拍照景點。

資訊➡P.34

耕三寺的中門

本堂前的小門也是拍照景點

拍攝info
地點⋯未來心之丘
時間⋯正中午
重點⋯讓更多藍天入境，就可以加強藍色與白色的對比，拍出充滿異國風情的照片！

大三島 遠眺多多羅大橋，品嘗夢幻石斑魚料理

拍照景點

公路休息站 多多羅島波公園
みちのえきたたらしまなみこうえん

位於多多羅大橋旁，最適合作為島波自駕旅程據點的公路休息站。這裡最有名的是使用夢幻高級魚：石斑魚製作的料裡，在餐廳還有蓋飯、定食、拉麵等8種菜色可供選擇。欣賞在窗外擴展的美景也是一大享受。
資訊➡P.34

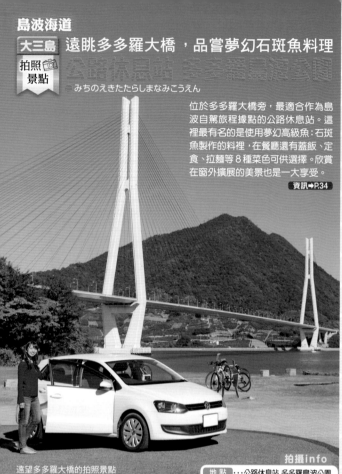

遠望多多羅大橋的拍照景點

拍攝info

地點	…公路休息站 多多羅島波公園
時間	…順光的上午是最佳時段
重點	…從多多羅島波公園的石碑前拍可以讓多多羅大橋、海、島都入鏡，拍出生動有力的照片。

提供和式座位和一般桌椅座位

石斑魚蓋飯 1950日圓

發現檸檬！

在公路休息站內也可以買到當季的柑橘

可以看到御手洗的街景和連接瀨戶內群島的橋

安藝灘跳島海道

若想一望瀨戶內海的壯闊全景
染上橘色的傍晚是最佳時段！

大崎下島 歷史の見える丘公園

拍照景點

れきしのみえるおかこうえん

設置在俯瞰御手洗地區小高丘上的公園。從展望台可以一覽御手洗的古老街景和瀨戶內海群島、愛媛縣境內的岡村大橋以及橘子梯田。特別是傍晚時的景觀非常壯觀，染成紅色的瀨戶內島嶼景色美到讓人不禁嘆息。還有一個重點是停車場就位於展望台附近，便於順道造訪。

拍攝info

地點	…歷史の見える丘公園
時間	…傍晚到日落後數十分鐘
重點	…從傍晚到有魔幻時刻之稱的日落後數十分鐘的時間，安藝灘跳島海道會受到夕陽渲染，充滿了懷舊的氣氛。

☎0823-67-2278（豐町觀光協會）
🏠広島県呉市豊町御手洗 ⬆自由入園
🅿10輛 地圖P.39-C-3

島波海道 大三島 參觀景點

自古以來天皇和武將都會前來參拜

大山祇神社 ●おおやまづみじんじゃ

被視為海與山、武人之神而受到人們信仰。獲指定為國寶、重要文化財的武器中，有8樣保存並展示在寶物館裡。 資訊➡P.34

樹齡2600的大楠樹蓋覆整個境內

島波海道 大三島 咖啡廳

建在橘子田前的自家烘焙咖啡店

オミシマコーヒー焙煎所
●オミシマコーヒーばいせんじょ

使用南美的高品質咖啡豆，仔細手沖而成的咖啡非常受歡迎。由橘子田和瀨戶內的多島美交織而成的景色也相當有魅力。

☎0897-87-3655
🏠愛媛県今治市上浦町瀨戶6054
⬆11:00～17:00 休週二、三、五
🅿7輛 地圖P.33B-3
Omishima 綜合咖啡500日圓等

島波海道 ⬌ 安藝灘跳島海道

將汽車開上船，搭乘渡輪移動吧！

島波海道的大三島和安藝灘跳島海道的岡村島之間有渡輪運行。由於兩座島之間沒有相連的橋，所以僅能用渡輪來往這兩個地方。船上也可以搭載車輛，一天有5個班次。

船資票價為410日圓，汽車搭乘費為1840日圓～（包含1人份的船票票價）

23分的乘船之旅

時刻表

起點宗方港	終點岡村
8:50	9:13
9:40	10:03
14:35	14:58
15:25	15:48
17:40	18:03

坐在板凳上眺望美景也很棒◎

位於山丘上的展望台

風情萬種的常盤町通

資訊➡P.38

大崎下島 安藝灘跳島海道

拍照景點

下車後，
漫步在歷史悠久的街景中

御手洗街景
保存地區
● みたらいまちなみ
ほぞんちく

曾以海上交通要衝之姿而繁榮，歷史悠久的港口城鎮。區域內從江戶時代到昭和初期的建築物都有，宛如電影造景一般。值得一看的景點都在徒步範圍內，也有咖啡廳和商店遍布其中。由於許多設施在下午5時前就關門了，要注意時間分配。

拍攝info

地點…常盤町通的潮待館前
時間…整天
重點…讓格子窗等有歷史氛圍的特徵入鏡，就更能將城鎮的氣氛拍進照片裡。

曾是劇場的「乙女座」

在御手洗休息區內
也有販售伴手禮

安藝灘跳島海道 **大崎下島** 美食

大長檸檬善哉500日圓

一邊觀賞美景一邊小憩

船宿カフェ 若長 ● ふなやどカフェわかちょう

翻新船員旅館而成的古民家咖啡廳僅限於週末開放，可以品嘗到用島嶼特產製成的甜點。從2樓可以眺望瀨戶內海的美景。

☎090-4483-3141
所 広島県呉市豊町御手洗住吉町325 ⏰11:00
～16:50 休週一～五（逢假日則營業）P1輛
地圖P.39C-3

吳 美食

味噌滷雞皮
兩根300日圓

品嘗吳的名產「味噌滷雞皮」

本家 鳥好 ● ほんけとりよし

在吳地區大獲好評的烤雞肉店。是去掉雞皮的油脂後再用味噌燉煮的吳地區名產「味噌滷雞皮」的創始者。除了烤雞肉外，這裡也有提供冬季限定的牡蠣料理。

☎0823-24-7667 所広島県呉市中通3-2-3
⏰17:30～21:30 休週日、不定休 P無 地圖P43B-1

吳 不住宿入浴設施

進行溫泉巡禮，享受多樣的溫泉

大和溫泉物語 ● やまとおんせんものがたり

JR吳站附近的溫泉設施。大樓6樓的露天溫泉區有9種浴池，5樓則有室內浴池和岩盤浴等設施。

也有信樂
燒的壺湯

☎0823-24-1126
所 広島県呉市宝町2-50 レクレ5～6F
⏰6:00～翌日3:00（露天溫泉為～翌日2:00）、包租浴池為24小時
休一年有2天不定休 ¥舒爽療程1130日圓 P300輛（僅有部分免費）
地圖P.43B-1

備受全世界矚目的拍攝景點
角島大橋&元乃隅稻

SPOT 2 北浦街道海岸絕景路線

下關市 **拍照景點**
山口數一數二的絕景 橫跨藍海的大橋
角島大橋 ●つのしまおおはし

橫橋鑽藍色的澄澈大海,全長 1780m 的角島大橋。由於大橋位於北長門海岸國定公園中,設計上也有考慮到周邊美麗的海洋景觀。渡橋時可以從車窗欣賞深淺海域的漸層色彩,並享受繞過鳩島的樂趣。

☎083-786-0234(豐北町觀光協會) 🅰山口縣下關市豐北町神田~角島 ⏰自由參觀 🅿30輛 地圖P.13

車子的廣告也會在角島大橋拍攝

下關市 **美食**
在海邊的露臺座位享用午餐
GABBIANO ●ガッピアーノ

建在角島大橋附近高地上的餐廳。露臺座位當然不用說,店內也是眺望海景的絕佳地點。主要提供使用近海海鮮製作的義大利麵和披薩等義大利菜,還有種類豐富的甜點。

☎083-786-0331
🅰山口縣下關市豐北町神田3502-1 ⏰11:00~16:30(週六、日、假日~17:30,視時期而異)
🈺週二 🅿12輛 地圖P.13

每日替換的午餐(3280日圓)

下關市 **美食**
能品嘗到以魚類為主的日本料理
夢岬 ●ゆめみさき

在面朝日本海的店內,可以品嘗到主要使用當地魚產製作的日本料理。使用在豐北町釀造的 MARUKA 醬油,放上新鮮生魚片的海鮮蓋飯相當受歡迎。1 天限定 20 份的夢岬御膳(3888 日圓)也頗受好評。

☎083-786-1008
🅰山口縣下關市豐北町角島3042 ⏰11:00~17:00(週六、日、假日~18:00,售完打烊,視時期而異)
🈺週二(逢假日則前一天或翌日休) 🅿35輛 地圖P.13

海鮮蓋飯(2268日圓)
搭配偏甜的醬油享用

下關市 **美食**
一邊眺望日本海一邊輕鬆享受美食
角島テラス ●つのしまテラス

位於角島西邊的露臺型餐廳。提供海鮮清蒸後品嘗的鐵罐燒、使用角島特產的蠑螺製作的蠑螺飯等獨創菜色。也有販售霜淇淋或刨冰(夏季限定)。

☎083-786-1410
🅰山口縣下關市豐北町角島田ノ尻2899-1 ⏰10:00~日落 🈺不定休
🅿20輛 地圖P.13

露臺座位可一望眼前的海景

成神社

地點…角島大橋
時間…上午
重點…推薦在順光的上午拍攝，可以拍到顏色鮮明的藍海和角島大橋。

奔馳在本州最西邊
日本海美景自駕之旅

在眼旁有讓人以為自己身在南國的澄澈海景，一邊感受清爽海風一邊享受自駕樂趣的北浦街道上，近幾年有因為相當適合拍照而備受全世界矚目的「角島大橋」、「元乃隅稻成神社」等自駕重點。前半段路線的重點景點角島位於山口縣西北部，因角島大橋連接本土與島嶼的美麗姿態而成為人氣景點，成為下關首屈一指的觀光名勝。後半部分的自駕行程往長門方向，這裡最熱門的景點就是元乃隅稻成神社。從海邊的岩石延伸至本殿的參道上有 123 座鳥居，從高地往下看到的景色堪稱絕景。此外，在距離元乃隅稻成神社 30 分的路程內，還有夕陽景色相當美麗的東後畑棚田、可以一覽日本海的千疊敷、本州最西北端的川尻岬等值得一看的景點。

牧崎
牧崎風の公園

好想去看看橋的另一端

鈷藍色海灘

276

角島八幡宮
瀨崎陽の公園
瀨崎
角島大橋

夢ヶ崎
夢ヶ崎
角島大浜
海水浴場
つのしま
自然観
角島テラス

角島燈塔

GABBIANO

守護海上安全的
重要燈塔

下關市 參觀景點

可以爬上去參觀的全花崗岩造燈塔

角島燈塔 ●つのしまとうだい

在明治 9（1876）年由公聘外籍顧問 R.H. 布朗頓所建造，高達 29.6m 的花崗岩造西式燈塔。爬上螺旋階梯後就可以從上面一覽日本海，燈光點綴的夜晚籠罩著幻想般的氣氛。周邊有散步道和公園等。

☎083-786-0108
🏠山口県下關市豊北町角島
2343-2 🕘9:30〜16:30
（10〜4月為9:00〜16:00）
休天候不佳時 ¥200日圓
P170輛（一次300日圓）
地圖P.13

SPOT ② 北浦街道海岸絕景路線

川尻岬
大島
356
油谷島
357
66
元乃隅稻成神社
龍宮之潮吹
千疊敷・Country Kitchen
東後畑棚田
長門市
191
286

傾斜地上有無數廣闊的水田

長門市 參觀景點

看起來層層交疊的美麗梯田

東後畑棚田 ●ひがしうしろばたたなだ

「日本梯田百選」所選定的景觀勝地。從5月中旬到6月上旬為止,日本海的夕陽與漁火映照在傾斜地上水田的景色堪稱絕景,吸引全國各地的攝影師前來,因此備受矚目。

☎0837-22-8404
(長門市觀光會議協會)
🏠山口県長門市油谷後畑410-1　┗自由參觀
🅿30輛　地圖P.14

長門市 參觀景點

吉田松陰也曾造訪過的海岬

川尻岬 ●かわしりみさき

川尻岬是在崎嶇不平的岩石上有著白色燈塔的「本州西北端」海岬。可以坐在長板凳上,一邊觀賞壯闊的水平線一邊度過悠閒時光。設有休息小屋,附設帳篷區的露營區僅在夏季期間可以使用。

☎0837-22-8404
(長門市觀光會議協會)
🏠山口県長門市油谷向津具下　┗自由參觀
🅿30輛(僅夏季期間需付費)　地圖P.14

可愛的狐狸
守護神社

現在備受全世界矚目的神社

元乃隅稻成神社

● もとのすみいなりじんじゃ

於昭和30（1955）年從島根縣津和野町的太鼓谷稻成神社分靈而來的神社。鳥居的上方設有香油錢箱，據說以將香油錢丟進頭上的箱子中這種少見的形式將香油錢丟進去的話，願望就可以實現。

☎ 0837-22-8404
（長門市觀光會議協會）
🏣 山口縣長門市油谷津黃498
🕐 日出～日落　🅿 46輛　地圖P.14

排列在香油錢箱兩邊的狐狸

主要照片拍攝info

地 點	…元乃隅稻成神社
時 間	…上午
重 點	…從本殿所在的高處往下看，可以一覽綿延的鳥居與大海。重點是要用廣角鏡頭拍攝廣角照片

許願後，將香油錢丟進去吧

従上面窺視出去，居然看到了斷崖絕壁…

龍宮之潮吹
元乃隅稻成神社的參拜道路入口附近，可以看這個自然現象。海浪拍打著岩石，海水也跟著氣勢十足地噴了上來

有大風車佇立於此的千疊敷

位於千疊敷絕佳地點的咖啡廳

千疊敷·Country Kitchen
● せんじょうじきカントリーキッチン

可以一覽日本海美景的觀景咖啡廳。面海的店內為鄉村風格的時尚空間。除了有漢堡排和咖哩等餐點外，自製甜點和飲料等種類也很豐富，相當推薦在自駕途中順道看看。

☎ 0837-37-3824
🏣 山口縣長門市日置中1138-1　🕐 11:00～17:00（用餐～15:00）　📅 週四（逢假日則營業，12～2月不定休，週六、日、假日營業）　🅿 200輛　地圖P.14

香草烤雞腿套餐
（1600日圓）

這就是目前蔚為話題的世界級美景！

15

與愛車一起奔馳在四國的 UFO LINE

冬季封閉期 11月底～4月上旬（需洽詢）

SPOT 3 天空自駕路線

可以同時享受自駕跟登山樂趣，完美！

往松山道いよ西条IC方向　愛媛縣　新居浜市　公路休息站 木の香　高知自動車道
西条市 拍攝地點　大川村　大川村役場　早明浦水壩　本山町
石鎚山　UFO LINE　17　いの町　194　土佐町　439
久萬高原町　40　奧吉野溪谷　439　高知縣

四國的景觀道路！一覽山峰、街道，以及來島海峽大橋

與愛車一起駛上海拔約1500m的高地，開往西日本最高峰石鎚山的山麓。來到四國，就可以找到這種自駕路線。「好想爬上山，眺望壯觀的景色！但又沒有自信可以連續走好幾個小時。」有如此想法的朋友，只要開上 UFO LINE，也有機會藉由自駕感受登山的氣氛。全方位都一望無際的藍天與連綿的山地，眼下盡是一片茂盛的樹林的景觀，彷彿來到了世外桃源。面對夾著枯木林的石鎚山，心中無處釋放、不斷迴旋的煩惱都煙消雲散。前往時，要從伊野町的國道194號寒風山隧道入口前開進岔路，順著上坡的道路前往四國山脈的山脊。回程則要從縣道40號石鎚公園線行經長澤水壩後再回到國道194號。

伊野町 拍照景點　悠閒行駛在美景中！

UFO LINE
●ゆーふぉーらいん

雖然可以開車前往，但由於路線在山區中，需要留意天候變化。冬季封閉期間前後有看到霧冰的機會，先洽詢道路狀況才能放心前往。行駛在上、下坡道時，記得要減速，並在有空間的地方禮讓對向來車等，不要心急。

☎088-893-1211（伊町觀光協會）
所 高知縣いの町　自由參觀　P 瓶森附近等許多地方都設有停車場　地圖P.165H-1

拍攝info
地點···UFO LINE
時間···推薦上午前往
重點···在東黑森登山步道走10分，到了山脊後就能一覽UFO LINE跟壯闊的山景。

拍攝地點
冰見二千石原　瓶森　西黑森　伊予富士
瓶森山中小屋　拍攝景點　東黑森
白石小屋　自念子之頭　UFO LINE

也有設置住宿設施、餐廳、溫泉

用雉雞肉做的雉雞咖哩平常並不常見

擺著密密麻麻的山里特產

在進入山中前做好事前準備　伊野町 伴手禮、美食

公路休息站 木の香
●みちのえきこのか

位於國道194號旁邊，在進入連接UFO LINE道路前的公路休息站。所在地點有山跟清澈的水流環繞，自然環境相當豐富。順道走進公路休息站，準備萬全後前往UFO LINE吧。提供不住宿溫泉，回程時泡個溫泉，消除疲勞後再回去也很不錯。　資訊➡P.26

本山町·土佐町 參觀景點
也可以來這裡從事水上運動

早明浦水壩
●さめうらダム

有四國水缸之稱的大規模水壩，水量號稱西日本第一，同時也是知名的賞櫻景點。也因為可以體驗釣魚、香蕉船等水上運動而聞名。

☎0887-82-0485
（獨立行政法人 水資源機構早明浦水壩、高知分水管理所）
所 高知縣本山町·土佐町
休 自由參觀　P 有停車場
地圖P.166B-1

一直以來提供四國地方珍貴水資源的水壩

近看水壩，景觀之壯觀不負大規模水壩的稱號

山脊

為什麼叫UFO?

...式名稱是町道瓶森線，外號原本...雄峰線，後來演變成 UFO LINE。先不論曾有...FO 出現的傳聞，這條路線的視野好到讓人覺得...有 UFO 飛來四國時，一定會注意到它的到來。

紅葉季節時也有機會看到霧冰

在自己前進的道路上可以一望至遠方

在自駕過程中，可以實際感受到與天空的距離之近

西條市 感動人心的靈峰石鎚山景

拍照景點

瓶森・冰見二千石原
● かめがもり・ひみにせんごくはら

拍攝info

地點	…冰見二千石原
時間	…推薦上午前往
重點	…登山口設有停車場。登山步道走約15分就可以看到枯木林和一整片山白竹，以石鎚山聳立的壯闊景象為背景的景色令人感動。

拍攝地點

瓶森 山中小屋　白石小屋★　冰見二千石原　瓶森　西黑森　自念子之頭　東黑森　伊予富士

UFO LINE

拍照景點

地圖P.165G-1

一整片山白竹跟枯木林，後方還有靈峰石鎚山的壯闊景色

大川村 參觀景點

在縣道旁連綿的美麗溪谷

奧吉野溪谷
● おくよしのけいこく

位於大川村西邊的奧吉野溪谷以村中的景觀勝地聞名，特別是在紅葉時節，有許多人為了觀賞紅葉造訪此地。有壺穴的綠色岩石與美麗河流交織成獨特的景觀。

☎ 0887-84-2211
(村落營造推進課) 所 高知縣大川村下切 自由參觀
地圖P.166A-1

碧綠色的岩石跟河流，相當神秘！

澄澈的綠色河流與碧綠色的岩石令人著迷

坐擁豐富大自然，讓人想在退休後前來定居的村莊

大川村 ● おおかわむら

大約位於四國正中央的大川村位於高知縣北部，人口約為 400 人，是除了離島外人口最少的村莊。前一陣子還因為保留村議會對策的議題引起人們討論。對於對都市塵囂感到厭倦的人來說，眼前一整片閑靜的山中村莊景色，真的就像世外桃源一般。目前高知縣也有進行住民搬進縣內的支援服務，大川村是備受矚目的候選地。

☎ 0887-84-2211
(村落營造推進課)
所 高知縣大川村小松
地圖P.166A-1

佇立在縣道旁，小而美的村公所

山腹中有一棟讓人想住一次看看的古民宅

最夯Topics

蔚為話題的不住宿溫泉設施和活動等，
為各位介紹中國、四國地方最夯的景點&新聞！
在自駕途中，請務必順道來看看。

展示水的流向與動態，最先進的「水塊」展示造成了話題

大人也能玩得開心的
都會型水族館

在用愛媛傳統工藝點綴的藝術空間中泡湯

建築物融入飛鳥時代的建築樣式
外觀相當莊嚴

愛媛縣 道後溫泉別館 飛鳥乃湯泉
●どうごおんせんべっかんあすかのゆ

睽違33年，於道後溫泉誕生的全新溫泉設施。有大浴場、露天溫泉、重現皇室專用浴室「又新殿」的親子溫泉，還有提供泡完澡後在大廳或包廂內放鬆的方案。點綴館內的愛媛傳統工藝也很值得注目。

60個榻榻米大小的大廳

大浴場內裝飾有砥部燒壁畫

☎089-932-1126
🏠 愛媛縣松山市道後湯之町19-22 ⏰視方案而異 休每年一次
🅿100輛（使用道後溫泉停車場／30分100日圓） 地圖P.135C-1

廣島縣 MARIHO水族館
●マリホすいぞくかん

位於購物中心廣島MARINA HOP內，是廣島市中唯一一座水族館。真實重現廣島的溪流與瀨戶內海等景觀，可以觀賞生物充滿活力的樣貌。

「閃耀珊瑚海」環礁湖水槽

☎082-942-0001 🏠広島県広島市西区観音新町4-14-35
⏰10:00～19:45（11～3月～16:45） 休依MARINA HOP規定
💴入館費900日圓 🅿1500輛 地圖P.158C-1

餐廳提供活魚料理

誕生於鳴門品質更上一層樓的不住宿入浴設施

德島縣 鳴門天然溫泉 あらたえの湯
●なるとてんねんおんせんあらたえのゆ

設有寬敞的露天溫泉和別具匠心的浴槽不住宿入浴設施。也有提供貴賓室，可以坐在裝有電視的躺椅上放鬆。附設餐廳、特產品商店。

從露天溫泉（玄之湯）可以看到賽船場和小鳴門橋

☎088-676-2611
🏠 德島縣鳴門市撫養町大桑島北ノ浜8-2 ⏰8:00～翌日1:00、週五、六、假日前一天～翌日2:00（入館受理至閉館前1小時） 休不定休 💴入浴費600日圓（週六、日、假日為750日圓） 🅿176輛（可以停4輛巴士） 地圖P.115C-2

高知縣 高知縣立坂本龍馬紀念館
●こうちけんりつさかもとりょうまきねんかん

紀念館本館內設置有體驗型展示，搖身一變為可在歡樂中學習關於龍馬與幕末知識的博物館。而在新蓋的新館中，則展示有關於龍馬的珍貴資料。也會舉辦企劃展。

☎088-841-0001
🏠高知縣高知市浦戶城山830
⏰9:00～17:00 休無休 💴企劃展展期中入館費700日圓，僅有常設展示時490日圓 🅿40輛 地圖P.122

右邊為本館，左邊為新館（落成示意圖）

加設新館
全力傳達龍馬的魅力！

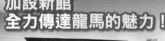

山口縣 萩·明倫學舍
●はぎめいりんがくしゃ

建於藩校舊址的日本最大規模木造校舍，在經過改建後成為觀光據點。由展示實物資料的幕末博物館、介紹萩的世界遺產專區，還有用萩的食材製作料理的餐廳構成。

2號館 幕末博物館的樣子

☎0838-21-0304
🏠山口縣萩市江向602
⏰9:00～17:00，餐廳為11:00～15:00、18:00～21:00（晚間時段需事先預約），咖啡廳為11:00～17:00 休無休 💴本館免費，2號館入館費300日圓 🅿180輛（1次310日圓） 地圖P.84C-2

本館為國有登錄有形文化財

有博物館，又有餐廳！
最合適的萩觀光據點

瀨戶大橋開通30週年，明石海峽大橋開通20週年
一個接一個的相關活動為自駕更添樂趣！

行駛在既威風凜凜卻又柔美的明石海峽大橋時，景色非常良好。

連接5座島嶼，由世界最大規模的6座橋梁和高架橋構成的瀨戶大橋景觀獨特，相當壯觀

在明治時代，歐美人以「The Island Sea」之稱讚賞多島美。可以說是瀨戶內多美島交通中樞的瀨戶大橋和明石大橋，在2018年4月將各自迎向開通30週年與20週年紀念。

瀨戶大橋是在1978年開始建設後經過9年，在眾人期待下開幕的公路鐵路兩用橋。其名稱為連接岡山縣倉敷市與香川縣坂出市的10座橋的總稱，同時也是本州與四國的聯絡橋。從1998年開始服務的明石海峽大橋，則是隔著淡路島連接四國與關西的交通要塞，以世界上最長的大橋遠近馳名。

為了紀念週年，兩座大橋皆與地區居民齊心協力，精心準備以休息區與停車場為主要地點的橋上活動。也有計畫要舉辦脫口秀與現場表演、特別點燈等以自駕為目的的多樣活動。

📞 078-291-1033 (本州四國聯絡高速道路株式會社)
活動詳情請參考以下網站
http://www.jb-honshi.co.jp/customer_index/kanko_event/anniversary/

多達1084組燈光照射的點燈秀會依季節和日期點綴大橋景色(明石海峽大橋)

盤子上裝著滿滿的菜，令人食指大動

好吃、健康、便宜

公路休息站 天空の郷さんさん
午餐自助吧超受歡迎！

位於久萬高原町的公路休息站天空の郷さんさん在開店之前，就已經有人在排隊了。那些人的目標就是超受歡迎的午餐自助吧。

「想要確實補充蔬菜」這麼想的人並不少。擄獲這些人的心的餐廳，就是公路休息站天空の郷さんさん的午餐自助吧。在當地生長、滋味豐富的蔬菜化為多種多樣的料理一字排開，讓客人品嘗到鬆軟的馬鈴薯、清脆的葉菜類蔬菜、充滿甜味的南瓜等蔬菜真正的美味。當然，像是炸雞和蒸飯、甜點等其他菜色的美味也都不在話下。僅用1000日圓，就能這些美食吃到飽。來愛媛自駕時，一定要來看看這個景點。

資訊▶P.26

木質裝潢、溫暖又明亮的店內

sansan麵包工房的鹽味麵包相當受歡迎

緬懷維新志士！
在縣內各地舉辦的博覽會

展期	第一幕 2017年3月4日（週六）～2018年4月20日（週五）
	第二幕 2018年4月21日（週六）～2019年3月31日（週日）

平成30（2018）年正好是明治維新150週年，誕生眾多志士的高知縣目前正在舉辦適合這個階段的「志國高知 幕末維新傳」活動。舉辦場地以高知縣立高知城歷史博物館與高知縣立坂本龍馬紀念館（2018年4月21日隆重開幕）為主，也有在縣內各地的會場舉辦相關活動。在會場的歷史文化設施中展示有珍貴的史料，讓人感受到當時的氣息。試著了解不顧自身、為國奔走的志士生涯。

博物館就位在高知的中心高知城旁邊

第一幕主要會場
◆ 高知縣立高知城歷史博物館
📞 088-871-1600
🏠 高知縣高知市追手筋2-7-5 🕘 9:00～18:00（週日為8:00～）※展示室入場到閉館前30分 🈺 無休
💴 企劃展示期間700日圓，其他時段500日圓
🅿 使用附近停車場 地圖P.123

第二幕主要會場
◆ 高知縣立坂本龍馬紀念館 資訊▶P.18

副會場
◆ 高知旅廣場（JR高知站前）
📞 088-879-6400
🏠 高知縣高知市北本町2-10-17 🕘 8:30～18:00 🈺 無休 💴 免費 🅿 33輛 地圖P.123

高知旅廣場是可以獲得高知旅遊相關資訊的旅行起點

必吃 美食地圖

高速公路上的綠洲：SA（休息站）跟PA（停車場）中，有各種使用當地食材或獨具個性的熱門美食和甜點。在此為各位介紹值得推薦的優質美食！

※瀨戶大橋與瀨戶內島波海道的SAPA請參考P.30

山陽自動車道　岡山自動車道
山口　島根　鳥取
廣島　岡山　兵庫

岡山·山陽 自動車道

在岡山自動車道可以一邊享用美食，一邊眺望美景。山陽自動車道則從甜點到平民美食一應俱全，使用當地食材製作的美食種類相當豐富。

宮島SA 上行
地圖P.158B-1

上行 宮島彌山燒 1600日圓

以位於宮島中央的靈山——彌山為主題製作的料理。將用奶油煎過的廣島縣產牡蠣放在熱呼呼鐵板上品嘗的一道逸品。特製的牡蠣醬油是美味的關鍵。

這個也很推薦
燉煮穴子魚飯 1500日圓

來到宮島就要吃這個！以特製高湯燉煮的穴子魚口感蓬鬆，在口中擴散的穴子魚滋味一定會讓喜歡烤穴子魚的人也心服口服。

沼田PA 上行
地圖P.152C-4·158C-1

大阪燒 720日圓

店家引以為傲的廣島風鐵板大阪燒點餐後才製作。用小鏟子趁熱吃正是大阪燒的醍醐味！

高坂PA 上行／下行
地圖P.33A-1·159F-1

手工滑蛋豬排定食 770日圓

切斷國產豬肉的筋、再用生麵包粉炸成的酥脆豬排，搭配用從當地養雞場送來的蛋製成滑蛋，是高坂PA最值得推薦的好評美食。

佐波川SA 上行
地圖P.157E-3

海鮮蓋飯 1280日圓

海鮮專賣店「海の幸」主打的超人氣菜色。提供用6種每天進貨、新鮮無比的海鮮做出的原創蓋飯和握壽司。

山陽自動車道

往中國自動車道
山口JCT　防府西IC　防府東IC　徳山西IC　徳山東IC　下松SA　熊毛IC　玖珂IC　玖珂PA　岩国IC　大竹IC　大野IC　廿日市IC　五日市IC　宮島SA　廣島JCT　廣島西IC　廣島東IC　沼田PA　往廣島自動車道　西条IC　志和IC　高屋IC　高坂PA　河内IC　小谷SA　本郷IC　三原久井IC　尾道IC　八幡PA　往尾道自動車道　福山西IC　尾道JCT　往松永道路

富海PA
往廣島岩國道路
附設宮島智慧IC
往廣島高速1號線
往東廣島吳道

佐波川SA

玖珂PA 上行／下行
地圖P.158A-3

岩國壽司 1個540日圓～

又稱為「殿樣壽司」的押壽司。是有300年傳統的岩國鄉土料理，在高速公路上只有玖珂PA上行、下行線才能買到的人氣伴手禮。

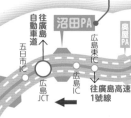

小谷SA 上行
地圖P.39C-1·159E-1

上行 小谷石釜麵包 一根1080日圓

從西班牙引進，用正統石窯烤直徑1.7m麵包大獲好評。麵店內陳列著各式各樣的麵包，釜麵包只有小谷上行道路才可買到。外皮酥脆，中間有彈又很柔軟。

下松SA 上行
地圖P.157G-3

酥炸粗麵 840日圓

在口感無話可說的特製炸麵條上淋上配料滿滿的熱呼呼勾芡，是分量滿滿的人氣菜色。也很推薦小分量的套餐。

這個也很推薦
岩國岸根栗霜淇淋 420日圓

現在很少見的岩根栗是有約400年歷史的山口縣名產。使用大量岩根栗醬的濃郁霜淇淋。

上行 池口精肉店的炸肉排定食 980日圓

可以以定食形式品嘗到在2016年舉辦的「炸物高峰會2016」獲得全國冠軍的福山市池口精肉店所做的炸肉排。登上炸物頂點的炸肉排不愧是極品！

地圖P. 33B-1・159G-1

上行/下行 八幡PA

尾道拉麵 570日圓

麵條使用尾道當地的「はせべ製麵」的平麵，湯頭則是加了小魚湯頭的雞骨湯頭。用豬背脂熬出又油又濃的湯頭，滋味不輸市內的名店。

地圖P. 64・154C-2

上行/下行 高粱SA

印地安番茄炒麵 690日圓

這道菜色在昭和50年代位居高粱市周邊的學校營養午餐人氣菜色排名的前幾名。咖哩風味的炒麵加上隨意切塊的高粱名產番茄，融合成更深厚的味道。附飯跟湯。

上行/下行 道口PA 地圖P.154C-4

道口蒲燒豬肉蓋飯 720日圓

以平民美食的新面孔之姿蔚為話題的蓋飯。岡山縣產的豬肉用甜辣濃郁的醬汁調味再以蒲燒料理。夾破蛋黃，跟海苔、白飯混在一起享用吧！

上行 福石PA 地圖P.155G-2

岡山中華麵與章魚蓋飯套餐 870日圓

拉麵為醬油豚骨風味的岡山流濃郁系。迷你蓋飯則是剛炸好的章魚加上錦系蛋。也很推薦搭配使用龍野醬油製作的原創烏龍麵套餐（640日圓）。

岡山自動車道

上行 吉備SA 地圖P.45B-1・154D-3

岡山壽司讚岐套餐 1570日圓

將用醋醃過的魚當作壽司的醋拌入飯中，並在醋飯上放上當季蔬菜、岡山產的青花魚、鰆魚等豪華食材的傳統料理。享受豐富的香氣跟當地的美味吧。

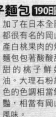

這個也很推薦 桃子麵包 190日圓

加了在日本全國都很有名的岡山產白桃果肉的烤麵包著著酸酸甜甜的桃子鮮奶油。大理石粉紅色的色調相當鮮豔，相當有岡山風味。

下行 瀬戶PA 地圖P. 63・155E-2

瀬戶拉麵 670日圓

大量的蔬菜和炸大蒜、大片叉燒和辛辣味噌風味的湯頭相當配。也有提供搭配魩仔魚跟芥菜飯的套餐（800日圓）。

地圖P.62・154A-4

上行 福山SA

福山名物鯛魚藏寶飯 1000日圓

自古以來就受福山民眾愛戴的當地代表料理。據說這道料理起源於儉約令時期，平民將山珍海味藏在白飯下享用，後來演變成現在的鯛魚藏寶飯。看到鯛魚和小蝦從飯底下探出頭感覺相當有趣，味道也是極品。

這個也很推薦 可頌楓葉饅頭 200日圓

用可頌外皮包裹奶油、紅豆烤成，是全新口感的個性派甜點。楓葉形狀的壓模相當可愛。

中國・米子・濱田自動車道

在濱田自動車道可以品嘗到人氣醬油拉麵，米子自動車道則可以吃到運用高原特產製作的美食。中國自動車道可以品嘗到從經典菜色到新品項的當地美食。

上行 寒曳山PA
地圖P.152C-2

赤天烏龍麵　550日圓

將紅辣椒混進魚肉泥再撒上麵包粉炸成的赤天是島根縣濱田的特產。剛炸好的大判赤天不只跟烏龍麵很搭，也是很適合搭配蕎麥麵或白飯享用的鄉土名產。

上行/下行 吉和SA
地圖P.152A-4・158A-1

吉和芥末蓋飯　700日圓

正因為簡單，才能確實吃出食材風味的決勝蓋飯。用西中國山地的雪融水培育的吉和特產芥末做成「海苔芥末」、「味噌芥末」兩種形式。

下行 本郷PA
地圖P.152D-3

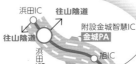

般若拉麵(青)　700日圓

混合絞肉用甜辣醬料燉煮，搭配以大量青蔥提取出濃郁滋味的擔擔麵風獨創拉麵。有明顯紅辣椒辣味的般若拉麵（赤）也頗受好評。

浜田自動車道

浜田IC　往山陰道
往山陰道
浜田JCT
附設金城智慧IC
金城PA
旭IC
瑞穗IC
寒曳山PA
大朝IC
千代田JCT
千代田IC
高田IC
本郷PA
三次IC
三次東JCT
往松江自動車道
江の川PA
往尾道自動車道
七塚原S
安佐SA
広島北JCT
広島自動車道
往廣島北智慧IC
加計智慧IC
戸河内IC
筒賀PA
吉和IC
吉和SA
深谷PA
六日市IC
朝倉IC

岩魚茶泡蓋飯　850日圓

吃了一次之後就會上癮的一道美食。可以享用到整隻下去炸成的酥脆岩魚。可當作蓋飯吃，或是淋上高湯做成茶泡飯品嘗，是一次享受兩種美味的獨創料理。

上行/下行 王司PA
地圖P.156B-3

肉牛蒡烏龍麵　620日圓

在長久以來受人們喜愛的王司名產肉烏龍麵上，加上有許多忠實粉絲的牛蒡天婦羅。兩樣人氣品項合而為一，相當有飽足感的最強菜色。

中國自動車道

下關IC
往關門道
王司PA
小月IC
下關JCT
美祢西IC
美祢IC
伊佐PA
美東SA
山口JCT
美祢東JCT
小郡IC
山口IC
湯田IC
荷卸峠PA
德地IC
鹿野IC
鹿野SA
往山陽自動車道

上行 見蘭牛
牛排BOX　900日圓

見蘭牛是和牛原種的見島牛與荷斯登牛配種而成，為萩的獨創品種。牛肉帶有甜味，口感軟嫩如恰到好處。盒裝便當的分量適合試味道。

美東SA
地圖P.83B-3・156D-3

下行 御堀堂的外郎
108日圓～

唯一繼承山口縣具代表性甜點山口外郎的創始店──福田屋傳統技法的外郎專賣店，首次在高速公路上展店。使用蕨粉製作的外郎味道優雅又深厚，不愧是老店手藝。店內也有提供試吃。

上行 鹿野SA
地圖P.157G-2

鹿野高原豬的豬排定食　920日圓

用在鹿野高原的最深處、綠意盎然的環境下與純淨空氣一起成長的品種「混合豬」做成的炸豬排。肉質細緻又多汁，搭配當地特產的芥末漬物一起享用。

上行 海見強棒麵　900日圓

取名自位於廣島當地的海見山以及內含大量海鮮的人氣菜色。大量蔬菜的甜味和當地特產炸魚板、豬肉、蝦子的鮮味凝聚於一碗，令人覺得幸福無比。

安佐SA
地圖P.152C-4

下行 出雲割子膳　1350日圓

將蕎麥果實連殼加入、麵條較粗的出雲蕎麥麵能確實品嘗到蕎麥麵原有風味的日式容器「割子」品嘗是最棒的。搭配當季天婦羅和蒸飯享用。

下行 七塚原SA
地圖P.56・153F-2

蝦飯讚　200日圓～

將岡山名產「蝦飯」做成可樂餅的獨創美食人氣正旺。用紫蘇葉和薄煎蛋皮包裹的蝦飯裡面居然有起司！

娟珊牛霜淇淋配料 加200日圓

只要買「蒜山娟珊牛豪華優格」或是「蒜山娟姍牛布丁」，就可以200日圓的價格加點超人氣的娟珊牛霜淇淋當配料，真是令人開心的服務。

下行 蒜山高原SA 地圖P.89C-4・148C-3

娟珊牛牛排御膳 2400日圓

能用牛排形式品嘗飼育頭數稀少的食用娟珊牛，在蒜山高原才能品嘗到的極品美食。其肉質軟嫩，濃郁十足。就算在當地數量也很稀少，每天只提供限定數量。

上行 備豚豬排定食 1500日圓

帶有甜味的脂肪令人食指大動，當地的品牌豬「備豚」經過手工切成厚片後，變成了多汁的炸豬排。附依季節變換的甜點。

勝央SA 地圖P.155E・F-1

下行 甜甜圈餃子 300日圓

用以津山產小麥「福穗（ふくほのか）」製成的皮包住以津山產黑豬肉為主的餡料而成的創意餃子。不僅能當作點心輕鬆享用，道地的滋味也很受好評。

地圖P.71E-3・148A-2

上行 大山PA

大山雞肉親子蓋飯 750日圓

脂肪分布平均且美味又受好評的名牌雞「大山雞」和有彈性又有嚼勁的白飯與蛋是絕配，最適合以親子蓋飯的方式品嘗。

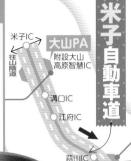

米子自動車道

- 米子IC
- 大山PA（附設大山高原智慧IC）
- 往山陰道
- 溝口IC
- 江府IC
- 蒜山IC
- 蒜山高原SA
- 湯原IC
- 上野PA
- 上齋原IC
- 久世IC
- 落合JCT
- 北房JCT
- 北房IC
- 落合IC
- 院庄IC
- 美作追分PA
- 一宮PA
- 津山IC
- 勝央SA
- 勝央JCT
- 美作IC
- 作東IC
- 楢原PA
- 佐用JCT
- 佐用IC
- 上月PA
- 山崎IC
- 揖保川IC
- 安富PA
- 往鳥取自動車道
- 夢前スマートIC
- 往播但聯絡道路
- 福崎IC
- 加西IC
- 加東IC
- 滝野社IC
- 社PA
- 往舞鶴若狹自動車道
- 吉川IC
- 吉川JCT
- ひょうご東条IC
- 赤松PA
- 神戶三田IC
- 神戶JCT
- 往山陽自動車道

- 新見IC
- 神鄉PA
- 東城IC
- 帝釋峽PA
- 本村PA
- 大佐SA（附設大佐智慧IC）
- 往岡山自動車道

上行 上月PA 地圖P.155G-1

提供多種在停車場內相當少見的大分量肉類料理。淋上特製醬油醬的牛舌在鐵板上滋滋作響，雖然分量充足但卡路里卻不高。也有牛橫膈膜肉鐵板燒。

牛舌鐵板燒 1300日圓

地圖P.154B-1

大佐SA

上行 千屋牛炸牛肉膳 1850日圓

使用當地特產的千屋牛牛排肉，奢侈地做成牛排料理。搭配蘿蔔泥享用清爽不油膩，細細品味軟嫩口感與牛肉的鮮甜味吧。

下行 千屋牛咖哩 1080日圓

又甜又軟嫩、特色是細緻霜降的千屋牛也很適合配咖哩吃。黑毛和牛經過煎煮涮，奢侈風格的咖哩絕對是讓人一來再來的極品。

上行 下行 真庭PA 地圖P.154C-1

真庭拉麵 630日圓

放滿豬肉薄片、韭菜、辛辣的炒豆芽菜的經典NO.1。雖然濃郁鮮甜，但味道溫和的味噌湯跟中粗麵很搭。

鯖魚壽司 1080日圓

從當地的食品公司每天運送過來的鯖魚壽司，有岡山縣產越光米與肉質厚實的鯖魚的豐潤滋味。這款壽司獲得男女老少的熱烈支持，也很適合外帶回家。

這個也很推薦

松山·高松·高知·德島自動車道

在連結四國的松山·高松·高知·德島自動車道上充分享受四國依山傍海的土地優勢。

地圖P.160A-4

上行/下行 入野PA

千斬切定食(6個入) 700日圓

「千斬切」是醃漬過的炸雞，為今治地區的故鄉料理。充分吸收特製醬料的愛媛版炸雞好吃到讓人可以吃好幾碗飯。

石鎚山SA 地圖P.159G-4

上行 西條鐵板拿坡里義大利麵 850日圓

廣為當地市民所知的西條市當地美食，因為在SA就能吃到這道知名美食而引發人氣。熱呼呼的拿坡里義大利麵配上色彩鮮豔的蔬菜口味濃厚，一定要放在鐵板上享用！

下行 鯛魚飯御膳 1130日圓

這是將瀨戶內新鮮鯛魚生魚片與辛香配料放在飯上後，再均勻淋上高湯享用的宇和島地區傳統料理。為堅持地產地消的SA才能吃到的人氣NO.1美食。

這個也很推薦

整顆橘子大福 下行
1個400日圓

將味道濃縮在一顆裡的愛媛產小橘子以白豆沙、大福皮包裹起來，可愛的外觀獲得高分。白豆沙與橘子這種風格獨特的組合意外地很契合。

這個也很推薦

橘子飯飯糰 上行
1個180日圓

顛覆以往飯糰常識的水果風味飯糰。伊予特產橘子的清純香味與微酸味道令人食指大動，好吃到讓人不禁悔恨現在才知道這種美味。

松山自動車道

往松山外環狀道路

松山自動車道
櫻三里PA
川內IC
往今治小松自動車道
石鎚山SA
新居浜IC
入野PA
土居IC
川之江IC
伊予西條IC
伊予小松IC
伊予小松JCT

伊予灘SA
伊予IC

上行 釜揚吻仔魚蓋飯套餐 700日圓

將瀨戶內產的水煮魩仔魚放在熱呼呼的飯上，再加入溫泉蛋、青蔥、海苔和芝麻。淋上專用的沾醬品嘗。魩仔魚的鹹度堪稱極品，請務必享受在口中擴散的海潮香。

這個也很推薦

霧之森大福
1080日圓(8個)

將在新宮以無農藥栽培方式培育的冠抹茶揉進麵糰中，再撒上一層抹茶粉的人氣商品。只有在茶產地才能吃到的奢侈和式甜點。

地圖P.160C-4

上行 馬立PA

野豬拉麵 720日圓

香氣十足的醬油基底湯頭搭配細長的縮麵，再擺上愛媛當地的豬肉當配料。用特製大蒜醬調味過的豬肉有脂肪的甜味，與拉麵是絕配。

大洲IC
往大洲道路
內子五十崎IC
內子PA

這個也很推薦

伊予柑霜淇淋 下行
330日圓

說到愛媛就會想到柑橘類。其中伊予柑製成的霜淇淋滋味清爽又甜蜜，彷彿橘子般的味道大受好評。

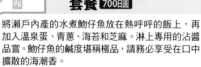

地圖P.133·165E-1

伊予灘SA

下行 媛豚蓋飯 780日圓

吃愛媛產的橘子和小麥長大的「愛交流·媛豬肉（ふれ愛·媛ポーク）」是滋味清爽，但豬肉原本的鮮甜味也相當濃郁的當地品牌豬肉。裹上甜辣醬料的蓋飯有眾多愛好者，是伊予灘SA引以為傲的美食。

高知自動車道

土佐PA
伊野IC
高知IC
南國IC
須崎東IC
土佐IC
須崎中央IC
須崎西IC
須崎道路
中土佐IC
四万十町東IC
四万十町中央IC

24

下行 瀨戶內檸檬鹽味拉麵 780日圓

以味道清爽卻又深厚的鹽味拉麵為基底,瀨戶內產的檸檬配料散發出微微酸味。有新感覺的獨創拉麵。

上行 豐浜御膳 1490日圓

菜色以當季漁產生魚片為主,還有炸蝦天婦羅和醋漬小菜、湯的迷你宴會風豪華膳食。一邊眺望窗外的瀨戶內海一邊品嘗也別有一番風味。

地圖P.160C-3

豐浜SA

坂口屋的生銅鑼燒 下行
400日圓(高瀨茶套餐) 這個也很推薦

和式咖啡區「高瀨茶本舖」最推薦的菜色是當地老字號和菓子店「坂口屋」的生銅鑼燒。搭配當地的名茶高瀨茶一起享用。

地圖P.107C-3・160D-2

下行 府中湖PA

手工炸什錦蔬菜醬汁烏龍麵 570日圓

謹守手工製作的信條這點相當有PA的感覺,使用大量當地蔬菜製作的炸什錦蔬菜分量相當大。位處烏龍麵發祥地瀧宮旁,烏龍麵的味道不負眾望。

讚岐包餡麻糬雜煮風麵包 155日圓 這個也很推薦

用當地山田米米粉製成的麵包麵糰內,混入讚岐的傳統白味噌湯。麵包裡面還包了麻糬和餡料,是讓熱愛麻糬口感的人難以抵擋的全新香川名產。

地圖P.110・161G-2

上行 下行 津田的松原SA

溫泉蛋肉醬汁烏龍麵 640日圓

「無論加什麼都很好吃」的讚岐烏龍麵,與人氣配料前兩名使出合體技。講究的自製麵條有扎實的嚼勁與味道,煮成甜辣味的牛肉與黏稠的溫泉蛋是最強組合。

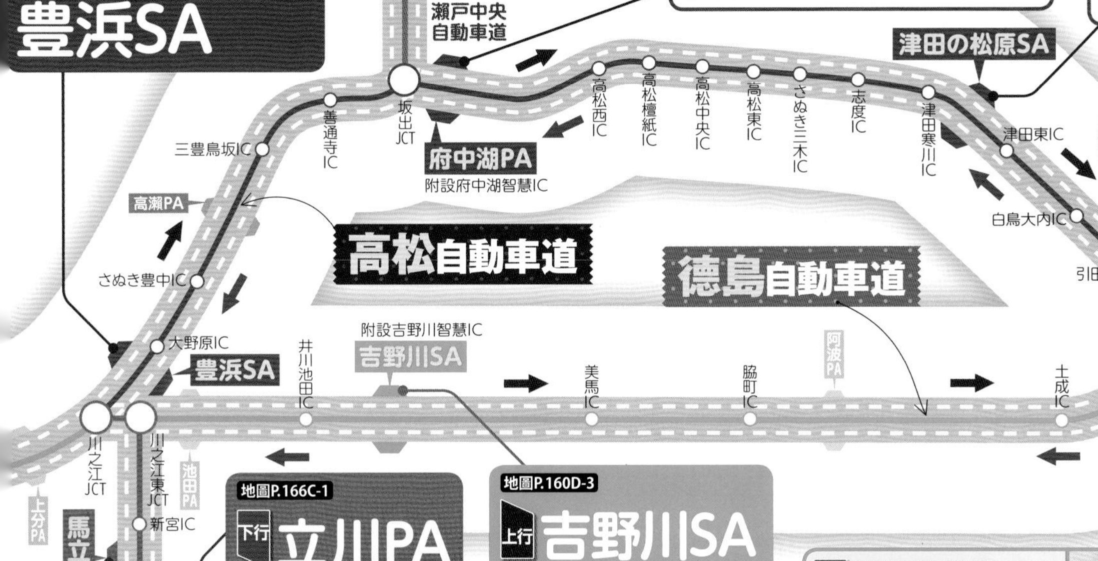

高松自動車道

德島自動車道

地圖P.166C-1

下行 立川PA

立川蕎麥麵套餐 770日圓

切成短條狀的純蕎麥粉麵條是立川蕎麥麵的特色。用湯匙撈起麵條享用的個性派蕎麥麵不愧是100%蕎麥粉製成,充滿了豐富的蕎麥味。套餐搭配自製五目壽司享用。

地圖P.160D-3

上行 吉野川SA

阿波尾雞南蠻雞肉定食 880日圓

使用四國的知名當地雞肉阿波尾雞,值得推薦。裹上糖醋勾芡醬的炸阿波尾雞搭配自製塔塔醬的南蠻雞肉,是與白飯相當配的究極菜肴。

下行 酢橘弟弟的鬆餅藍莓口味 680日圓

德島的吉祥物「酢橘弟弟」變成鬆餅登場。在西日本區的高速公路開了第一家專為帶小孩的旅客設計的咖啡廳。除了親子共享的拼盤外,還有豐富種類的兒童餐。

地圖P.161G・H-3

上行 家族大釜烏龍麵 1980日圓

若想豪邁地品嘗以用國產小麥製作自豪的烏龍麵的話就要吃這個。在大釜中有5球烏龍麵,可以和家人或一群人一起吃。當然也可以一個人挑戰吃完一整份。

上板SA

南国SA

地圖P.122・166B-2

上行 土佐的赤牛漢堡排定食 150g～1010日圓～

有夢幻和牛之稱的土佐赤牛,是一年只出產800頭的稀有品種。瘦肉與肥肉的比例絕佳,非常適合做成漢堡排。不加任何佐料也能吃到濃郁牛肉味,美味度大受歡迎。

下行 炙燒鰹魚生魚片蓋飯 900日圓

土佐代表性的名產鰹魚經過蒿燻程序處理是最經典的做法。將專用的特製醬料淋在炙燒生魚片與辛香佐料上,以蓋飯形式品嘗土佐的真本事!

公路休息站 CHECK!

道路資訊
餐廳或輕食
商店
產地直銷所
溫泉

「公路休息站」的3大重點

現在在自駕時，公路休息站已經變成不可或缺的存在。除了上廁所和休息之外，休息站內還提供當地美食、販售特產品、直接銷售在當地採收的農水產等，充滿了魅力。往既獨特又充滿豐富服務的公路休息站 GO！

1 自駕旅行時的最佳休息處
備有 24 小時皆可使用的廣大停車場、乾淨的廁所、電話等設備，除了基本設施外，也有設置溫泉或可住宿的多功能公路休息站。

2 觀光資訊一把罩
公路休息站也可以說是地區或道路的情報站。可以在休息站內確認目的地的道路狀況，也可以利用介紹歷史、文化的資料館或導覽板為旅遊做預習。

3 大啖當地美食
絕不可錯過公路休息站作為當地美食情報發信基地的功能。像是地區獨特的美食或特產、農水產等，充滿了美味魅力。

充滿各種樂趣！備受矚目的公路休息站

可以坐在當地品牌的家具上用餐或是泡溫泉，
在此為各位介紹有更多樂趣的公路休息站！

讓人感受到木質溫度的平房建築

山陽地區 誕生於家具城鎮府中市 充滿木質溫度的公路休息站

排列著季節蔬菜和漬物的產地直銷所。提供碾米服務並採秤重販售方式販賣的玄米也很受歡迎

府中辣味噌沾麵 680 日圓
此款拉麵的醬汁以最佳比例混合中味噌與辣味噌口味的府中味噌，品嘗時要把麵沾進醬汁內享用。麵有冷麵和熱麵可以選

486 廣島縣 府中市 ●びんごふちゅう
びんご府中

與購物中心相鄰的市區型公路休息站。餐廳裡的椅子和桌子都採用了府中地區的家具，相當有木工城市的氛圍。還設有提供使用當地的蔬菜、傳統府中味噌等料理的餐廳，讓遊客享受到府中的氣氛。

☎0847-54-2300 地圖 P.153H-4
時9:00～17:00、餐廳為11:00～15:00
休週三（逢假日則營業）
所広島県府中市府川町230-1
P32輛

四國地區
33 愛媛縣 久萬高原町 ●てんくうのさとさんさん
天空の郷さんさん

一定要來可以攝取到大量蔬菜的自助吧！

販售在大自然豐富的土地上孕育的蔬菜、木工製品等特產品的公路休息站。附設餐廳，餐廳中使用當地食材製作的鄉土料理自助吧頗受好評。大量使用高原蔬菜製作的健康菜色吸引了許多粉絲。

位於以四國避暑勝地聞名的久萬高原町

看板一看就到國道邊的顯眼處，就忍不住想進去看看

地圖 P.131
☎0892-21-3400
時9:00～17:00
休無休 所愛媛県久万高原町入野1855-6 P75輛

四國地區
194 高知縣 伊予町 ●このか
木の香

在河流畔享用野味料理＆溫泉

建在四國山地的中央，因為是山岳觀光據點而熱鬧滾滾的公路休息站。眼前有吉野川的支流桑瀨川，還有四季各異的景觀增添色彩。附設可以享用到提供河魚、本川雉雞肉料理的餐廳，還有不住宿泡湯設施。

位於山間大自然豐富的場所

餐廳店內充滿木質的溫度

地圖 P.165H-1
☎088-869-2300
時8:00～20:00、餐廳為11:00～19:30、溫泉為11:00～20:00
休無休 入浴費600日圓 所高知県いの町桑瀬225-16 P62輛

山陰地區
183 鳥取縣 日南町 ●にちなんひのがわのさと
にちなん日野川の郷

日南町豐富的森林環繞對環境有益的公路休息站

受中國山地環抱的日南町位於鳥取縣西南部，是町內有約90%都是森林的森林小鎮。直銷所內陳列著在早晚溫差大的環境下以澄澈的水孕育出的米、番茄、青蔥等農產品，也有販售環境貢獻型商品等。

間

在「ショップまるごととまと」內販售的人氣番茄霜淇淋 300 日圓

☎0859-82-1707 地圖 P.147H-4
時9:00～18:00、餐廳為9:00～16:30(用餐為11:00～15:00)
休第2週三（商店無休）
所鳥取県日南町生山386
P83輛

注意這一站!! 蔚為話題的公路休息站

還有很多附設溫泉或露營區等的個性派公路休息站。在此為大家精選出有當地才吃得到的美食或伴手禮的公路休息站。

山陽地區

休息站引以為 傲 的料理和美人湯 都可以在這一站盡情享受!

設置有各種浴池的溫泉設施。露天區設有一個人也能泡的壺浴池

39 廣島縣 三次市 ●ふぉれすときみた
ふぉレスト君田

附設以美人湯聞名的泡湯設施「君田溫泉森之泉」。還有能享用到使用當地食材製作料理的餐廳和手工麵包工房、詩畫家はらみち乙先生的美術館。

地圖 P.153E-2

☎0824-53-7021（君田溫泉森之泉）
🕐10:00～21:00、餐廳為11:00～20:00
休第3週二（8、12月為第4週二）
泡湯600日圓
所廣島縣三次市君田町泉吉田311-3
P125輛

要不要試試看?
君田品牌

醬漬山葵750日圓
設有公路休息站的君田地區是葉山葵的產地。是使用當地農產製作的人氣商品。

縣北特產コーナー

位於商店內，聚集廣島縣北部特產的專區

在餐廳「園爐裏」中，使用「鱷魚」（當地對鯊魚的稱呼）生魚片等當地食材的「霧之里御膳」2060日圓相當受歡迎

▼ 這裡也要 CHECK! ▼

---

179 岡山縣 鏡野町 ●おくつおんせん
奧津溫泉

能品嘗到當地的蔬菜鄉村料理午餐自助吧

位於能一覽奧津溫泉街的高地上。有販售當季產地直銷蔬菜和麻糬、石川鮭魚、木工品和土產的特產品賣場，以及能品嘗到當地鄉村料理的午餐自助吧（1500日圓）餐廳。

☎0868-52-7178 地圖 P.148D-3
🕐9:30～17:00、餐廳為11:00～14:30
休無休（餐廳為週二）
所岡山縣鏡野町奧津463 P108輛

醬油漬葉山葵 440日圓
使用當地人自古以來就在吃的特產葉山葵製作的醬油漬菜。刺激的辛辣味最適合配飯享用了

---

429 岡山縣 吉備中央町 ●かもがわえんじょう
かもがわ円城

來買新鮮蔬菜和豬肉等特產品吧

設有販賣在吉備高原台地採收到的新鮮蔬菜（圓城白菜等）、水果、白菜泡菜、豬肉等特產品的直銷所，在餐廳則可以享用到用當地豬肉做成的拉麵和火鍋等。

☎0867-34-1717 地圖 P.154D-2
🕐8:30～17:00、餐廳為11:00～16:00 休過年期間 所岡山縣吉備中央町上田西2325-1 P81輛

白菜泡菜 450g 591日圓～
韓式泡菜口味與圓城白菜的美味搭配當地剛剛好的加茂川白菜泡菜

---

40 廣島縣 北廣島町 ●とよひらどんぐりむら
豐平どんぐり村

大啖名產蕎麥麵和豆腐並在溫泉放鬆身心

設有以使用名產蕎麥麵和豆腐製作的料理為傲的餐廳、堅持現做的蕎麥麵店、可以一日來回的天然溫泉及住宿設施等。在蕎麥麵道場裡可以體驗做蕎麥麵的樂趣。

地圖 P.152C-3

☎0826-84-1313（どんぐり莊）
🕐9:00～21:00、餐廳11:00～19:30、泡湯10:00～21:00（全設施有季節性變動）休第3週二 泡湯500日圓、蕎麥麵製作體驗（5人份）3400日圓／試吃自己做的蕎麥麵220日圓 所廣島縣北廣島町都志見12609 P281輛

豐平蕎麥麵4人份1890日圓
使用石臼長時間仔細研磨而成的「豐平產蕎麥粉」製作的人氣商品

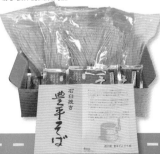

---

2 廣島縣 三原市 ●みはらしんめいのさと
みはら神明の里

從展望台眺望風光明媚的瀨戶內景色也很有魅力

備有豐富種類的三原名產伴手禮、珍味、農水產品的休息站。也充滿了可以品嘗到三原美味章魚的餐廳和麵包工房、速食和鮮魚、天婦羅等美食。

☎0848-63-8585 地圖 P.33B-1
🕐9:00～18:00 休第3週二 所廣島縣三原市糸崎4-21-1 P120輛

當地產章魚燒（6個）400日圓
加了從三原漁產協會直接運來的當地章魚的章魚燒。可以享用到味道深厚的章魚風味

神明不倒翁最中（5個）470日圓
臉部細長的「三原不倒翁」形狀的最中。使用北海道大納言紅豆製成的顆粒豆沙餡相當美味

山陰地區

很有人氣的天然海水養魚池 「海陽亭」特選海鮮蓋飯

提供多樣的新鮮海鮮、山產品。空間寬敞的店內附設有 24 小時營業的便利商店

9 鳥取縣 岩美町 ●きなんせいわみ

きなんせ岩美

店名中的「きなんせ」是鳥取腔的「請過來」的意思。在岩美町的山海大自然孕育出的新鮮水產品和農產品、肉品、鮮花、民工藝品等特產齊聚一堂。最受歡迎的是天然海水養魚池「海陽亭」的特選海鮮蓋飯（1800 日圓）。

☎0857-73-5155 地圖 P.92B-1
⊟9:00～19:00，餐廳為10:30～21:00，輕食區為11:00～14:00
休無休（海陽亭為週三休）所鳥取縣岩美町新井337-4 P73輛

可以品嘗到使用特產製作的午間定食，以及放了烏賊的千貫松咖哩的輕食區

要不要試試看？ 岩美品牌

瑞泉
●上撰本釀造 720ml 1580日圓
●純米 720ml 2000日圓

新雪梨
5個裝 2000～3000日圓
鳥取是梨子的產地。不只有秋天的20世紀梨，到了冬天還可以吃到個頭較大的「新雪梨」

田村可樂餅
5個裝 777日圓
田村牧場直營肉店的人氣商品。使用了大量田村牛的可樂餅

2015 年在全日本松葉蟹捕獲量第一的岩美町開幕。入口有巨大的松葉蟹仿製雕像，是人氣的拍照景點

烤點心專賣店「べるふる」。派、章魚燒，還有烤飛魚板等品項很受歡迎

天然海水養魚池「海陽亭」的特選海鮮蓋飯 1800 日圓

這裡也要 CHECK！

---

53 鳥取縣 鳥取市 ●せいりゅうちゃやかわはら

清流茶屋かわはら

《古事記》中的八上姬傳說 點綴的結緣休息站

茶屋造型的木造建築物。鄰近「千代川河川公園水邊廣場」，也可以在這裡釣香魚。情報區裡設置有由榻榻米和椅子構成的休息室。

☎0858-85-5331 地圖 P.92A-3
⊟9:00～（結束時間視設施而異）、餐廳為11:00～21:00（自助吧～14:00）
休無休 所鳥取縣鳥取市河原町高福837 P102輛

原創鑰匙圈 & 掛繩
有吉祥物角色「愛心兔」主題的產品等，各種原創辦手禮任你挑

---

431 島根縣 松江市 ●あいかなぎさこうえん

秋鹿なぎさ公園

面朝風光明媚的宍道湖 也有附設露營區

面朝宍道湖，4～10月可以泛舟、搭乘帆船、踩腳踏船等。也有附設更衣室和淋浴間、一日露營區。週六日也有直銷蜆仔跟蔬菜。

☎0852-88-3700 地圖 P.70B-2
⊟9:00～21:00、餐廳為9:00～18:00
休週二 所島根縣松江市岡本町1048-1 P37輛

島根黑毛和牛漢堡午餐（費用可能變更）
將當地的島根和牛肉絞成絞肉，連醬汁都手工製作的漢堡排是最受歡迎的菜色

松江 自動車道 島根縣 雲南市 ●たたらばいちばんち

たたらば壱番地

在吹踏鞴製鐵法的土地上 品嘗當地產的蕎麥麵

設有能品嘗到當地產蕎麥麵等的餐飲設施。這一帶曾盛行吹踏鞴製鐵法，附近的「鐵之歷史村」留有許多傳達歷史與文化的遺跡與設施。

☎0854-74-0018 地圖 P.147E-4
⊟8:30～19:30（冬季9:00～18:00）、餐廳為10:30～19:00（冬季～17:30）休無休
所島根縣雲南市吉田町吉田4378-31 P67輛

田守麵
一袋 280 日圓
當地產的 100% 米粉製麵線無添加化學調味料與混合物，即使是過敏的人也能安心食用

---

67 山口縣 萩市 ●はぎしーまーと

萩しーまーと

鄰近萩漁港 豐富的現捕海鮮很有人氣

生鮮市場以實惠價格提供在萩漁港上岸的海鮮，或於近郊採收的蔬菜。裡面有販售萩產的鮮魚、海產、蔬菜、水果、肉品等的店家，還有 3 家海鮮餐廳。

☎0838-24-4937 地圖 P.83B-1
⊟9:30～18:00（週五、六、日、假日為 9:00～）、餐廳為11:00～19:00（視店鋪、日期而異）
休1月1日 所山口縣萩市椿東北前小畑4160-61 P88輛

油漬金錢仔（油漬平太郎）
90g565 日圓
將萩地區的人喜愛的魚類只用鹽調味，再用油醃漬的逸品

油漬日本緋鯉（油漬金太郎）
130g669 日圓
用油醃漬萩地區漁產日本緋鯉（金太郎），有地中海風味的特產

四國地區

可以品嘗到**特**產半田麵線和當地雞肉阿波尾雞

除了加工品外，也有賣縣內伴手禮的物產館

192 德島縣 劍町 ●さだみつゆうゆうかん
貞光ゆうゆう館

在特產直銷市場和物產區有販售早晨採收的新鮮蔬菜和手工鄉下糰子、草餅等。餐廳提供的劍町特產半田麵線，還有用當地阿波尾雞製成的料理頗受好評。ゆうゆう館的手工義式冰淇淋和豆腐也很受歡迎。

☎ 0883-62-5000 地圖 P.118
🕐 9:00～18:30 (11～3月～17:30)
休 第3週三 (逢假日則翌日休)、餐廳為週三休
所 德島縣つるぎ町貞光大須賀11-1 P 98輛

要不要試試看?
劍町品牌

半田麵線
劍町自江戶時代以來製作麵線就很盛行。是日本國內數一數二的手工延展麵線產地

將肉質緊實、口感恰到好處的阿波尾雞放在鐵板上煎烤並享用的「阿波尾雞鐵板燒套餐」1404 日圓

直銷所擺滿早上進貨的新鮮蔬菜。因能以低價購買剛採收的蔬菜而受歡迎

這裡也要 CHECK！

---

10 香川縣 讚岐市
みろく

大山牧場的現烤麵包很受歡迎

位於可以看到四國最大的前方後圓墳「富田茶臼山古墳」的自然公園內。1樓的麵包店有賣大山牧場的麵包、乳製品、甜點。娟珊牛霜淇淋可以直接品嘗到牛奶原有的風味，相當受歡迎。

☎ 0879-43-0550 地圖 P.110
🕐 9:00～17:00 休 週三
所 香川縣さぬき市大川町富田中3298-1
P 56輛

大山牧場的麵包 咖哩麵包 220 日圓等
每天早上從當地人氣牧場運來的剛烤好的麵包很受歡迎

---

436 香川縣 小豆島町 ●しょうどしまおりーぶこうえん
小豆島オリーブ公園

有可一覽海景的山丘在橄欖公園的公路休息站

在一片可俯瞰大海的微高山丘園內有種橄欖樹和香草，還有一棟希臘風的建築物。可以在這裡打網球或做香草手工藝，或是泡泡溫泉，度過悠閒的時光。

☎ 0879-82-2200 地圖 P.113B-2
🕐 8:30～17:00、餐廳為10:00～20:30 (有季節性變動)，溫泉為12:00～21:00
休 無休 (溫泉週三休) 溫泉700日圓
所 香川縣小豆島町西村甲1941-1 P 200輛

特級初榨橄欖油
200ml 4000 日圓
從親手摘取的小豆島產橄欖果實榨出油來，有豐富風味的橄欖油 (瓶數限定)

橄欖油霜淇淋
300 日圓
混入橄欖樹葉的粉末

橄欖漂浮蘇打
420 日圓
「支持橄欖油」的漂浮蘇打，有清爽的甜味

---

27 愛媛縣 八幡浜市 ●やわたはまみなっと
八幡浜みなっと

在八幡浜港上岸的海鮮一字排開

有排滿在休息站前的八幡漁港捕獲到的海鮮直銷所，還聚集了美食街、石窯麵包工房、咖啡廳等設施。因能充分享受購買、品嘗海鮮的樂趣而受到好評。

地圖 P.132
☎ 0894-21-3710 (港口交流館)
🕐 8:30～18:00 (視設施而異) 視設施而異
所 愛媛縣八幡浜市沖新田1581-23
P 197輛

どーや丼
(特選海鮮蓋飯)
1800 日圓
有 10 種以上的海鮮。1 天限定 20 份

八幡強棒麵
600 日圓
有鮮魚和雞骨高湯風味

---

441 高知縣 四萬十市 ●よってにしとさ
よって西土佐

眺望著美力的四萬十川盡情享用山珍海味

位於高知縣西部與愛媛縣境上的休息站，最吸引人的地方就是可以從展望台一覽四萬十川的景色。內有販售四萬十川的天然香魚和日本絨螯蟹等的市場，鹽烤天然香魚也很受歡迎。

☎ 0880-52-1398 地圖 P.125A-2
🕐 7:30～18:00、餐廳為10:00～16:00，蛋糕店為10:00～17:00，香魚市場為8:30～17:00 休 無休 (12～2月週二休)
所 高知縣四万十市西土佐江川崎2410-3
P 40輛

1 樓有蛋糕店和市場，2 樓有休息區

直銷所內陳列著柑橘類和當地蔬菜等高知特產

SA·PA 當地美食 CHECK

享受「景觀絕佳的橋上自駕旅行」，追求「當地美味」

瀬戶內 島波海道（西瀬戶自動車道）

瀬戶大橋（瀬戶中央自動車道）

使用柑橘和海鮮、鹽等很有瀬戶內風味食材的美食齊聚一堂！
從橋上延展出去的美景，讓到 SA、PA 的路程更加精彩。

地圖 P.33B-2・159G-2

[上行] 瀬戶田PA

瀬戶田檸檬拉麵 590日圓

散發清爽檸檬香的鹽味拉麵

日本國產檸檬的發源地：瀬戶田。拉麵的表面鋪滿島上引以為傲的檸檬片，味道很清爽。

🕐 美食區（上行）／8:00～19:00（週六、日、假日～19:30)

地圖 P.33C-2・159G-1

[上行][下行] 大浜PA

尾道拉麵 550日圓

高級的鮮魚湯

湯頭的基底用瀬戶內的新鮮小魚所熬煮出來。半生熟的絕妙嚼勁令人吮指回味。

🕐 美食區／8:00～19:30（週六、日、假日為上行～20:00、下行為7:30～)

適合當伴手禮♪

因島八朔橘果凍 5個裝（1袋）864日圓

果凍內含有很多在因島豐富大自然中長大的八朔橘果肉。

🕐 商店／8:00～19:30（週六、日、假日為上行～20:00，下行為7:30～)

章魚天蓋飯 810日圓

彈性十足的章魚變成了酥脆的天婦羅

在白飯上隨意擺上軟嫩、嚼勁又恰到好處的章魚天婦羅，是相當受歡迎的菜色。

🕐 美食區（上行）／8:00～19:00（週六、日、假日～19:30)

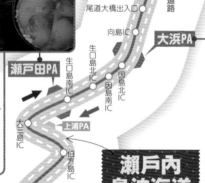

瀬戶內島波海道

地圖上路線：往尾道 / bypass / 往松永道路 / 西瀬戶尾道IC / 尾道大橋出入口 / 向島IC / 大浜PA / 生口島北IC / 瀬戶田PA / 生口島南IC / 因島北IC / 因島南IC / 上浦PA / 大三島IC / 伯方島IC / 大島北IC / 大島南IC / 今治北IC / 来島海峽SA / 今治IC

※上下行線共構設施。可以從今治IC前往，但無法從今治北IC進入

瀬戶中央自動車道

[上行] 鴻ノ池SA

地圖 P.160D-1

豬肉味噌湯定食 650日圓

配料滿滿的人氣NO.1豬肉味噌湯

這裡的豬肉味噌湯凝聚了蔬菜和肉的美味，是不管男女老少都愛的經典美食。

🕐 美食區／7:00～20:45

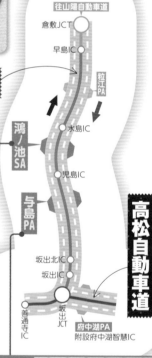

高松自動車道

地圖上路線：往山陽自動車道 / 倉敷JCT / 早島IC / 粒江PA / 水島IC / 鴻ノ池SA / 児島IC / 与島PA / 坂出北IC / 坂出IC / 善通寺IC / 坂出JCT / 府中湖PA / 附設府中湖智慧IC

地圖 P.33A-4・159F-3

[上行][下行] 来島海峽SA

煎豬肉蛋飯 720日圓

今治知名的平民美食

白飯上擺上煎豬肉和半熟荷包蛋，再淋上醬油基底的甜辣醬，滋味令人上癮。還有附漬物和味噌湯，分量十足。

🕐 美食區／8:00～21:00（週六、日、假日為7:00～22:00)

地圖 P.160D-1

[上行][下行] 与島PA

手工義大利冰淇淋（藻鹽）360日圓

加了鹽的清涼甜點

微微的鹹味更加襯托出義式冰淇淋的甜味，讓味道變得豐富。推薦各位用來轉換自駕時的心情。

🕐 カフェまりんちゃん／10:30～18:00

從白瀧山看到的景色
[P.34]

山陽方向

自駕路線＆MAP
INDEX

1 **島波海道**…………P.32
　街頭散步
　尾道　P.36
2 **安藝灘跳島海道**　P.38
3 **吳·能美島**　P.40
　街頭散步
　吳　P.42
4 **倉敷·吉備路**…P.44
　街頭散步
　倉敷　P.48
5 **鷲羽山**…P.50
6 **關門海峽**…P.52
　街頭散步
　門司　P.54　下關　P.55
7 **世羅高原**…P.56
8 **宮島·岩國**…P.57
　街頭散步
　宮島　P.58
9 **三段峽**　P.60
10 **帝釋峽**　P.61
11 **鞆之浦**　P.62
12 **牛窗·備前**　P.63
13 **高梁·吹屋**　P.64
　街頭散步
　高梁　P.65
◎ **當地美食**…P.66

國營備北丘陵公園
[P.56]

倉敷美觀地區[P.46]

在**平穩的海景**與**柑橘香**的環繞下前往**充滿鄉愁的群島**

● しまなみかいどう 書末地圖 P.159

1 COURSE 島波海道

自駕路線

推薦！
2天1夜

路線行車距離 約 **126**km　　路線行車時間 約 **3小時45分**

START 山陽自動車道 **福山西IC**

9km 15分／ ② (松永道路、尾道bypass)
363 千光寺公園汽車道路

1 一覽尾道街景和尾道水道
千光寺公園

21km 35分／ 千光寺公園汽車道 ②
島波海道 (930日圓) 367

2 五百羅漢並列的景觀景點
白瀧山

17km 40分／ 367 366 島波海道 (360日圓) 81

3 有「西日光」之稱
耕三寺博物館（耕三寺）

4km 10分／ 產業道路 81 一般道路

4 白沙海灘讓藝術作品光彩奪目
瀨戶田夕陽海濱

19km 35分／ 317 島波海道 (820日圓) 317 51

5 刀劍與盔甲等重要武器齊聚一堂
大山祇神社

28km 45分／ 21 317 島波海道 (870日圓) 317

6 來島海峽一覽無遺
龜老山展望公園

28km 45分／ 317 島波海道 (1900日圓) 196

GOAL 今治小松自動車道 **今治湯ノ浦IC**

自駕重點

海岸美　夕陽　四季花卉　街頭散步　歷史探訪

↑龜老山展望公園是可以眺望世界第一座三連吊橋「來島海峽大橋」的絕佳景點

自駕路線概要

自從瀨戶內島波海道（西瀨戶自動車道）開通後，前往四國就變得相當方便。但若只是經過島波的群島卻沒進去探訪，那就太可惜了。

這個區域的魅力不只有連接各個島嶼的橋景、從龜老山展望公園等展望台眺望到的景色、耕三寺博物館（耕三寺）和大山祇神社等具有個性的景點。還能在柑橘香氣環繞下，一邊觀賞瀨戶內海特有的多島美風景一邊環島，四處都可以看到令人懷念的景緻。

不光是這裡所介紹的自駕路線，讀者們也可以自由自在地到處兜風。可以搭乘連接各個島嶼的渡輪來一趟乘船小旅行，租腳踏車悠閒地遊逛也不錯。從廣島或岡山過來走高速公路約 1 小時，還能來到玄關口尾道。這個區域當然也可以一日來回，單若想要慢慢地環繞群島，盡情享受充滿瀨戶內風情的「島波」魅力的話，建議還是要住宿比較好。

↑從筆影山（三原市）看到的因島的夕陽景色

➡廣島與愛媛縣境間的多多羅大橋

自駕MEMO
● 前往千光寺公園的路線在賞櫻季節時會大塞車
● 島內有些市道很狹窄

地図（しまなみ海道マップ）

榛真City站　広島市広白須のフラノ中

P.20 高坂PA

昇雲の滝

瀑雪の滝

卍佛通寺

八幡PA P.21

三原久井

三原市

真良

龍王山

610▲

三原〜尾道的近路

山陽自動車道

世羅町　世羅IC

備北丘陵

尾道市

本郷

本郷站

山陽新幹線

沼田川

山陽道

新庄

山陽道

追分山

竹原流通団地

竹原街景保存地区

本郷駅

新庄

国小原

三原站

県立広島大

城崎

糸崎站

みはら神明の里 P.27

尾道bypass

尾道bypass

三原〜尾道的近路

尾道bypass

尾道平原温泉 ぽっぽの湯

特徴是醤油基底的湯頭配上
猪背脂與細麺的尾道拉麺

千光寺公園 ❶

P.36 尾道

P.35 ぱんや

P.8 後藤鉱泉所 ✚

神村

神村隧道

福山東IC

山陽道

橋北鉄

福山市街

福山市

みろくの里

平泊

アリスト
ぬまくま

Bella Vista
SPA&MARINA

西瀬戸道

栗原IC

浄土寺

尾道大橋

おのみち

向島

向島洋蘭中心

317

可以開車前往的觀景點，
朝陽、夕陽的美景景點

USHIO CHOCOLATL P.8

高見山展望台 P.9

立花食堂 P.8

白瀧山 ❷

大浜PA

有「白瀧 Flower Line」
之稱的路段

因島北

因島大橋的景色頗佳

シーパーク大浜
ふれあいの森
当木島

横島

從山頂眺望到的多島美
是瀬戸内首屈一指

一邊眺望多島美一邊馳騁

安藝幸崎站

入選燈塔50選的
高根島燈塔

日本百景

安藝長浜站

黒崎山

忠海

忠海站

駅前

安藝津站

本因坊秀策囲碁記念館

317

廣島縣
愛媛縣

因島南

因島

2

耕三寺博物館（耕三寺）❸
P.9·34

P.9 ちどり

P.35 平山郁夫美術館

P.35 蛸処憩

快走路

インター入口

SHIMANAMI
DOLCE本店
P.35

原町

春天有1000株櫻花盛
開，秋天則可以賞紅葉

因島
公園 ★

可以近距離觀賞橋

生口島北

百貫島

上島町

瀬戸田
夕陽海濱

島ごころ
P.9

4

生口島

観音山
▲472

生口島南

317

弓削島

いきなスポレク
公園

弓削島

3

搭乘4km リゾートアイランド
弓削港的定期航班20分

廣島縣
愛媛縣

可以看到NHK節目《ひょっこ
りひょうたん島》的原型島嶼

大三島

快走路

51

上浦

全島美術館 P.9·34

瀬戸
田PA

生口
島
観音山
PA

岩城島

有3000株櫻花連綿，
可從山頂的展望台
一覽藝予諸島

多々羅大橋

久良温泉

しまなみの湯

しまなみの駅御島

村上三島
記念館

公路休息站 多々羅島波公園
P.10·34

317

大長崎

トウビョウ山

佐俣島

津波島

外環快速道路

今治市大三島美術館

大三島

P.10·34 大山祇神社 ❺

P.34 マーレ・グラッシア
大三島

ところミュージアム大三島

伊東豊雄建築ミュージアム
宗方

山頂的全景觀
可以一覽多美島

436▲
鷲ヶ頭山

上浦
PA

Limone P.35

伯方島

宝股山
▲304

外環快速道路

木浦

伯方ふるさと歴史公園

❶伯方の塩ラーメンさんわ

使用伯方鹽製作的
拉麺非常受歡迎

オミシマコーヒー
焙煎所

伯方S·Cパーク（マリンオアシスはかた）
P.35 マリンオアシスはかた ✚

49

宮窪隧道

カレイ山展望公園 P.35

宮窪自行車出租站

留意瀬戸内島波海
道的單出向IC

大島北

海洋與橘子田
環繞的周回道

道路狭窄，
但道路景很美

大島
泊

吉海

今治市

P.35 吉海町玫瑰公園

宮窪

317

九十九橋

横島

魚島

🏮 食堂みつばち P.35

島根　鳥取

山口　岡山　兵庫

広島　香川

愛媛　徳島

高知

燧灘

道路狭窄

大島南

❻ 亀老山展望公園

ぐしうみ
いきいき館

糸山公園・来島海峡展望台 P.35

今治市
自行車出租站 SUNRISE糸山

只有従本州開過來的車輛能下此IC。要前往
今治市的話，不用到到此IC，在這裡下車
比較方便。進入此IC後就只能往本州方向開
（不能往今治IC和来島海峡SA下車）

来島海峡
SA P.30

来島海峡

今治北

放上煎猪肉和半熟蛋的
「今治煎肉蓋飯」分量十足

コンテックス
タオルガーデン

波方站

15

讃予
線

波方

今治港

以熱呼呼的鐵板這種獨特
方式煎烤的「今治烤雞」

只有従本州方向來的車輛才能下此IC，従今
治北方向開來的車輛則不可以下此IC。進入
此IC後就只能往本州方向，不能従今治北
IC下（欲前往今治/浦者，請用國道）

今治市

244山

38

見山站

今治站

南光坊 ✚

今治城

愛媛文華館

317

🏮 白楽天 今治本店

市民の森・フラワーパーク

イオンモール今治新都市 P.141

清正乃湯

伊予富田站

P.105

留意IC出、入口！

IC基本上有上行線的出
入口和下行線的出入
口，總共有4個出入口。
但也有些IC少了其中一
邊的出入口，這種IC叫
做「單出入向IC」。
在瀬戸内島波海道中，
有兩個IC在島內，但只
能従前行方向前方的IC
開下去，必須留意。

因島北IC	本州方面→因島	出口
（從四國方向來的 車輛不能開下去）	因島→本州方面	入口
因島南IC	四國方向→因島	出口
（從本州方向來的 車輛不能開下去）	因島→四國方向	入口
生口島北IC	本州方面→生口島（瀬戸田）	出口
（從四國方向來的 車輛不能開下去）	生口島（瀬戸田）→本州方面	入口
生口島南IC	四國方向→生口島（瀬戸田）	出口
（從本州方向來的 車輛不能開下去）	生口島（瀬戸田）→四國方向	入口
大島北IC	本州方面→大島	出口
（從四國方向來的 車輛不能開下去）	大島→本州方面	入口
大島南IC	四國方向→大島	出口
（從本州方向來的 車輛不能開下去）	大島→四國方向	入口

1:200,000

0　　　　　4km

經典路線

1 千光寺公園
●せんこうじこうえん

☎0848-38-9184(尾道市觀光課) 🌸📷🍴🎁

公園腹地範圍包含從海拔144.2m的千光寺山山頂到半山腰。入選「櫻花名勝100選」,春天有櫻花,初夏則有杜鵑花和藤花可以看,冬天還有山茶花等,季節花卉讓園內染上繽紛色彩。

自由入園
Ⓟ70輛(1次600日圓)

2 白瀧山
●しらたきさん

☎0845-26-6212(尾道市因島綜合支所島嶼復興課) 🍁📷

據說位於海拔226m山頂上的觀音堂是由因島村上水軍所建。觀音堂周遭有擺出各式各樣表情的大小約700尊石佛。從展望台可以一覽瀨戶內海。

Ⓟ30輛

3 耕三寺博物館(耕三寺)
●こうさんじはくぶつかんこうさんじ

☎0845-27-0800 🌸🍁📷☕🎁

原為耕三寺耕三為自己的母親所建的菩提寺,屬於淨土真宗本願寺派的寺院。本堂及山門等堂塔都登錄為有形文化財。展示館內展示寺院所收藏的文化財等。

🕐9:00～16:30 休無休
¥入館費1400日圓 Ⓟ40輛

4 瀨戶田夕陽海濱
●せとださんせっとびーち

☎0845-27-1100

入選「日本海水浴場88選」的海灘屬於平淺灘且海浪平穩。也有附設咖啡廳及餐廳。

🕐自由參觀(商店為9:00～17:00,餐廳為9:00～16:00) 休無休(餐廳為週二,夏季無休)
Ⓟ300輛

5 大山祇神社
●おおやまづみじんじゃ

☎0897-82-0032 🎁

祭祀天照大神的哥哥大山積神的神社。大山祇神社也是全國有1萬多分社的大山積神社的總本社,被視為海神、山神而聚集了眾多信徒。本殿和前殿皆為重要文化財。保存了許多珍貴的武器。

🕐境內自由參觀(寶物館為8:30～16:30) 休無休 ¥寶物館入館費1000日圓 Ⓟ80輛(使用市營停車場)

6 龜老山展望公園
●きろうさんてんぼうこうえん

☎0897-84-2111(今治市吉海支所) 📷🎁

在大島南端海拔307.8m高的龜老山頂上的公園。從山頂的全景展望台可以一覽三連吊橋的來島海峽大橋或瀨戶群島,甚至還可以看到今治市街景。

自由入園 Ⓟ18輛

話題景點
島波海道

停下車
用騎自行車的方式玩樂吧

雖然也有其他連接本州和四國的橋,但島波海道最特別的地方,就是自行車和行人都可以過橋。橋的沿線有「公路休息站 多多羅島波公園」等13處自行車出租站,也可以騎完後直接停在路邊(電動輔助自行車和協力車則不行),最適合用來輕鬆享受騎車樂趣。

不光是在橋上行駛,也很推薦各位活用公路休息站等觀光服務處,仔細地環遊島嶼。生口島上有將整個島都當成美術館來展示的室外雕刻「全島美術館」,還有沙灘連綿800m的「瀨戶田夕陽海濱」等值得一看的景點。大三島上則有可以一覽海景的「マーレ・グラッシア大三島」露天溫泉,可以在這裡消除疲勞。

⬇全部的橋上都設有自行車道,很受腳踏車騎士歡迎

●しまごとびじゅつかん
全島美術館

☎0845-27-2210(尾道市瀨戶田支所島嶼復興課)

島上到處展示有17件戶外作品。
自由參觀 Ⓟ使用瀨戶田夕陽海濱停車場等
MAP 33B-2

←宮脇愛子的作品「うつろひ」

●まーれぐらっしあおおみしま
マーレ・グラッシア大三島

☎0897-82-0100

引進海洋療法的複合型放鬆設施。海水浴池內有海水中的離子、鈣、鎂等成分,療癒遊客的身體。
🕐10:00～20:30 休週二、2月第1週二～四(週三為中元節、過年期間、黃金週時則營業) ¥泡湯費510日圓／免費泡湯券710日圓
Ⓟ60輛 MAP 33A-3

⬆可以在露天溫泉一邊看夕陽一邊泡湯

●みちのえきたたらしまなみこうえん
公路休息站 多多羅島波公園

☎0897-87-3866

坐在公園內的海邊公園椅上,可以眺望到世界數一數二的斜張橋多多羅大橋。園內有販售當地蔬菜和水果的交流攤販市場、餐廳、自行車租借服務處等。
🕐9:00～17:00(餐廳為10:00～15:00) 休無休 ¥石斑魚蓋飯1950日圓
Ⓟ319輛 MAP 33B-3

➡位於多多羅海岬前端廣闊島嶼上的觀光據點

景點資訊 🌸賞花名勝 🍁紅葉名勝 📷觀景點 🍴有餐廳 ☕有咖啡廳 🎁有商店 ♨有溫泉

カレイ山展望公園
景點
かれいやまてんぼうこうえん
☎080-2989-5179（NPO法人能島之里）

可以一覽島波海道

位於海拔232m的枯井山山頂附近的公園。重現村上海賊展望台的觀景台，是可以看見能島，前方還有伯方大島大橋、伯方島、大三島景觀的觀景點。

能島周邊是被稱為荒神瀨戶的急流海域

自由入園　🅿30輛　MAP 33B-3

糸山公園・來島海峽展望館
景點
いとやまこうえんくるしまかいきょうてんぼうかん
☎0898-41-5002

一覽日本三大潮流之一的來島海峽

從位處高地上的公園可以俯瞰與鳴門海峽、關門海峽並列日本三大海峽的來島海峽。設有介紹世界第一座三連吊橋構造等的來島海峽展望館。

館內介紹橋的構造

⌚自由入園（來島海峽展望館為9:00～18:00）
休無休　¥免費　🅿90輛　MAP 33A-4

吉海町玫瑰公園
景點
よしうみばらこうえん
☎0897-84-2111（今治市吉海支所）

世界各國的玫瑰爭奇鬥艷

總占地面積約28000m²的玫瑰公園。種有來自全世界約400種3500株玫瑰，可以在有噴水池和草皮的「雞蛋廣場」或「嬉鬧廣場」度過快樂的時光。

自由入園　🅿100輛　MAP 33B-3
花季時會有甜甜的香氣瀰漫

平山郁夫美術館
景點
ひらやまいくおびじゅつかん
☎0845-27-3800

觀賞日本畫家平山郁夫的作品

建在平山郁夫的故鄉：生口島上的美術館。從孩提時期到晚年的作品都有展示在館內。可以觀賞到平山大師為祈禱世界和平而畫的《絲綢之路》，以及讓人感受到日本文化的大師之作。

也有介紹珍貴的童年時代作品

⌚9:00～16:30　休無休　¥入館費900日圓
🅿40輛　MAP 33B-2

Limone
購物
りもーね
☎0897-87-2131

用引以為傲的柑橘製作的手工利口酒

販售使用無農藥的自家栽培柑橘親手製作的利口酒。義式檸檬香甜酒和有些微甜味的臍橙香甜酒相當受歡迎。也有販售檸檬汁和點心、手工雜貨。

陳列著利口酒等商品

⌚11:00～17:00　休週二、五（有臨時休息日）
¥義式檸檬香甜酒200ml 2100日圓　🅿1輛
MAP 33B-3

SHIMANAMI DOLCE本店
咖啡廳
しまなみどるちぇほんてん
☎0845-26-4046

有清爽甜味的義式冰淇淋

使用瀨戶田產的檸檬和凸頂柑，尾道產的桃子、無花果，因島產的八朔橘等當地水果製作的義式冰淇淋店。可以在能感受到海風吹拂的戶外露臺品嘗現做的滋味。

包括提供外帶的冰淇淋共有25種口味

⌚10:00～日落　休無休　¥單球380日圓／雙球430日圓
🅿80輛　MAP 33B-2

蛸処 憩
美食
たこどころいこい
☎0845-27-0105

越咬鮮味越是擴散的章魚料理

在最合適的漁場生口島周邊捕到的章魚肉質緊實又有彈性。能享用到章魚料理的生口丸全餐內有附生魚片、天婦羅、章魚炊飯等。

章魚炊飯定食…1910日圓

⌚11:00～14:30（售完打烊）
休週三、四（逢假日則營業）
🅿使用附近停車場（1次500日圓）　MAP 33B-2

ばんや
美食
☎0848-44-8780

自製味噌和特製辣油也頗受好評

提供使用老闆親自出海捕到的鮮魚和尾道產的新鮮蔬菜做成的單品料理、全餐料理、尾道拉麵等豐富菜色。

海鮮蓋飯午餐（平日限定）…540日圓

⌚11:00～14:00，17:00～21:00　休週二
🅿5輛　MAP 33C-1

くろしお
美食
☎0897-87-3417

新鮮的比目魚料理相當受歡迎

不愧為鮮魚店經營的餐廳，魚的活跳程度頗受好評。推薦有附比目魚天婦羅、比目魚釜飯、湯、水果的比目魚全餐。

比目魚全餐…3200日圓

⌚11:00～20:00　休不定休　🅿3輛　MAP 33B-2

食堂みつばち
美食
しょくどうみつばち
☎0897-84-3571

享受島嶼時光 幸福無比的午餐

從大島海邊的別墅改裝而成的食堂。相當推薦用從漁夫那裡進貨的魚製作的每日午餐，店內也有提供豐富的咖啡廳餐點，可以在這裡一邊眺望平穩的海景一邊悠閒度過。

蛋糕拼盤…500日圓
咖啡…500日圓

⌚11:00～16:00（午餐～14:30）　休週二、三
🅿8輛　MAP 33B-3

伴手禮Get!

清爽的柑橘類與海裡的礦物質，把瀨戶內海的自然滋味當成伴手禮帶回家

島波海道通過的藝予諸島因為其溫暖的氣候而成為柑橘類的產地。以八朔橘的發源地因島和有一片檸檬谷的生口島為首，還有栽培橘子、伊予柑、清美、甘夏、椪柑、凸頂柑等多樣的柑橘。此外還有豐富品項的柑橘加工特產品。還可以喝到各種濃淡口味以及豐富柑橘風味的果汁。另外，說到伯方島，最有名的就是「伯方鹽」。製作方式為從國外引進優質的天日海鹽，並用瀨戶內的海水溶解這種鹽，再留下鹵部分讓它結晶、自然乾燥後製成。在國道公路休息站伯方 S.C. パーク內的物產中心「マリオンアシスはかた」內除了可以買到伯方鹽外，也可以買到鹽羊羹、鹽味拉麵等特產品。

マリンオアシスはかた
☎0897-72-3300
⌚9:00～17:00　休無休　¥伯方鹽 燒鹽500g 360日圓／Roast Salt 290日圓／鹽之花310日圓　🅿300輛
MAP 33B-3

甘夏橘350日圓，凸頂柑350日圓，清見橘350日圓，橘子300日圓

美味無比的伯方鹽

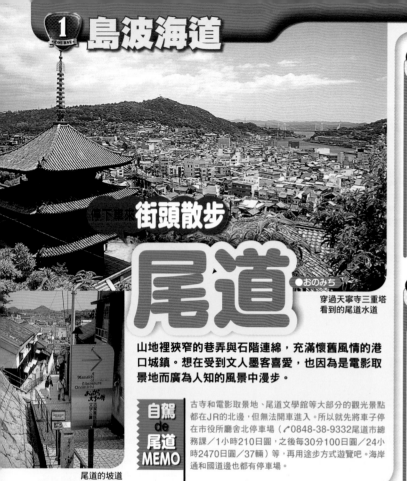

街頭散步

尾道 ●おのみち

穿過天寧寺三重塔
看到的尾道水道

尾道的坡道

山地裡狹窄的巷弄與石階連綿，充滿懷舊風情的港口城鎮。想在受到文人墨客喜愛，也因為是電影取景地而廣為人知的風景中漫步。

自駕 de 尾道 MEMO

古寺和電影取景地、尾道文學館等大部分的觀光景點都在JR的北邊，但無法開車進入。所以就先將車子停在市役所廳舍北停車場（☎0848-38-9332尾道市總務課／1小時210日圓，之後每30分100日圓／24小時2470日圓／37輛）等，再用途步方式遊覽吧。海岸通和國道邊也都有停車場。

景點 📷 **文學小路**
ぶんがくのこみち

☎0848-38-9184（尾道市觀光課）

排列有文人們文學碑的道路

從千光寺空中纜車山頂站延伸至千日稻荷，全長約1km的遊步道。這裡有25個刻有從與尾道有關的文人林芙美子、志賀直哉、正岡子規、德富蘇峰等作品中節錄出來的文字的文學碑。

🅿 使用千光寺公園停車場（1次600日圓）

刻有詩歌的石碑遍布

景點 📷 **尾道電影資料館**
おのみちえいがしりょうかん

☎0848-37-8141

介紹尾道電影的世界

位於尾道市役所前的電影資料館。展示有以尾道為舞台的電影取景照片、攝影機、幻燈片投影機。在約有20個座位的迷你劇院中，可以觀看與尾道有關的電影預告片。

🕙 10:00～17:30　休週二（逢假日則翌日休）　¥入館費500日圓　🅿 使用附近的收費停車場

展示有取景照片和海報

景點 尾道文學館
おのみちぶんがくのやかた

📞0848-22-4102（文學紀念室）

展示與尾道有關作家的故居與資料

有文學紀念室、中村憲吉故居、志賀直哉故居3個設施，是包含文學公園一帶的總稱。附近立的文學紀念堂有林芙美子等人的文學碑，可以追尋與尾道有關的文人足跡。
🕐9:00～17:30（11～3月～16:30）
休無休（12～2月為週二休）💴入館費300日圓（3設施共通）🅿使用附近的收費停車場

購物 工房尾道帆布
こうぼうおのみちはんぷ

📞0848-24-0807

用向島的帆布製作多彩又堅固的包包

使用拿來製作船帆的布製作包包和小物的工房兼商店。從向島的製造工廠進貨的尾道帆布有自然的魅力。
選色也是一種樂趣的尾道帆布包
🕐10:00～18:00
休週四💴條紋包5400日圓～等🅿使用附近的收費停車場

🅱•••••文學小路
•••••海岸通散步道

購物 せと珍味
せとちんみ

📞0848-22-8202

將海中珍味帶回家

柄蝦、鰯仔魚、小魚乾等，店內擠滿了乾貨的海產物專賣店。人氣商品有章魚片、味醂白帶魚乾、手平（一種比目魚）等。
🕐9:00～18:00 休無休💴章魚片1500日圓／味醂白帶魚乾500日圓／手平500日圓🅿20輛（使用附近停車場／1小時300日圓，之後每30分100日圓）

也可以根據自己的預算混搭各種商品

美食 朱華園
しゅうかえん

📞0848-37-2077

大排長龍的「朱先生的拉麵」

以「朱先生的拉麵」暱稱為人所知的店。雞骨高湯的醬油湯頭和自製平麵組成的拉麵雖然簡單，但日本全國的拉麵迷都為了這個滋味而來，可見其人氣。
🕐11:00～19:00（售完打烊）休週四、第3週三（逢假日則營業）🅿2輛

中華蕎麥麵…600日圓

美食 いわべぇ

📞0848-37-2325

麵皮鬆軟，配料健康的尾道燒

提供乾蒸特製麵皮而成的廣島燒。放了炸烏賊和年糕的いわべぇ燒、加了韭菜和大蒜的スタミナ燒，還有加了雞胗的尾道燒很受歡迎。🕐11:30～15:00、17:00～19:30 休週四（逢假日則營業）🅿使用附近停車場

尾道燒…850日圓

咖啡廳 茶房こもん
さぼうこもん

📞0848-37-2905

也曾出現在電影中的格子鬆餅專賣店

曾出現在大林宣彥導演的電影《轉校生》中出現過的格子鬆餅專賣店。講究的外皮是等點單後才開始烤。店家位於千光寺山空中纜車山麓站乘車處前面，排隊人潮非常顯眼。
🕐9:00～18:30 休週二（逢假日則營業，3、8月無休）💴奶油鬆餅（附咖啡）860日圓／藍莓冰淇淋奶油鬆餅610日圓🅿10輛

藍莓冰淇淋奶油鬆餅

美食 潮待ち茶屋 花あかり
しおまちちゃやはなあかり

📞0848-24-2287

可以一覽尾道海景的和食餐廳

以尾道的鮮魚為主的和食餐廳。中午提供分量十足的午餐點心、晚上則可以享用到生魚片、燒烤、壽司等的單品料理或全餐。🕐11:00～22:00 休不定休🅿使用附近停車場

潮待膳…1080日圓

咖啡廳 からさわ

📞0848-23-6804

以不變的味道受到好評的手工冰淇淋

用牛奶和雞蛋做成的手工冰淇淋相當爽口，令人懷念的味道和樣子跟從前一模一樣。冰淇淋最中和奶油仙貝相當受歡迎。不會過甜的味道很受客人喜愛。
🕐10:00～19:00（11～2月～18:00）休週二（逢假日則營業），11～2月為週二、第2週三💴冰淇淋最中（1個）150日圓／奶油仙貝340日圓🅿使用契約停車場（用餐消費超過600日圓以上1小時免費）

人氣第一名的冰淇淋最中

美食 青柳
あおやぎ

📞0848-51-6600

老虎魚料理堪稱極品的老字號餐廳

以炸老虎魚聞名的尾道老店。在瀨戶內海捕獲到的老虎魚外裏上秘傳的麵衣拿去炸，再沾上特製的勾芡醬汁品嚐，剛炸好的熱呼呼口感相當美味。🕐11:30～14:00、17:00～22:00
休週三🅿使用附近的收費停車場

炸老虎魚…1800日圓左右

‼嘗試看看

試著一手拿著地圖
遊覽令人懷念的電影取景地吧

取景地遊覽地圖

巷 弄與小路交織而成的街景，被夕陽染紅的石階和神社。尾道有許多如畫般的風景，也是有名的電影取景地。像是大林宣彥導演的《兩個人》和《那年夏天》，還有小津安二郎導演的《東京物語》等，去看看攝獲導演們內心的電影取景地吧。可以在尾道站觀光服務處索取介紹大林導演的《新尾道三部作》取景地的地圖。

上／電影《兩個人》的代表取景地，不動明王岩

左／電影《那年夏天》的取景地，土堂突堤

●あきなだとびしまかいどう 書末地圖 **P.158・159**

2 COURSE 安藝灘跳島海道

↑從大崎上島的神峰山
眺望到的景色

自駕重點
海岸美　街頭散步　歷史探訪　美食　溫泉

自駕路線概要

位於島波海道西側，以七座橋連接各個島嶼的安藝灘跳島海道。沿著路線的島嶼充滿了昔日瀨戶內的風情，是受到矚目的隱藏自駕路線。從本島上的野呂山眺望瀨戶內海上的島嶼後，就渡過安藝灘大橋開始環島吧。這條路線最精彩的景點，就是位於大崎下島的御手洗街景保存地區。據說菅原道真曾漂流至此，並在這裡洗手，因此有了此地名。搭渡輪越過大崎上島，從神峰山觀賞瀨戶內海全景吧。環遊群島後，再搭渡輪到竹原享受乘船小旅行。保留江戶後期高雅街景的竹原町街景保存地區是跟 NHK 晨間劇《阿政與愛莉》的主角原型竹鶴政孝有關的區域。

↑從大崎下島的一峰寺山展望台
看到的跳島海道大全景

自駕路線

推薦！當日來回

路線行車距離 約**115km**
路線行車時間 約**5小時25分**

START 廣島吳道路 **吳IC**

26km 1小時 185 248

享受極美風景與四季自然景緻
① 野呂山

19km 40分 248 185 安藝灘大橋（720日圓）74

展示有朝鮮通信使的資料等
② 松濤園 下蒲刈島

24km 35分 74 287 356 354 一般道路 355

等待順風、漲潮的海港城鎮
③ 御手洗街景保存地區 大崎下島

12km 1小時15分 355 渡輪 65 廣域農道

一覽115座島嶼的美景景點
④ 神峰山 大崎上島

20km 1小時25分 65 渡輪 185

風情萬種的安藝小京都
⑤ 竹原町街景保存地區

14km 30分 185 432

GOAL 山陽自動車道 **河內IC**

自駕 MEMO
●有些通往視野良好的展望台道路很狹窄，需要小心留意。

① 野呂山（のろさん）
☎0823-87-2390（野呂高原小屋）

有季節花卉與樹木環繞，海拔839m高的美麗高山。設有前往山頂的登山路線和遊步道，還有山中汽車道。從獨角仙岩展望台看到的瀨戶內海多島美極為美麗。
自由散步 P200輛

② 松濤園（しょうとうえん）
☎0823-65-2900

復原從全國各地移建來的古民家，將這些建築物改建為朝鮮通信使資料館、陶瓷器館、燈光館、蒲刈島御番所等，並對外開放展示。借景自瀨戶內海的回遊式庭園也很值得一看。🕘9:00～16:30 休週二（逢假日則翌日休）¥入館費800日圓 P50輛

③ 御手洗街景保存地區（みたらいまちなみほぞんちく）
☎0823-67-2278（鹽町觀光協會）

御手洗是在江戶時代曾為北前船與幕府交易船的中途港而繁榮的交通要衝，並以等待順風、潮汐的港口之名廣為人知。已獲選定為重要傳統建築物保存地區。自由參觀 P30輛（使用かもの市營停車場、御手洗停車場）

④ 神峰山（かんのみねやま）
☎0846-65-3455（大崎上島町觀光協會）

海拔453m高的神峰山是有充滿魅力的360度大全景的登山景點。海拔400m高的展望台內也有停車場，可以輕鬆地開車前往
自由散步 P20輛

⑤ 竹原町街景保存地區（たけはらまちなみほぞんちく）
☎0846-22-7745（竹原市產業振興課）

本川沿岸的上市、下市周邊街景保留了江戶時代的風貌，也因此獲選為重要傳統建物群保存區。走在石板小路上，可以欣賞特殊的灰泥牆、格子窗、棒瓦建築。外觀自由參觀 P使用新町市營停車場、榎町市營停車場

話題景點
散步在連續劇的舞台、安藝的小京都，還留存著江戶樣貌的竹原町

竹原地區在江戶時代時，曾在竹原灣的圍海造田地開墾鹽田，因此製鹽業興盛一時。區域內充滿昔日風情的商家櫛比鱗次，石板小路上還保留了棒瓦屋頂、灰泥牆、出格子、蟲籠窗等瀰漫著江戶時期風情的建築物。位於城鎮中心的竹鶴酒造是NHK晨間劇《阿政與愛莉》的主角原型：竹鶴政孝先生的老家。此外，城鎮保存地區的玄關口有「公路休息站 たけはら」，是觀光據點的好選擇。
●みちのえきたけはら
公路休息站 たけはら
☎0846-23-5100
🕘9:00～18:00 休第3週三（逢假日則翌日休）P44輛

保留昔時樣貌的竹鶴酒造
（不可入內參觀）

景點資訊 ❀賞花名勝 🍁紅葉名勝 📷觀景點 🍴有餐廳 ☕有咖啡廳 🏠有商店 ♨有溫泉

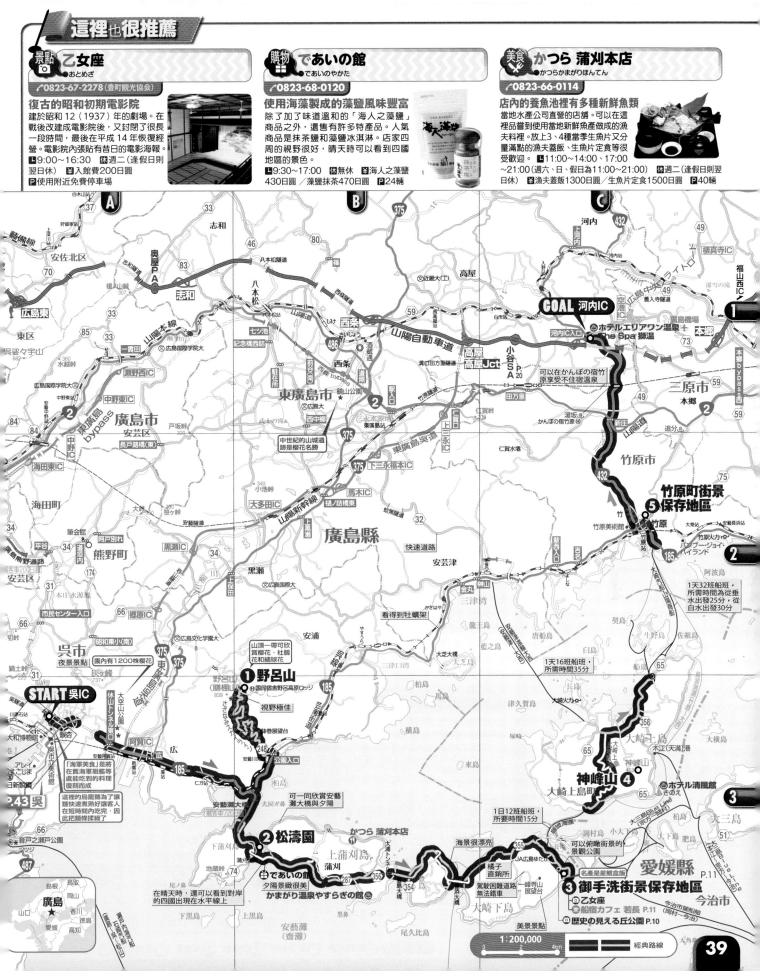

景點 乙女座 おとめざ

☎0823-67-2278（豐町觀光協會）

復古的昭和初期電影院

建於昭和12（1937）年的劇場。在戰後改建成電影院後，又封閉了很長一段時間，最後在平成14年恢復經營。電影院內張貼有昔日的電影海報。

🕐9:00～16:30　休週二（逢假日則翌日休）　💴入館費200日圓　🅿使用附近免費停車場

購物 であいの館 であいのやかた

☎0823-68-0120

使用海藻製成的藻鹽風味豐富

除了加了味道溫和的「海人之藻鹽」商品之外，還售有許多特產品。人氣商品是抹茶鹽和藻鹽冰淇淋。店家四周的視野很好，晴天時可以看到四國地區的景色。

🕐9:30～17:00　休無休　💴海人之藻鹽430日圓／藻鹽抹茶470日圓　🅿24輛

美食 かつら 蒲刈本店 かつらかまがりほんてん

☎0823-66-0114

店內的養魚池裡有多種新鮮魚類

當地水產公司直營的店舖。可以在這裡品嚐到使用當地新鮮魚產做成的漁夫料理裡。放上3、4種當季生魚片又分量滿點的漁夫蓋飯、生魚片定食等很受歡迎。

🕐11:00～14:00、17:00～21:00（週六、日、假日為11:00～21:00）　休週二（逢假日則翌日休）　💴漁夫蓋飯1300日圓／生魚片定食1500日圓　🅿40輛

START 吳IC

GOAL 河內IC

① 野呂山

② 松濤園

③ 御手洗街景保存地區

④ 神峰山

⑤ 竹原町街景保存地區

であいの館
夕陽織很美
かまがり溫泉やすらぎの館

かつら 蒲刈本店

・乙女座
・船宿カフェ 若長 P.11
・歴史の見える丘公園 P.10

1:200,000

經典路線

◆くれ・のうみしま 書末地圖 **P.158**

3 COURSE 吳·能美島

自駕重點
海岸美　四季花卉　歷史探訪　夕陽　溫泉

↑「海上自衛隊吳史料館（鐵鯨館）」展示在陸地上的潛水艦

自駕路線概要

曾為東洋第一軍港繁盛一時的吳最有魅力的地方就是舊海軍工廠紅磚倉庫並排的懷舊街景。遊覽完ALLEY烏小島公園等曾為舊海軍總部的吳才有的景點後，渡過音戶之瀨戶前往安藝群島。一邊欣賞海景一邊從倉橋島驅車至能美島，就能到陀峯山的展望台眺望瀨戶內海的美景，觀賞沉入對岸島嶼中的美麗夕陽，讓豐富的自然治癒自己的心靈。如果時間允許的話，一定也要去看看位於倉橋島南端、有白沙綠樹美景的桂濱，還有可以參觀舊海軍歷史建築物的江田島。

↑從入鹿海水浴場看出去，可以看到沉入瀨戶內海的紅色夕陽

自駕路線

推薦！
當日來回

路線行車距離　約**55km**
路線行車時間　約**3小時30分**

START 廣島吳道路　**吳IC**

5km 10分／185 487 一般道路

可以看到潛水艦
1 ALLEY烏小島公園

5km 10分／一般道路 487

瀨戶內的賞花名勝
2 音戶之瀨戶公園

18km 1小時20分／487 35 早瀨大橋 487 一般道路

遠望藍天、海景和綠色群島
3 陀峯山全景展望台

10km 1小時15分／一般道路 487

島嶼新鮮蔬菜一字排開
4 ふれあいプラザさくら

9km 20分／487 36

漫步在染成紅色的海邊
5 入鹿海水浴場

8km 15分／36

GOAL 三高港（往廣島港渡輪船站）

自駕MEMO
●開車下吳IC後，別漏看交通標誌
●沿海繞倉橋島一圈的縣道道路狹窄，還有許多小彎道。周遊島嶼很費時，需多加留意

1 ALLEY烏小島公園
アレイからすこじま

☎0823-23-7845（吳觀光資訊廣場）

能以全日本最近的距離觀賞潛水艦的公園。附近有曾是吳海軍工廠的磚瓦倉庫，充滿復古氣氛。每個禮拜天，鄰近公園的海上自衛隊吳基地還會將一部分護衛艦開放給一般民眾參觀。（海上自衛隊吳地方總監部廣報系☎0823-22-5511）（需事先預約、確認）自由入園 **P**41輛

2 音戶之瀨戶公園
おんどのせとこうえん

☎0823-23-7845（吳觀光資訊廣場）

這個名勝地流傳著「招日傳說」，據說平清盛在此招回夕陽，因此讓工程得以順利進行。4月上旬有約2300株櫻花，5月初旬則有約8300株紅白色杜鵑花齊放的景象，是一座自然環境豐富的公園。 自由入園 **P**110輛

3 陀峯山全景展望台
だぼうざんぱのらまてんぼうだい

☎0823-43-1644（江田島市觀光振興課）

從海拔438m的陀峯山山頂上，可以欣賞到瀨戶內美景的全景。晴天時連周防大島和四國連綿的山地都能看到，令人身心極為舒暢。從展望台上看到的夜景也很美麗。
自由散步 **P**30輛

4 ふれあいプラザさくら

☎0823-57-7966

販售當地農家生產的蔬菜和水果等農產品、味噌、醬油、煎餅等加工品。也有提供烏籠麵等輕食，是很適合在自駕途中前來休息的景點。🕙10:00～15:00（商店為8:00～，輕食為10:30～14:30）週一 豆烏龍麵400日圓／散壽司200日圓 **P**20輛

5 入鹿海水浴場
いるかかいすいよくじょう

☎0823-43-1644（江田島市觀光振興課）

白色沙灘和藍色大海交織的海岸景緻相當美麗，夏天充滿了前來玩水的遊客。傍晚時還可以眺望沉入嚴島方向的夕陽。沿海的自駕路線一路延伸至海灘上，令人感到相當快活。 **P**200輛（僅夏季期間1次600日圓）

話題景點
10分之1比例的戰艦「大和」與潛水艦「秋潮」魄力十足

吳地區從昭和12（1937）年起花了4年秘密打造，最後卻在昭和20（1945）年遭受美軍攻擊而沉沒的戰艦「大和」，如今以10分之1比例再度重出它的樣貌。傳遞吳的歷史與造船等科學技術的大和博物館（吳市海事歷史科學館），以及公開展示直到平成16年都有在運作的潛水艦內部的海上自衛隊吳史料館（鐵鯨館），這兩個在彼此對面的景點現在頗受矚目。

●やまとみゅーじあむ くれしかいじれきしかがくかん
大和博物館
（吳市海事歷史科學館）
☎0823-25-3017
🕙9:00～17:30 週二（逢假日則翌日休）、黃金週、暑假、過年期間無休 入館費500日圓 **P**285輛（1小時100日圓） **MAP** 43B-2

●かいじょうじえいたいくれしりょうかんてつのくじらかん
海上自衛隊吳史料館
（鐵鯨館）
☎0823-21-6111
🕙9:00～16:30 週二（逢假日則翌日休）免費入館 **P**285輛（使用大和博物館停車場／1小時100日圓） **MAP** 43B-2

根據當時的設計圖等資料精巧地重現原來樣貌的10分之1比例戰艦「大和」

景點資訊 ✿賞花名勝 ❀紅葉名勝 ◉觀景點 🍴有餐廳 ☕有咖啡廳 🏪有商店 ♨有溫泉

景點 灰峰
はいがみね

☎0823-23-7845（吳觀光資訊廣場）

港口城鎮吳的閃閃發光
夜景景點

為中、四國三大夜景之一，從海拔737m高的灰峰山頂展望台一看，可以一覽吳市街景與吳港。也可以欣賞到眼下一片彷彿滿天星般的城市的美麗燈光。
P6輛

景點 海上自衛隊第1術科學校
かいじょうじえいたいだいいちじゅつかがっこう

☎0823-42-1211

曾為世界三大軍事學校之一

可以參觀有「紅磚」之稱的幹部候補生學校大樓、石造大講堂、希臘神殿風格的教育參考館等歷史建築物。參觀所需時間約1小時30分，來訪人數有20人以上時需預約。▶參觀時間為10:30～、13:00～、15:00～（週六、日、假日為10:00～、11:00～、13:00～、15:00～）休無休（教育參考館為第2、4週二）￥免費入館 P70輛

景點 舊海軍基地（長迫公園）
きゅうかいぐんちながさここうえん

☎0823-25-1362（公益財團法人吳海軍基地攝影保存會）（受理時間13:00～17:00）

弔念海軍軍人的
歷史平和公園

有「戰艦大和死者之碑」等91座合祀墓碑並列。是電影《男人們的大和／YAMATO》的取景地。
自由參觀 P11輛（9:00～17:00）

景點 歷史の見える丘
れきしのみえるおか

☎0823-23-7845（吳觀光資訊廣場）

一覽戰艦「大和」的
建造船塢遺跡

可以俯瞰象徵吳歷史的舊吳鎮守府廳舍和造船相關工廠的山丘。也有大和的主炮徹甲彈和造船船舶紀念碑、正岡子規的句碑可以參觀。 自由參觀 P使用附近的收費停車場
MAP 43B-2

景點 大和波止場
やまとはとば

☎0823-23-7845（吳觀光資訊廣場）

眺望吳港的戀人聖地

鄰接大和博物館的公園內有一座戰艦「大和」主題的紀念碑。敲響鐘就能實現戀情的「大和の時鐘」很受歡迎。
自由參觀 P使用附近的收費停車場 MAP 43B-2

玩樂 吳灣艦船巡遊
くれわんかんせんめぐり

☎082-251-4354（バンカー・サプライ）

從海上眺望到的艦艇充滿魄力

可以看到海自吳基地的護衛艦和潛水艦、戰艦「大和」船塢遺跡的周遊船。可以聆聽艦旗降旗的夕陽渡輪（採預約制）很受歡迎。▶10:00～11:00～、13:00～14:00～（1天4班，週六、日、假日有加開12:00～的航班），夕陽渡輪（預約制）休週二、天候不佳時￥乘船費1300日圓 P使用附近的收費停車場 MAP 43B-2

街頭散步

吳 ●くれ

令人想起昔日海軍本部景象的吳鎮

入船山公園有許多復原回昔時樣貌的景點，像是吳鎮守府司令長官官舍等

曾建造出戰艦「大和」、在太平洋戰爭前曾以東洋第一軍港之姿繁榮的吳，最近因為是動畫《謝謝你，在世界的角落找到我》的背景舞台而蔚為話題。

自駕 de 吳 MEMO

吳站相當便利的一點是附近有吳站西停車場（☎0823-23-9140／30分100日圓，最高收費1500日圓／481輛）。要前往離吳站近的觀光景點，就使用大和博物館停車場（☎0823-25-3017／1小時100日圓／285輛）等，從這裡出發吧。

景點 入船山公園
くれしりつびじゅつかん
☎0823-25-3207（吳市土木總務課）

紅磚與松樹行道樹線意盎然 景色相當美麗的公園

保留天然樹木的公園，不但有公開展示舊海軍資料等吳市入船紀念館及吳市立美術館等，還獲選定為「日本歷史公園100選」。
自由入園
P 122輛（1小時100日圓，20:00～翌日8:00為90分100日圓）

舊吳海軍工廠塔的時鐘是公園的指標物

景點 吳市入船山紀念館
くれしいりふねやまきねんかん
☎0823-21-1037

復原吳鎮守府 司令長官官舍

復原明治38（1905）年建造當時樣貌的本館列為國家重要文化財。保留了天然林的腹地內，遍布從別處移建過來的舊東鄉家住宅別屋及鄉土館。
🕐9:00～16:30 休週二（逢假日則翌日休）💴入館費250日圓 P 122輛（使用入船山公園停車場）

西洋建築內部用閃閃發光的金唐紙打造

景點 吳市立美術館
くれしりつびじゅつかん
☎0823-25-2007

建在入船山公園內的美術館

蒐集並展示國內外著名作家的繪畫、雕刻、工藝品、照片。收藏有雷諾瓦和羅丹等鄉村畫家的作品，以及平山郁夫、奧田元宋的畫作。
🕐10:00～16:30
休週二（逢假日則翌日休）💴入館費300日圓，特展費用另計 P 122輛（使用入船山公園停車場）

美術館的道路上有雕刻品，很適合散步

景點 ヤマトギャラリー零
やまとぎゃらりーぜろ
☎0823-36-3902（街角市民藝廊90）

另一個「大和」的聖地

展示漫畫家松本零士的代表作《宇宙戰艦大和》的相關展示品。也設有能閱讀宇宙相關書籍或漫畫的專區。
🕐10:00～17:00 休週二
💴免費入館 P 使用附近的收費停車場

展示在作品中登場的模型等

美食 自由軒
じゆうけん
☎0823-24-7549

繼承前海軍主廚的獨門醬汁

創業60多年的懷舊食堂。上一代主廚原本是海軍，現在福山市的自由軒仍持續傳承他的多明格拉斯醬滋味。
🕐11:30～14:00、17:00～20:30
休週四 P 使用附近的收費停車場

戰艦大和蛋包飯
（番茄醬，附紅茶）…880日圓
（多明格拉斯醬，附紅茶）…1000日圓

美食 田舍洋食 いせ屋
いなかようしょくいせや
☎0823-21-3817

持續守護傳統滋味的老字號西餐餐廳

創業於大正10（1921）年的西餐餐廳。重現海軍主廚配方的馬鈴薯燉肉，還有在炸牛排上淋上多明格拉斯醬的炸肉排蓋飯都很受歡迎。
🕐11:00～15:00、17:00～20:00
休週四（逢假日則翌日休）
P 使用附近的收費停車場

特製炸肉排蓋飯…1200日圓

購物 エーデルワイス洋菓子店
えーでるわいすようがしてん
☎0823-21-0637

吳地區最古老的西點專賣店

巧妙地將鹹味派皮與卡士達醬、鮮奶油搭配在一起的奶油派相當有名。2樓還設有咖啡廳區，可以在這裡放鬆休息。
🕐9:00～19:00，咖啡廳為10:00～18:00 休週一（逢假日則翌日休）
P 3輛

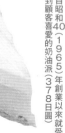

自昭和40（1965）年創業以來就受到顧客喜愛的奶油派（378日圓）

購物 天明堂
てんめいどう
☎0823-25-2439

吳當地名牌烘焙糕點

以使用大量奶油和雞蛋製作的外皮包鳳梨果醬而成的烘焙糕點鳳梨萬頭很有人氣。鬆軟的口感和清爽的酸甜味相當有特色。
🕐9:00～18:30 休週日
P 使用附近的收費停車場

招牌商品鳳梨萬頭1個135日圓

美食 VERT MARIN

●ヴェール・マラン

📞0823-26-0001

能看見美麗夜景的法式餐廳

位於CLAYTON BAY HOTEL最高層樓，能一邊眺望瀨戶內海一邊享受美食。使用新鮮海產與當地產蔬菜製作的健康午餐、晚饗饕餮頗受好評。

🕐11:30～14:00、17:30～21:00（週六、日、假日晚間為17:00～，需預約）
休不定休 ℗200輛

舊海軍美食LUNCH…1944日圓

美食 多幸膳
●たこぜん

📞0823-25-8168

位於商店街中活力十足的店

可以品嘗到吳的名產細烏龍麵，還有將豬五花肉與蔬菜用辛辣味噌調味，再將這些料放在麵糊上後，加入蛋液並整形成半月形的當地大阪燒「吳燒」。
🕐11:00～14:30、17:30～22:00（週六、日、假日為11:00～22:00）休週二（逢假日則營業）℗使用附近的收費停車場

吳燒（加細烏龍麵）…770日圓

美食 藏本通屋台
●くらもとどおりのやたい

📞0823-23-7845（吳觀光資訊廣場）

吳的夜生活中不可或缺的景點

鋪著紅磚的步道上有十幾家攤販連綿。從拉麵和關東煮等經典料理到獨創料理都有，不管菜色還是店家都有多種選擇。🕐18:00左右～翌日3:00左右（視店鋪而異）休視店鋪、天候而異 ¥視店鋪而異 ℗無（使用市營停車場）

延伸至吳市中心的藏本通上攤販林立

🍴 這個想吃看看

重現海上自衛隊艦艇中的咖哩飯 吳名產「吳海自咖哩飯」

吃 飯是船艦內少數的娛樂之一。其中，咖哩飯是為了讓海上的軍人們對現在是星期幾有感覺，因此在每週五提供的菜色，受歡迎到每艘船艦上都有其獨特的配方。吳市內有約30家餐廳裡，可以品嘗到真的有在隸屬於吳基地的船艦上提供的極品咖哩。來看看市內的飯店或餐廳所提供，重現海上自衛隊護衛艦、補給艦上的人氣咖哩滋味吧。

花了兩天時間熬煮，味道濃郁的護衛艦「海霧」咖哩（11:30～）
1200日圓

コーヒーハウス IL MARE
📞0823-20-1111
（吳阪急酒店）
🕐7:00～20:30 休無休
℗100輛（2小時內免費）

以讓人想到完熟果實的水果風味為賣點的潛水艦「蒼龍」的經典咖哩
1450日圓（數量限定）

吳ハイカラ食堂（日招きの里）
●くれはいからしょくどうひまねきのさと
📞0823-32-3108
🕐11:30～15:00
休週二 ℗使用附近停車場

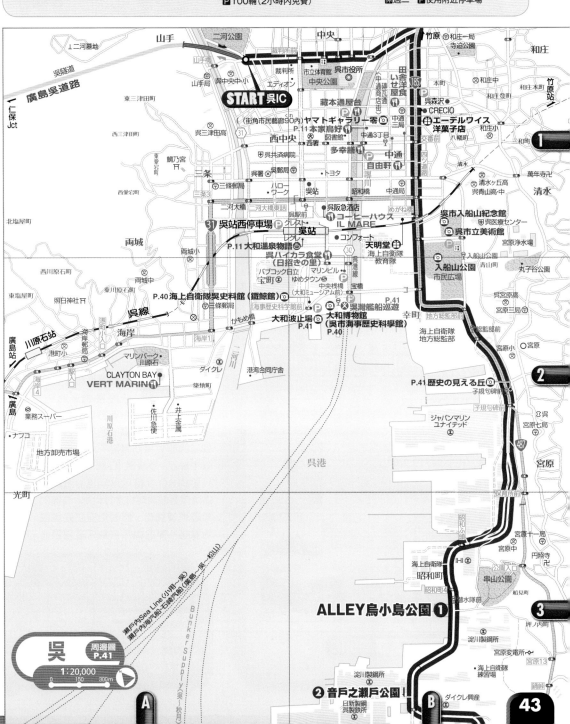

吳
周邊圖 P.41
1:20,000
0　150　300m

從**倉敷美觀地區**到充滿**古浪漫氛圍**的**吉備路**。結合**兩種魅力**的**自駕行程**

くらしき・きびじ **書末地圖 P.154**

4 COURSE 倉敷·吉備路

自駕重點
街頭散步　四季花卉　歷史探訪　購物　溫泉

↑倉敷川沿岸風情萬種的街道綿延的美觀地區

自駕路線

推薦！ **當日來回**

路線行車距離 約**34**km　　**路線行車時間** 約**1**小時**35**分

START 山陽自動車道 **倉敷IC**

5km 15分／ 429 22

① 風情萬種的白牆城鎮景緻
倉敷美觀地區

11km 25分／ 22 429

② 吉備路觀光據點
國民宿舍Sunroad吉備路

2km 10分／ 429 270

③ 建在田園中的五重塔
備中國分寺

7km 20分／ 270 180 389

④ 造型稀奇的本殿與迴廊相當壯觀
吉備津神社

3km 10分／ 389 180 61

⑤ 魄力十足的大燈籠
吉備津彥神社

6km 15分／ 61 180 53

GOAL 山陽自動車道 **岡山IC**

自駕路線概要

河面上有浪漫白牆街景倒映的倉敷美觀地區是相當受歡迎的景點。此外，閑靜的田園風景中有神社、寺廟和古墳遍布的吉備區，是充滿古浪漫氛圍的歷史探訪景點。兩個景點距離相當近，從倉敷IC開車到吉備路只要約10分就可以到達，所以將這兩個景點同時排進行程中，自駕的樂趣也會加倍。悠閒地探訪完美觀地區後，穿過山陽自動車道越過北方，前往吉備路吧。備中國分寺和吉備津神社等值得一看的景點既寧靜又有風情，非常適合散步，不光是歷史迷，也很適合情侶來訪。JR倉敷站附近的暢貨中心也值得一看。

有美麗迴廊連綿的吉備津神社

自駕MEMO

● 倉敷市街道上的道路分岔處不太容易分辨，需要留意
● 倉敷站附近的國道429號很容易塞車
● 縣道270號在過年期間，很容易擠滿前去吉備津彥神社或吉備津神社參拜的香客
● 從國道429號進入縣道270號交叉入口為主的地帶有古墳群，千萬別錯過看起來就像山丘般的景色

備中國分寺周邊的田園地帶到了春天會變成一片紫雲英田

坐在川舟上遊覽倉敷川也別有風情

倉敷景觀地區到了傍晚，就會籠罩在夜間景觀點燈的柔和燈光中，充滿夢幻氣氛

可以爬上古墳山丘的造山古墳

綠色屋瓦令人印象深刻的「有隣莊」

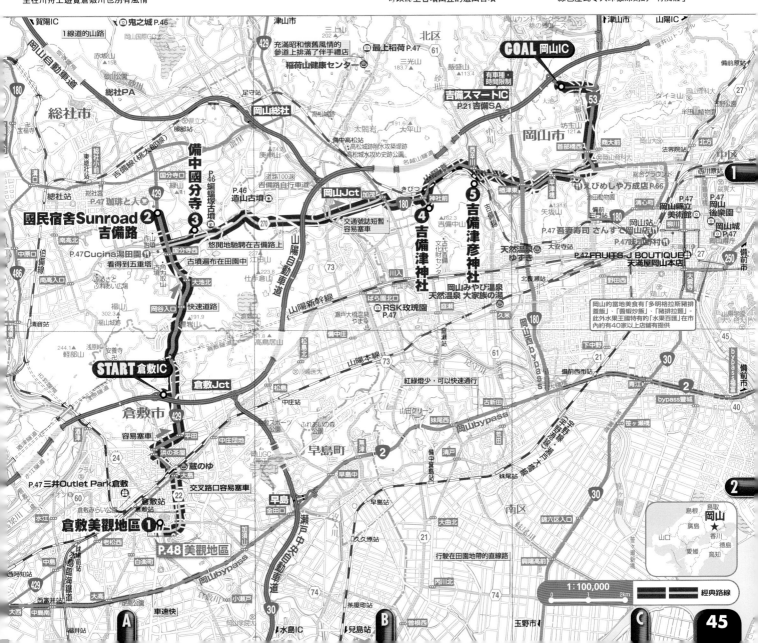

1 倉敷美觀地區
●くらしきびかんちく

📞086-426-3411（倉敷市觀光課） 🍴☕🎁

白牆倉庫與町家林立的倉敷河畔一帶，以及在鶴形山南側山麓上的彎道是重要傳統建築物群保存區。可以窺見在江戶時代曾是江戶幕府直轄領地的往日榮華街景。

🅿使用附近停車場

2 國民宿舍Sunroad吉備路
●こくみんしゅくしゃさんろーどきびじ

📞0866-90-0550 🍴☕🎁♨

雖然是國民宿舍，裡面卻聚集了當地產品販賣所、觀光諮詢中心、飼育丹頂鶴的「吉備地鶴之里」等設施，是吉備路一帶的觀光核心設施。也設有不住宿溫泉。

🕐視設施而異 🈺無休 💴不住宿溫泉泡湯費610日圓 🅿280輛

3 備中國分寺
●びっちゅうこくぶんじ

📞0866-94-3155（國分寺觀光服務處） ✿🎁

奈良時代時在聖武天皇的要求下，在各國興建的國分寺之一。聳立在綠意盎然的田園中的五重塔是重要文化財，現存的建築物是在江戶中期重建而成。

自由入境 🅿200輛

4 吉備津神社
●きびつじんじゃ

📞086-287-4111 ✿🍁🎁

祭祀童話《桃太郎》的原型吉備津彥命。本殿為將兩個屋頂合而為一的奇特入母造建築，與前殿一起被列為國寶。

🕐5:00～18:00（服務台與御守販賣時間為8:30～16:00） 🈺御竈殿的神釜神事期間為週五 🅿450輛

5 吉備津彥神社
●きびつひこじんじゃ

📞086-284-0031 ✿🍁☕🎁

社格為備前國一宮的神社，祭祀大吉備津彥命。這裡的看點之一就是有8層笠石、高11.5m的大燈籠。還有少見的桃子御守和白桃籤等。

自由入境 🅿100輛

話題景點
倉敷·吉備路

前往桃太郎傳說的舞台吉備路
充滿古代浪漫氛圍的歷史之旅

吉備路在古代是吉備國的中心地，留下了許多傳說與歷史遺跡。除了日本全國規模第4大的造山古墳外，還保留有巨大橫穴式石室構造的蝙蝠塚古墳等許多古墳。從吉備路往北走，還有據說是桃太郎傳說中鬼的原型——溫羅所居住的城堡鬼之城。那是沒有記載在《日本書紀》等文獻中，關於築城的時期與目的有各種說法的古代山城。一起漫步在包覆著層層謎團的遺跡中吧。

●こうもりづかこふん
蝙蝠塚古墳

📞086-226-7601（岡山縣教育廳文化財課）

自由參觀 🅿163輛 MAP 45A-1
➡推測是在6世紀後半建造的

●きのじょう
鬼之城

📞0866-99-8566（鬼城山遊客中心）

🕐自由參觀，鬼城山遊客中心為9:00～16:30 🈺無休，鬼城山遊客中心為週一（逢假日則翌日休） 💴免費參觀 🅿70輛 MAP 154C-3

➡推測是於7世紀後半建造出來的古代山城遺跡

⬆包括周圍的陪塚一起列入國家史蹟的行列

●つくりやまこふん
造山古墳

📞086-803-1332（岡山市觀光會議推進課）

自由參觀 🅿24輛 MAP 45B-1

景點資訊 ✿賞花名勝 🍁紅葉名勝 📷觀景點 🍴有餐廳 ☕有咖啡廳 🎁有商店 ♨有溫泉

景點 最上稲荷
●さいじょういなり
☎086-287-3700

稲荷参道入口的
巨大鳥居是標識

與京都的伏見稲荷大社以及愛知的豐川稲荷神社同為日本三大稲荷之一，據說是由報恩大師所創建。神社建在可以瞭望吉備平原的景觀勝地，稲荷参道入口的鳥居有約27.5m高，柱子的直徑則有約4.6m長。

迎接許多參拜者的本殿

🕐自由入境　🅿5000輛（使用附近民營停車場／1天300日圓）　MAP 45B-1

景點 岡山後樂園
●おかやまこうらくえん
☎086-272-1148

日本數一數二的
大名庭園

在約300年前，奉岡山藩主池田綱政之命而建的庭園。與水戶的偕樂園，以及金澤的兼六園並列為日本三大名園，並獲指定為國家特別名勝。

園內有季節花卉盛開
四季都很美麗

🕐7:30～17:45（視時期而異）　🅿570輛（1小時100日圓）　MAP 45C-1　🈺無休　💴入園費400日圓

景點 岡山城（烏城）
●おかやまじょううじょう
☎086-225-2096

在藍天襯托下
更加顯眼的漆黑天守閣

慶長2(1597)年，由宇喜多秀家所建。裝有黑色下見板的外觀，讓岡山城有了「烏城」的稱呼。月見櫓和西之丸西手櫓仍保留創建當時的外貌，是重要文化財。

現在的天守閣是於昭和41(1966)年重建而成的

🕐9:00～17:00　🈺12月29～31日　💴入場費300日圓　🅿40輛（使用烏城公園停車場，1小時300日圓）　MAP 45C-1

景點 RSK玫瑰園
●あーるえすけいばらえん
☎086-293-2121

可以欣賞到繽紛的
玫瑰與季節花卉

一到了玫瑰花季，就有世界各國約450種15000株玫瑰爭奇鬥艷。園內還有梅園和菖蒲園等，也有附設花店和咖啡廳兼餐廳。

可以觀賞四季花卉

🕐9:30～16:30　🈺週三（逢假日則翌日休，4～6月、10、11月無休）　💴入園費600日圓　🅿700輛　MAP 45B-1

景點 岡山縣立美術館
●おかやまけんりつびじゅつかん
☎086-225-4800

收藏岡山相關的
作品

以出生於岡山市的國吉康雄為首，展示有雪舟和浦上玉堂等鄉土藝術家的作品。

國吉康雄《黎明將至》1944年左右／油彩、油畫布／收藏於岡山縣立美術館

🕐9:00～16:30　🈺週一（逢假日則翌日休）　💴入館費350日圓（特展費用另計）　🅿38輛　MAP 45C-1

購物 FRUITS-J ブティック天滿屋岡山本店
●ふるーつじぇいぶてぃっくてんまやおかやまほんてん
☎086-231-7673

裝滿了嚴選水果

由水果店所經營的果汁店。除了有義式冰淇淋和百匯外，也有販售塔類甜點，無論哪個商品都是使用大量季節水果製作而成。

岡山縣產白桃百匯（7、8月限定）1296日圓。可以內用

🕐10:00～19:30　🈺準同百貨公司　🅿2416輛（使用岡山天滿屋停車場，1小時400日圓）　MAP 45C-1

咖啡廳 珈琲と人
●こーひーとひと
☎0866-92-2300

改裝民宿而成的
地產地消咖啡廳

種類豐富的咖啡，以及使用嚴選當地食材製作的料理和甜點頗受好評。店內裝潢活用曾是民宿的建築物為特點，既復古又有風情，可以在這裡盡情享受療癒的時光。

春天限定的草莓奶昔

🕐11:00～20:00　🈺週三（逢假日則翌日休）　💴草莓奶昔和巧克力蛋糕套餐1000日圓　🅿10輛　MAP 45A-1

美食 味司野村
●あじつかさのむら
☎086-222-2234

粉絲擴及親子4代
多明格拉斯豬排蓋飯創始店

自昭和6(1931)年創業以來，已傳承4代的豬排蓋飯專賣店。能同時品嘗到多明格拉斯豬排蓋飯和滑蛋豬排的孫膳、子膳也很受歡迎。

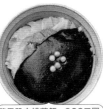
豬里肌肉排蓋飯…900日圓

🕐11:00～14:30、17:30～21:00（週六、日、假日為11:00～21:00）　🈺無休　🅿無（使用附近的收費停車場）　MAP 45C-1

知道賺到
在中四國地區最大規模的暢貨中心內 盡情享受購物樂趣吧

中 四國地區最大規模的「三井Outlet Park倉敷」內有男女時裝、運動與戶外活動用品、雜貨等約120家各式各樣類別的店鋪，相當吸引人。除此之外，購物中心也緊鄰美食種類豐富的購物中心「Ario倉敷」，以及設有皮廣場與可瞭望綠意盎然的「倉敷未來公園」，很適合當作自駕旅途的休息據點。

三井Outlet Park倉敷
●みついあうとれっとぱーくくらしき
☎086-423-6500（受理時間10:00～18:00）
🕐10:00～20:00　🈺不定休　🅿1700輛（週六、日、假日為1小時免費，平日為3小時免費，之後每30分150日圓）　MAP 45A-2

國內外的知名名牌商店齊聚。可以抱著舒暢的心情享受血拼樂趣

美食 Cucina湯田園
●くちーなゆだその
☎0866-93-4141

建在閑靜田園風景
中的餐廳

位於文化財遍布的吉備路上的義式餐廳。早晚都有以全餐方式提供使用自家栽培的香草和番茄製作的料理。使用岡山產的水果製成的甜點和麵包也都是自製的。

義大利麵全餐（午）…1620日圓

🕐11:30～14:00、18:00～21:00　🈺週三（逢假日則翌日休）　🅿25輛　MAP 45A-1

美食 吾妻寿司 さんすて岡山店
●あづまずしさんすておかやまてん
☎086-227-7337

可以在車站內的店
鋪品嘗老店滋味

創業於明治年間的壽司店所開的分店位於岡山站2樓，可以在此輕鬆地品嘗道地壽司。吧檯上擺放了鰆魚和青花魚等配料。

岡山散壽司（附湯）…1620日圓

🕐11:00～21:30（售完打烊）　🈺無休　🅿無（使用附近的收費停車場）　MAP 45C-1

停下車來 街頭散步

倉敷

●くらしき

倉敷美觀地區的倉敷川畔，留有白牆房屋街景

白牆倒映在河面上的倉敷美觀地區。這裡有大原美術館等文化設施、民間工藝店聚集，建議大家可以排出時間，慢慢地在此散步遊覽。

觀光川舟讓遊客品味到在柳樹行道樹之間流淌的倉敷川風情

自駕 de 倉敷 MEMO

由於白天時除了獲得許可進入的車輛外，其他車輛不能開進美觀地區一帶，需小心留意。美觀地區附近有市營停車場（☎086-425-8040倉敷市中央停車場、☎086-434-3020倉敷市藝文館地下停車場／30分100日圓，8:00～20:00最高收費為820日圓，20:00～8:00最高收費為510日圓／總共約350輛）等。使用周邊的收費停車場，優閒地散步吧。

景點 **大原美術館**

おおはらびじゅつかん

☎086-422-0005

威風凜凜的希臘建築風本館

於昭和5(1930)年開館的日本第一座現代美術館。創立者為實業家大原孫三郎先生。收藏有艾爾・葛雷柯的《聖母領報》，以及塞尚、畢卡索、莫內等許多藝術家的畫作。

🕒9:00～16:30
休週一（逢假日則翌日休，暑假期間、10月無休）¥入館費1300日圓
P使用市營中央停車場

上／彷彿希臘神殿般外觀莊嚴的本館
左／收藏了許多名畫

景點 **KURASHIKI IVY SQUARE**

くらしきあいびーすくえあ

☎086-422-0011

商標由紅磚與藤蔓構成

改建明治時期的倉敷紡績公司大樓的倉敷名勝，藤蔓攀附在紅磚建築的景緻是這個景點的象徵。廣場內有倉紡紀念館等文化設施及飯店、資料館等。

🕒休視設施而異
P120輛（30分200日圓）

IVY SQUARE中央的廣場

購物 **バイストン美觀地区店**

ばいすとんびかんちくてん

☎086-435-3553

獨創的「倉敷帆布」很受歡迎

倉敷市兒島的老店機屋直營的店鋪。使用優質帆布製作的「倉敷帆布」無論堅固度、耐用度、透氣性都很優秀，用久就越增添風味。簡約又耐看的設計也很吸引人。

🕒10:00～18:00 休無休 ¥船型托特包（小）3672日圓／書套1944日圓～
P使用附近停車場

購物 **如竹堂**

にょちくどう

☎086-422-2666

紙膠帶聖地

讓作業用膠帶變身成可愛雜貨的倉敷製紙膠帶。從經典款式到與作家或品牌合作的商品都有，豐富的種類與尺寸齊聚，一定可以找到喜歡的商品。

🕒10:00～17:30（有變動）休無休
¥倉敷町家膠帶432日圓／馬卡龍膠帶285日圓／桃太郎膠帶432日圓 P使用附近停車場

紙膠帶有約650種，品項是日本全國數一數二豐富

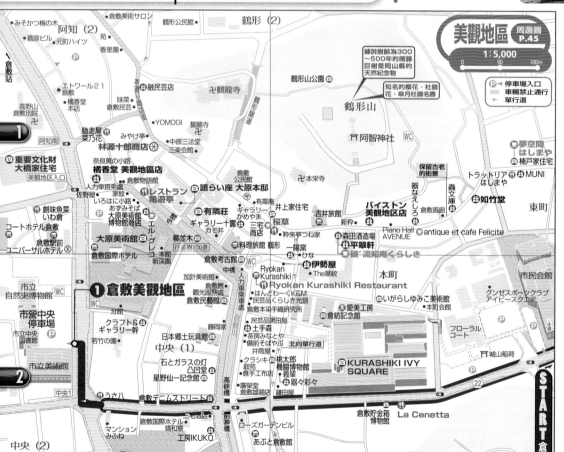

美觀地區 周邊圖 P.45
1:5,000
0 50 100m

P停車場入口
←→單行道
車輛禁止通行

據說樹齡為300～500年的曙藤巨樹是岡山縣的天然紀念物

知名的櫻花、杜鵑花、皋月杜鵑名勝

購物 平翠軒
へいすいけん

☎086-427-1147

看得到生產履歷的食品大集合

老闆嘗遍全國有益身體的商品，並將那些商品聚集於此店販賣。可以閱讀手寫的商品說明，找到起司、煙燻製品、調味料、當地名酒、零食等講究的伴手禮。
🕙10:00～18:00
休週一
¥吉田牧場的卡門貝爾乳酪1080日圓／松露巧克力1620日圓
P5輛

擠滿了1600項以上商品

咖啡廳 破流知庵くらしき
ばるちあんくらしき

☎086-427-1147（平翠軒）

歷史悠久可以一覽庭園的咖啡廳

位於平翠軒2樓，小而美的藝廊咖啡廳。可以從這裡的窗戶眺望建於江戶時代的白牆黑瓦町家景緻，一邊喝咖啡一邊放鬆。
🕙10:00～17:00 休週一
¥咖啡300日圓／Gelateria Capri冰淇淋各種315日圓 P5輛

店內改裝自大正時代的倉庫

美食 レストラン 亀遊亭
れすとらんきゆうてい

☎086-422-5140

守護西洋料理傳統的西餐廳

直接保留建於明治時代宅邸外觀的餐廳。這家餐廳由倉敷國際大飯店直營，氣氛悠閒的店內從肉料理到魚料理都有提供，可以輕鬆品嘗到種類豐富的西餐餐點。
🕙11:00～20:30
休無休 P使用附近停車場

倉敷川舟牛排膳…2000日圓

美食 桜草
さくらそう

☎086-426-5010

可以品嘗到倉敷當季的鄉土料理

使用寄島產的穴子魚等當地新鮮魚產、蔬菜等，菜色相當豐富。中午提供的松花堂便當相當受歡迎，夜晚則有宴席料理可供品嘗。🕙11:30～13:30、17:30～21:30 休週一、每月1次週日
P使用附近停車場

松花堂便當（數量限定）…1300日圓 ※餐點內容視季節而異

購物 橘香堂 美観地区店
きっこうどうびかんちくてん

☎086-424-5725

留意倉敷名牌糕點「群雀（むらすずめ）」

店面設於倉敷美觀地區的和菓子店。招牌商品「群雀（むらすずめ）」是以可麗餅般的外皮，包裹北海道產紅豆粒餡的名牌糕點。店內也有提供手工烘烤「群雀（むらすずめ）」的體驗活動。🕙9:00～18:00（手工烘烤體驗為10:00～16:00）休無休 ¥群雀（むらすずめ）（8個裝）1300日圓／手工烘烤體驗（3個）600日圓（巨大尺寸1個）1200日圓 P使用附近停車場

也很適合買來當伴手禮的點心

咖啡廳 夢空間はしまや
さろんはしまや

☎086-451-1040

改建自米倉庫的藝廊咖啡廳

這家沙龍咖啡廳改建自以岡山縣第1號之名登錄在日本文化廳的文化財登錄原簿的和服店はしまや的米倉而成。有提供「依時節變換的午餐」和蛋糕，迷你展覽會和演唱會也很有人氣。
🕙11:00～18:00（有變動）休週二，其他不定休 ¥咖啡500日圓／蛋糕套餐850日圓 P無

能感受到木頭的溫度

美食 La Cenetta
ラ・チェネッタ

☎086-434-3069

到當地學習技術製作出來的窯烤披薩

可以品嘗到去北義大利修行的老闆所製作的道地窯烤披薩。以義大利產食材製作的披薩口感溫和又香氣十足。
🕙12:00～14:30、17:00～21:00（週六、日、假日為12:00～21:00）休週一（逢假日則翌日休）P6輛

紫蘇萵苣培根披薩…1600日圓

美食 Ryokan Kurashiki Restaurant
りょかんくらしきれすとらん

☎086-422-0730

一邊眺望中庭，一邊享受日本料理

改造舊家的正堂與倉庫而成，在Ryokan Kurashiki內的餐廳。一邊從窗戶眺望整齊的中庭，一邊享用四季的當季美食。
🕙11:00～14:00、週六、日、假日為11:00～17:00（午餐～14:00）休週一（逢假日則營業）P使用附近停車場

Ryokan Kurashiki御膳（預約制）…2700日圓

購物 伊勢屋
いせや

☎086-426-1383

有溫度的木製玩具

位於倉敷美觀地區，主要販賣充滿溫度的木製玩具。以有趣的方式展示住在倉敷的組合木作家小黑三郎先生所做的作品與歐洲的玩具。
🕙9:00～18:00
休週一（逢假日則翌日休）¥木製玩具360日圓～
P使用附近停車場

店前的紅色車子是標識

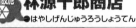 複合設施 林源十郎商店
はやしげんじゅうろうしょうてん

☎086-423-6010

從倉敷傳遞豐富的衣、食、住訊息

外觀高雅的複合設施。改裝歷史悠久的藥店而成的店內有本館、正堂、別屋、倉庫，還有生活雜貨與衣物店、咖啡廳、餐廳等8家洗練的店家進駐。
🕙視店鋪而異 休週一（逢假日則翌日休）P使用附近停車場

昭和初期的珍貴西式建築

知道賺到

白牆映照在河面上的街景
探訪古老美好時代的景色

獲 選定為重要傳統建物群保存地區的美觀地區周邊，留有許多從江戶到昭和時代的古老建築物。從讓人回想起從前的古民家上，可以看到倉敷川曾因水運而繁榮的倉敷歷史。

原為大原家別墅的「有隣莊」

語らい座 大原本邸
かたらいざおおはらほんてい
☎086-434-6277（有隣會）
🕙9:00～17:00 休週一 ¥參觀費500日圓
P使用市營中央停車場

有隣莊
ゆうりんそう
☎086-422-0005（大原美術館）
僅有外觀可自由參觀（內部僅在春天與秋天時，會當作大原美術館的特別展場，並對外開放參觀）P使用市營中央停車場

重要文化財 大橋家住宅
じゅうようぶんかざいおおはしけじゅうたく
☎086-422-0007
🕙9:00～17:00（4～9月的週六～18:00）休無休（12～2月為週五）、12月28日～1月3日休 ¥參觀費550日圓 P使用市營中央停車場

大地主的典型町家「大橋家住宅」

わしゅうざん （書末地圖 P.154・160）

5 COURSE
鷲羽山

自駕重點：海岸美　玩樂　歷史探訪　夕陽　夜景

↑海岸邊的國道430號是相當舒適的自駕路線

↑從鷲羽山看到的瀨戶大橋，可以親身感受到大橋之高大

自駕路線概要

鷲羽山眼前就是有群島點綴的瀨戶內海，以及高大的瀨戶大橋。連接牛仔褲之城兒島，與渡輪起始站玉野的海岸邊，聚集了美景景點與水族館、動物公園、遊樂園、櫻花名勝等，是絕佳的自駕踏青勝地。雖然可以依自己喜好計畫自駕行程，但這裡特別選出以水島IC為起點的周遊路線供各位參考。遊覽完澁川動物公園及澁川海洋水族館後，就沿著Seaside Line前往鷲羽山。在路途上，務必要順道去看看美景景點王子岳。接下來就是在鷲羽山上眺望令人感動的瀨戶內海夕陽景色，最後在舊鷲羽山Skyline上觀賞閃耀的水島夜景。

自駕路線

推薦！ 當日來回

路線行車距離 約65km
路線行車時間 約2小時3分

START 瀨戶中央自動車道 水島IC

8km 15分 ／21 62

1 瑜伽山 蓮台寺
日本三大權現之一

9km 15分 ／62 427

2 澁川動物公園
輕鬆與動物互動

4km 8分 ／427 430

3 澁川海洋水族館
海水浴場旁的水族館

7km 10分 ／430 一般道路

4 王子岳
一覽瀨戶內海的景觀勝地

13km 35分 ／一般道路 430 21

5 鷲羽山
可以看到瀨戶大橋與多島美

24km 40分 ／21 393 62

GOAL 瀨戶中央自動車道 水島IC

---

1 瑜伽山 蓮台寺
ゆがさん　れんだいじ
☎086-477-6222

負責祭祀消災解厄的靈山：瑜伽大權現的寺院。在列入縣有重要文化財的客殿裡，可以觀賞大名的「御成之間」和圓山應舉的遺作。日本最大規模的《厄除大不動》也不可錯過。🕙自由入境（參觀客殿為9:00～16:00）💴客殿參觀費400日圓 🅿1000輛

2 澁川動物公園
しぶかわどうぶつこうえん
☎0863-81-3030

飼育馬、羊、牛、狗等約80種動物，遊客可以在此就近跟動物們交流。園內很寬廣，又沒鋪設步道，因此走在裡面就像在大自然中散步一樣。🕙9:00～16:00 休無休 💴入園費1000日圓 🅿100輛

3 澁川海洋水族館
（市立玉野海洋博物館）
しぶかわりんかいすいぞくかんしりつたまのかいようはくぶつかん
☎0863-81-8111

飼養、展示以瀨戶內海和四國沿岸的魚類為主，有斑海豹、海豹、海龜等約180種、2000隻生物。展示在館內天花板上的鯨魚骨骼標本魄力十足。🕙9:00～16:30 休週三（逢假日則翌日休）💴入館費500日圓 🅿1000輛（僅夏季需付費，需洽詢）

4 王子岳
おうじがだけ
☎0863-33-5005（玉野市商工觀光課）

這一帶是可以看到花崗岩巨岩、奇岩等特殊景觀的景觀勝地。海拔約235m高的山頂上有設置展望台和步道，可以一覽美麗的瀨戶內海。此外，展望台內也有可以看到美景物的咖啡廳。🅿200輛

5 鷲羽山
わしゅうざん
☎086-426-3411（倉敷市觀光課）

位於兒島半島南端，可以一望瀨戶內海的多島美與瀨戶大橋的絕佳景觀地。鷲羽山為瀨戶內海國立公園所屬，第2展望台旁有設置鷲羽山休息室。🅿362輛

自駕 MEMO

●海國道430號的王子岳下，有一條海邊快速道路的區域景觀很美，注意不要開太快

●鷲羽山附近的道路有很多陸離隧道與大彎道，所以要小心對向車輛

●鷲羽山公園線（舊鷲羽山Skyline）下面有一片美麗的工業地帶夜景。但邊看別處邊開車是很危險的

話題景點
瀨戶內海就近在眼前，漫步在「等待順風、漲潮」的港口城鎮

位於瀨戶大橋橋端的下津井是一座港口城鎮，在江戶時代～明治時代曾因北前船停靠而繁榮一時。現在也保留有以前的商家和鯡藏，瀰漫著懷舊的氣氛。街上並排著灰泥牆和海參牆、蟲籠窗和格子窗等富有風情的建築物，讓人想在其中散步看看。位於城鎮中心的「昔日下津井運輸船行」是修理、復原曾是運輸船行的建築物而成的資料館。屋梁很大的建築物訴說著當時的繁榮景象，相當有魄力。

●むかししもついかいせんどんや
むかし下津井回船問屋
☎086-479-7890
🕙9:00～16:30（餐廳為11:30～14:00、17:30～21:00）休週二（逢假日則翌日休）💴入館免費 🅿30輛

昔日下津井運輸船行附近有風情萬種的古老住屋綿延

景點資訊 🌸賞花名勝 🍁紅葉名勝 📷觀景點 🍴有餐廳 ☕有咖啡廳 🏪有商店 ♨有溫泉

景點 舊野崎家住宅
きゅうのざきけじゅうたく

☎086-472-2001

探訪「鹽田王」的宅邸

以製鹽業讓兒島興盛起來的大庄屋宅邸。在約3000坪之大的腹地內有深度長達42m的主屋、土藏群、茶室等，整個宅邸也獲指定為重要文化財。

🕘9:00~16:30
休週一（逢假日則翌日休）
¥入館費500日圓　P36輛

玩樂× 巴西鷲羽山主題公園
ぶらじりあんぱーくわしゅうざんはいらんど

☎086-473-5111

可以一覽瀨戶大橋的美景遊樂園

這座遊樂園最迷人的一點，就是充滿了俯瞰瀨戶內海美景的恐怖設施空中腳踏車，還有高空彈跳等蔚為話題的驚悚遊樂設施。交流動物園和巴西森巴的活動也很受歡迎。🕘10:00~17:00（黃金週、春、暑、寒假會延長營業時間）休無休
通票2800日圓　P1000輛

玩樂× 駅東創庫Gallery Minato
えきひがしそうこぎゃらりーみなと

☎0863-32-0081

有多采多姿的藝術家在此活動的工房

這座藝術工房是從JR宇野站旁的倉庫改造而成的。除了可參觀工房外，也可以購買在這裡展出的作品。也有舉辦立體模型製作與染色等體驗教室供遊客參觀（日期等需洽詢）。🕘10:00~17:00　休週二　¥免費入館／立體模型製作體驗2000日圓~28輛

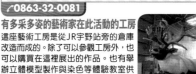

玩樂× 玩具王國
おもちゃおうこく

☎0863-71-4488

聚集許多人氣玩具

可以觀看、接觸、體驗玩具的主題樂園。有18種能自由玩玩具的展示亭及19種遊樂設施可供遊玩。

🕘10:00~17:00
休週二（逢假日則營業）
¥入園費800日圓　P1500輛

購物 桃太郎ジーンズ兒島味野本店
ももたろうじーんずこじまあじのほんてん

☎086-472-1301

越穿越好看的真丹寧牛仔褲

原棉、染色、織布、縫製都由製作出最高級的丹寧衣物的工匠們親手進行的桃太郎牛仔褲總店。牛仔褲都是以自古不變的手法一條一條仔細製作出來的。

🕘10:00~19:00　休無休　¥出陣商標23760日圓　P5輛

美食 元祖たこ料理 保乃家
がんそたこりょうりやすのや

☎086-479-9127

下津井名產：章魚料理專賣店

潮水流速快的下津井是海鮮類的寶庫。這間店都是先將老闆從市場進貨的章魚移到養殖池裡，再根據客人點的餐點去料理章魚，因此入口的章魚肉質緊實又新鮮，頗受好評。

🕘11:00~20:30（需預約）　休週三（逢假日則翌日休）
¥名產章魚料理全餐5700日圓　P10輛

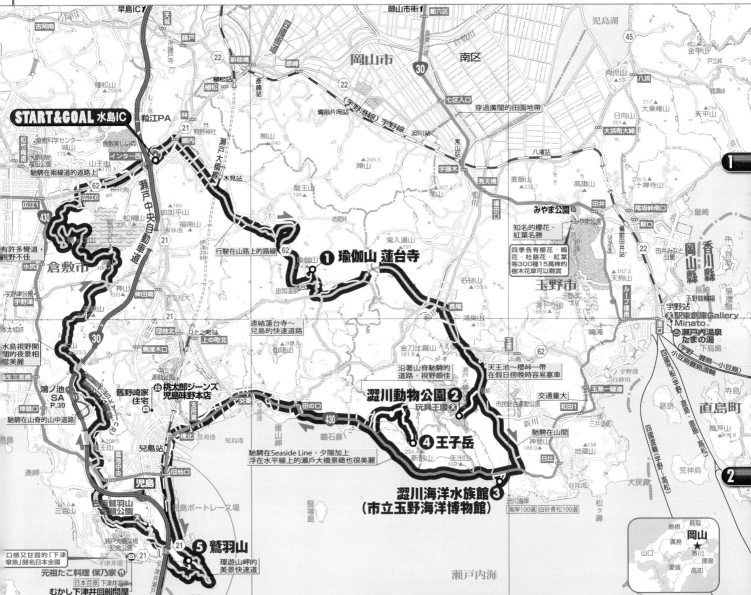

⬆️從門司港懷舊展望室看到的燦爛夜景

6 COURSE

かんもんかいきょう 書末地圖 P.156

關門海峽

自駕重點 歷史探訪　街頭散步　美食　夕陽　夜景

⬆️連接關門海峽的關門橋。可以一邊感受海風吹拂一邊自駕

自駕路線概要

本州的下關與九州的門司港之間，隔著一條關門海峽。海峽上建了一座關門橋，在橋下往來的船隻讓港口更增添風情。雖說兩邊隔了一個海峽，但只要開車，就可以自由自在地來往兩地，輕鬆地在兩座港口城鎮中享受自駕旅程。首先就渡過九州，在門司港懷舊地區遊覽充滿異國風情的港口城鎮後，前往和布刈公園，從九州觀賞海峽景緻吧。接著穿過關門隧道，穿過海峽來到本州。從火之山公園看到別有風味的海峽景色，盡情享受海岸自駕樂趣後，再享受最後一個樂趣：品嘗河豚等海峽美食吧。

自駕路線

推薦！
2天1夜

路線行車距離 約**27**km
路線行車時間 約**1**小時**15**分

START 關門自動車道 **門司IC**

3km 10分／㉕ ⑲⑧

1 充滿往日風情的洋房大集合
門司港懷舊地區

3km 10分／⑲⑧ ③ ㉖① 一般道路

2 山丘上的大全景公園
和布刈公園

9km 25分／一般道路 ㉖① ② （關門隧道）、一般道路、火之山公園道路

3 能觀賞到關門海峽景緻的景觀公園
火之山公園

5km 10分／火之山公園道路、一般道路 ②

4 網羅眾多海洋生物的巨大水族館
市立下關水族館 海響館

2km 5分／⑨ 一般道路

5 可以一覽關門海峽
海峽夢之塔

5km 15分／一般道 ⑨ ㉗

GOAL 中國自動車道 **下關IC**

自駕MEMO
- ●門司港懷舊地區附近到了週末車流會很大
- ●平日的傍晚時段關門隧道附近會塞車
- ●關門隧道的通行費為普通小客車150日圓

---

1 門司港懷舊地區
もじこうれとろちく

☎ 093-321-4151（門司港懷舊綜合服務處）

在明治、大正時代曾因為是海外貿易港而繁榮的門司港。這個觀光勝地同時混雜了保留當時樣貌的歷史街景，還有全新的都市機能。舊門司海關、舊門司三景俱樂部等都是值得一看的景點。
🅿154輛（使用門司港懷舊停車場／1小時200日圓）

2 和布刈公園
めかりこうえん

☎ 093-541-4189（北九州市觀光情報專區）

位於關門海峽東側的公園。從展望台可以看到一大全景，以及沒入響灘的夕陽，隔著海峽還可以看到門司與下關街頭燈光交織而成的夜景。
自由入園 🅿313輛

---

3 火之山公園
ひのやまこうえん

☎ 083-231-1838（下關市觀光施設課）

位於海拔268m高的火之山山頂上的公園，也是有櫻花、杜鵑花及土耳其鬱金香盛開的名勝。從山頂可以一覽關門海峽、關門橋，以及對岸的北九州市、瀨戶內海、日本海，夕陽景色、夜景也很美麗。
⏰8:00～22:00（11～2月～21:00）　⏳無休　🅿276輛　※由於展望台正在改裝中，因此休館至2019年

4 市立下關水族館 海響館
しものせきしりつしものせきすいぞくかんかいきょうかん

☎ 083-228-1100

在日本最大規模的企鵝展示設施「企鵝村」中，可以就近觀察宛如在水中飛舞的企鵝。由海豚和海獅共同演出的表演，和會吐出圓圈形狀泡泡的江豚也都很受歡迎。　⏰9:30～17:00　⏳無休　¥入館費2000日圓　🅿395輛（使用附近的立體停車場／30分100日圓，週六、日、假日20分100日圓）

5 海峽夢之塔
かいきょうゆめたわー

☎ 083-231-5600（海峽展覽館下關）

鄰近關門海峽，153m高的地標性高塔。從展望室中可以看到360度的大全景，到了晚上也可以欣賞關門的美麗夜景。
⏰9:30～21:00　⏳1月第4週六　¥入場費600日圓　🅿150輛（30分100日圓，有使用高塔者5小時免費）

話題景點 值得特地早起造訪，在充滿活力的市場中享用海鮮美食

●からといちば
唐戶市場

一般遊客也能在此輕鬆購買鮮魚與食品，不光是當地市民，連觀光客都很愛造訪這個人氣景點。當天一早捕獲的新鮮漁獲和水產加工品、乾物陳列在市場中，看著如此豐富的商品，光是走在裡面也很令人開心。市場2樓設有食堂和迴轉壽司店，以實惠價格提供新鮮的海產。頂樓還有草皮廣場，可以在這裡新賞海峽的景色。

☎083-231-0001
⏰5:00～15:00（週日、假日為8:00～，視店鋪而異）※週五、六的10:00～15:00有美食展（週日、假日則為8:00～，售完打烊）⏳不定休（需洽詢）🅿572輛（30分120日圓）**MAP 55**

從2樓的參觀通道可以看到市場生氣蓬勃的景象

景點資訊 ☆賞花名勝　🍁紅葉名勝　◎觀景點　🍴有餐廳　☕有咖啡廳　🎁有商店　♨有溫泉

景點 關門海峽博物館
かんもんかいきょうみゅーじあむかいきょうどらましっぷ
☎093-331-6700

用藝術詮釋海峽的博物館

可以體驗關門海峽過去與現在的設施。3樓設有以人偶藝術表現海峽歷史的「海峽歷史迴廊」，4樓則有模擬操作船隻的設施「即時關門海峽」等可以體驗。
⏰9:00～16:30 休一年5次不定休
¥入館費500日圓 P200輛(1小時200日圓)

景點 北九州市立國際友好紀念圖書館
きたきゅうしゅうしりつこくさいゆうこうきねんとしょかん
☎093-331-5446

可以閱讀&享用中式料理的洋房

為紀念北九州市與中國大連市締結友好都市15週年而建設的圖書館，裡面也有附設中式料理餐廳。館內有俄羅斯帝國時代大連的德式建築複製建築物。⏰9:30～19:00(週六、日、假日~18:00) 休週一(逢節日、假日則休館，休館時也可以入館參觀)，館內整理日休 ¥免費入館 P使用附近的收費停車場 MAP 54

玩樂 はい!からっと横丁
はいからっとよこちょう
☎083-229-2300

一覽關門海峽的遊樂園

集結總高度為60m的大摩天輪與旋轉木馬等12種遊樂設施的休閒景點。夜晚時有海峽夜景為遊樂園增添色彩。⏰11:00～18:00(摩天輪~21:00，週六、日、假日為10:00~21:00，有季節性變動)休不定休 ¥免費入園，大摩天輪700日圓 P使用附近的收費停車場 MAP 55

複合設施 門司港懷舊海峽廣場
もじこうれとろかいきょうぷらざ
☎093-332-3121

除了海鮮，甚至還有音樂盒可以玩賞

網羅北九州的海產、和菓子、工藝品等伴手禮的觀光據點。裡面也有九州第一座俯視美術館，大人小孩都能在這裡玩得開心。⏰商品販售10:00~20:00，餐飲11:00~22:00 休無休 P29輛(1小時300日圓，消費超過2000日圓以上1小時免費) MAP 54

複合設施 Kamonwharf
カモンワーフ
☎083-228-0330

盡情品嘗關門美食與海峽甜點

建在舊唐戶市場舊址的複合設施。除了可以品嘗到新鮮河豚和鯨魚、海膽等的料理餐廳外，還有販售下關伴手禮以及在關門海峽捕撈的魚類加工品等30家店鋪進駐其中。⏰9:00~22:00(視店鋪而異) 休無休 P104輛(30分120日圓) MAP 55

美食 平家茶屋
へいけぢゃや
☎083-222-2022

一邊眺望關門海峽，一邊大啖下關知名美食

有提供河豚全餐以及劍先烏賊、東海鱸等的單品料理。除了河豚壽司、炸河豚等菜色外，經典料理瓦蕎麥麵也很受歡迎。⏰11:00~14:00、17:00~21:00(需預約) 休第1、4週二(4~10月每月有1次不定休) ¥河豚御膳5400日圓/平家茶屋名物瓦蕎麥麵1080日圓 P60輛

6 COURSE 關門海峽

停下車來 街頭散步

門司 ●もじ

傍晚時分會點燈的門司港懷舊地區

從明治到大正時期，因曾是國際貿易港口而繁榮的門司港。街道仍留有昔日的樣貌，是一座充滿復古氛圍的港口城鎮。

自駕 de 門司 MEMO

門司港周邊有門司港懷舊停車場（☎093-321-4151門司港懷舊綜合服務處／1小時200日圓／154輛）等許多收費停車場，相當便利。只是假日時會擠滿人潮，因此早點出門較好。

景點 門司港懷舊展望室
●もじこうれとろてんぼうしつ

☎093-321-4151（門司港懷舊綜合服務處）

從高於地面103m處一覽關門海峽

設在高樓公寓第31樓的展望台。從有一整面玻璃牆的空間看出去，可以一覽關門海峽。到了傍晚，就可以看到整個街道像鑲著寶石般的浪漫景緻。

🕙10:00～21:30（咖啡廳～20:30）
休一年4次不定休 ¥入場費300日圓
P使用門司港懷舊停車場

樓層中的一隅設有咖啡廳「AIR'S CAFÉ」

複合設施 新海運大樓
●しんかいうんびる

☎093-331-1383

時尚小店在昭和懷舊風格的大樓中齊聚一堂

有販售講究的雜貨、個性派藝術品、手工藝小物等的選品店，還有蔬菜午餐、創意義大利料理、船隻造型的木造3層樓手工麵包等的餐廳，總共有8家店舖進駐其中。

🕙11:00～17:00（視店舖而異）
休視店舖而異 P使用門司港收費停車場
MAP 53C-1

咖啡廳 BRASS門司港
●ぶらすもじこう

☎090-3196-5232

對音樂也很講究的雜貨咖啡廳

播放著巴沙諾瓦或爵士樂的店內擺放有歐美的老雜貨，宛如像時間靜止了一般。格子鬆餅及手工蛋糕等分量十足的甜點非常受歡迎。

🕙14:00～19:00 休週一、二 ¥香蕉巧克力格子鬆餅1000日圓／蛋糕套餐1200日圓／蜂蜜飲700日圓 P使用附近停車場 MAP 53C-1

香蕉巧克力格子鬆餅等季節性的鬆餅也很推薦

美食 BEAR FRUITS
●べあふるーつ

☎093-321-3729

品嘗門司名產燒咖哩

極受歡迎到店前甚至大排長龍的超級燒咖哩。放在咖哩裡的蔬菜和蛋，還有烤到焦黃色的起司搭配得恰到好處，令人上癮。

🕙11:00～21:30（週五、六、假日前一天～22:30）休無休 P使用附近停車場

超級燒咖哩…850日圓

👆 稍微走遠一些

充滿大正、昭和浪漫氣氛的啤酒資料館

位於大正2（1913）年的札幌啤酒工廠建築「門司赤煉瓦プレイス」內，介紹從帝國麥酒變成札幌啤酒的門司啤酒變遷文化。

門司麥酒煉瓦館
●もじびーるれんがかん

☎093-382-1717

🕙9:00～17:00 休無休
¥參觀費100日圓
P148輛（1天收費上限為500日圓）
MAP 53B-2

美麗的哥德式外觀

美食 陽のあたる場所
●ひのあたるばしょ

☎093-321-6363

港口景觀西餐廳

主要販售門司港名產燒咖哩與歐式料理的餐廳。裝設3面玻璃牆的店內景觀絕佳，可以一邊眺望門司港、門司港懷舊地區、門司港站等一邊享用美食。

🕙11:00～22:00 休不定休 P使用附近的收費停車場

鐵板燒咖哩焗飯…1080日圓

美食 王様のたまご
●おうさまのたまご

☎093-321-0120

能觀賞到港口景觀的露臺座位是特等席

要使用福岡縣產的雞蛋製作的蛋包飯頗受好評。用了3顆蛋製成的蛋包飯熟度恰到好處，口感相當軟嫩又入口即化。

🕙11:00～20:00 休不定休 P使用附近的收費停車場

國王蛋包飯…880日圓

🚃 知道賺到 用交通工具輕鬆遊覽門司港

出租自行車

懷舊地區內的自行車出租站「JOYiNT門司港」有以實惠價格出租便於散步的電動輔助自行車。也有提供摺疊式與兒童自行車。

☎093-321-2272（JOYiNT門司港）🕙10:00～18:00（11～3月～17:00）休無休 ¥一天500日圓

人力車

除了提供基本路線行程外，車夫也可以配合乘客需求當場設定路線。乘車處在門司港站前、海峽廣場等4處。

☎093-332-4444
（EBISUYA人力車 關門）¥區間（1km）1人3000日圓～，2人4000日圓～

在元氣十足的車夫的導覽下，享受觀光和散步的樂趣吧

③火之山公園
②和布刈公園

BEAR FRUITS
①陽のあたる場所
DOLCE上口店

門司港懷舊地區

START 門司IC

門司港 周邊圖 P.53
1:17,000
0 150 300m

停下車來 街頭散步

下關
● しものせき

在與九州及大陸的交流下，發展顯著且充滿活力的港口城鎮。鎮內除了有賣名產河豚的餐廳外，還有水族館、市場等相當有港口城鎮風格的設施齊聚於此。

將下關與門司連接起來 全長1068m的關門橋

自駕de下關MEMO

歷史性建築與觀光景點都集中於唐戶棧橋周邊。要停車的話，位於海響館正面的未來停車場 ☎083-223-8911 TRUSTPARK／30分100日圓，僅週六、日、假日8:00～20:00時段為20分100日圓，8:00～20:00的最高收費為800日圓，20:00～8:00之最高收費為500日圓／390輛）相當便利。

景點 下關南部町郵局
● しものせきなべちょうゆうびんきょく

☎083-222-0161

日本仍在使用中的郵局中最古老的一間

建於明治33(1900)年，是市內最古老的西式建築。設施內也有附設展示區及咖啡廳的藝廊，入口處則有放一個懷舊的圓筒形郵筒。
僅可自由參觀外觀
P 使用附近的收費停車場

晚上有（日落～22夜時）間點燈

景點 赤間神宮
● あかまじんぐう

☎083-231-4138

令人緬懷起平家的紅色神宮

祭祀被源氏打敗後，就跳水自殺的安德天皇。這裡同時也是講述平家武將們化為怨靈出現的怪談《無耳芳一》的背景舞台，境內有平家一門的墳墓「七盛塚」。
🕐自由入境（寶物館為9:00～16:30）休無休 ¥寶物館入館費為100日圓 P50輛 MAP 53B-1

眺望關門海峽的巨大水天門

美食 ふくの河久
● ふくのかわく

☎083-235-4129

擺上滿滿河豚生魚片的蓋飯最有名

由南風泊市場河豚業者經營的餐廳，提供的河豚無論鮮度和美味度都掛保證。像是放上在萩沖捕到的真河豚生魚片的真河豚生魚片蓋飯等料理，可以輕鬆品嘗到河豚的滋味。
虎河豚XO醬拉麵…880日圓

🕐10:00～18:00 休無休 P 使用附近的收費停車場

美食 炉端 魚河岸いちばのよこ
● ろばたうおかしいちばのよこ

☎083-228-1845

無論新鮮度或分量都無話可說

位於商場Kamon-wharf(P.53)內，店家會將當天從唐戶市場進貨的海鮮全都放到蓋飯上，作風相當豪邁。知名的海鮮蓋飯配料會依當天所進的貨而變，味道保證新鮮，絕對可以吃飽。🕐11:00～15:00、17:30～22:00(配料用完打烊) 休不定休 P 使用附近的收費停車場

男子氣海鮮蓋飯超大版…2580日圓

美食 市場食堂よし
● いちばしょくどうよし

☎083-232-4069

盡情享用又甜又滋味濃厚的生海膽

可以吃到包含虎河豚或當日上岸魚肉的定食。將整個盒裝海膽一起上桌的生海膽定食特別受歡迎。

生海膽定食…1600日圓

🕐6:00～13:30(週六～14:30，週日、假日為8:00～14:30) 休週三不定休 P 使用唐戶市場停車場(30分120日圓)

美食 ふく処 喜多川
● ふくどころ きたがわ

☎083-232-3212

品嘗花費3年培育出的虎河豚

從明治時代開始經營至今的河豚料理名店。可享用到從生魚片、白子、炸河豚、雜炊等都有的整隻河豚全餐。也有白鑽石之稱的虎河豚的白子堪稱極品。
🕐11:00～20:00 休不定休 P7輛

河豚生魚片(天然)…5400日圓～(需預約)

美食 やすもり本店
● やすもりほんてん

☎083-222-6542

大腸鍋很受歡迎的韓式燒肉店

店面設在下關商店街的韓式家常菜餐廳，提供燒肉和韓式煎餅、韓式火鍋、冷麵等菜色。其中最有名的是味噌和醬油基底的湯頭中裝了滿滿大腸和蔬菜的味噌大腸鍋。
🕐11:00～23:30 休週四(逢假日、假日前一天則營業) P8輛

味噌大腸鍋(2人份)…1600日圓

稍微走遠一些

前往寧靜又有風情的城鎮 探訪歷史的遺跡

充滿寧靜風情的長府毛利邸

長府地區的街景安詳閑靜，曾因毛利秀元所築之長府藩5萬石的城下町而繁榮一時。只要走在街上，就可以看到像是練塀、武家宅邸等當時曾繁榮的痕跡。沿著壇具川往山手前進，就可以看到創建於鎌倉時期的禪寺「功山寺」，這座寺廟同時也是長府毛利家的菩提寺。從功山寺沿著舊街道進入城下町，就到了腹地廣達3000坪的「長府毛利邸」。此宅邸為長府毛利家第14代元敏所建，明治天皇曾在明治35(1902)年來此投宿，初代藩主秀元的銅像也在平成28年3月時落成。美麗的庭園和正堂讓人感受到歷史，也平靜人們的內心。

長府毛利邸
● ちょうふもうりてい

☎083-245-8090

🕐9:00～16:40 休無休 ¥入場費200日圓 P 使用附近的收費停車場 MAP 53C-1

功山寺
● こうざんじ

☎083-245-0258

🕐9:00～17:00左右 休視情況可能會不能參拜、參觀 ¥內部參觀費300日圓 P20輛 MAP 53C-1

櫻花和紅葉也是功山寺的可看之處

下關 周邊圖 P.53 1:17,000

GOAL 下關IC 關門海峽

● せらこうげん　書末地圖 **P.153**

7 COURSE 世羅高原

自駕重點：四季花卉　高原・牧場　街頭散步

↑秋天有450種25000株大麗菊綻放的「世羅高原農場」

自駕路線概要

大約位於廣島縣的中心，且內有一片花田的世羅高原，是最近備受矚目的自駕重點。高原遍布著花朵農園與果園，可以體驗採蔬果的樂趣。遊覽土藏造的名門住屋或帶格子窗的豪商宅邸櫛比鱗次的上下地區街景，或是順道造訪釀酒廠等，來享受舒爽的假日自駕旅程吧。

↑4月中旬～5月初旬，「世羅高原農場」中有可愛的鬱金香綻放

自駕路線

推薦！**當日來回**

| 路線行車距離 | 約83km |
| 路線行車時間 | 約1小時50分 |

START 中國自動車道 庄原IC

25km 30分 432

曾因為是幕府直轄領地而繁榮的歷史與文化之城
1 上下町 白壁街景

432 世羅Fureai Road、Fruits Road

23km 35分

世羅高原的大型休閒設施
2 世羅夢公園、世羅酒廠

35km 45分／Fruits Road 184

GOAL 中國自動車道 三次IC

自駕MEMO ●世羅高原交流道路在春天花季時可能會塞車

① じょうげしらかべのまちなみ 上下町 白壁街景

☎0847-62-3999（上下歷史文化資料館）

在江戶時代曾為德川幕府的直轄地而繁盛一時的上下町。白壁、土藏造住屋，還有短柱子構成的街景充滿古時風情。以在大正時期建好的劇場小屋「翁座」為首，有許多文化財建築物遍布於此。🅿4輛（使用上下歷史文化資料館前停車場、附近的免費停車場）

② せらゆめこうえんせらわいなりー 世羅夢公園、世羅酒廠

☎0847-25-4300（世羅酒廠管理事務所）

由「世羅酒廠」與「世羅縣民公園」兩個設施構成的大型觀光公園。園內有可以試喝當地產洋酒的酒廠和餐廳、夢高原市場、足湯館、迷你蒸汽火車等。⏰9:00～17:00（1、2月為10:00～16:00，餐廳為11:00～）休無休（12、3月為週二休，1、2月為週二、三休）￥免費入園 🅿700輛

這裡也很推薦

景點 國營備北丘陵公園
こくえいびほくきゅうりょうこうえん
☎0824-72-7000

廣大的腹地裡充滿了季節花卉和綠意。以中國地區的山區鄉里為主題的「比婆之里」有舉辦體驗教室。⏰9:30～16:00（7、8月～17:00、11～2月~15:30）休週一（逢假日則翌休）￥入園費410日圓 🅿2460輛（1次310日圓）

話題景點 世羅高原有很多觀光農園裡面綻放季節花卉！

世羅紫藤園是西日本規模最大的紫藤花架，還有牡丹櫻、杜鵑、石楠杜鵑花爭相綻放。世羅高原農場種有75萬株鬱金香和110萬株向日葵，秋季綻放的大麗菊很受歡迎。世羅百合園有百合花、一串紅、三色菫等綻放。世羅高原上共有七座觀光農園，春季到秋季皆有大量的遊客前來賞花。

● ふらわーぱーくせらふじえん
世羅紫藤園
☎0847-22-0020
⏰4月下旬～5月下旬9:00～17:00 休期間中無休 ￥入園費800日圓 🅿300輛

● せらゆりえん
世羅百合園
☎0847-27-1555
⏰4～7月中旬、9月上旬~11月上旬9:00～17:00 休期間中無休 ￥入園費800日圓 🅿500輛

● せらこうげんのうじょう
世羅高原農場
☎0847-24-0014 ⏰4月中旬~5月上旬、8月上旬~下旬、9月中旬~10月下旬的9:00～17:00 休期間中無休 ￥入園費800日圓 🅿1000輛

© 一般社團法人世羅町觀光協會

5月下旬正是「世羅百合園」的三色菫花季

1:250,000　經典路線

感動人心的日本三景：宮島、三名橋、錦帶橋

みやじま・いわくに 書末地圖 P.158

8 COURSE 宮島・岩國

↑錦帶橋大幅度的獨特拱型外觀相當引人注目

自駕路線概要

日本三景之一宮島，還有錦帶橋的城下町岩國，都是可以從廣島輕鬆前往的自駕景點。要前往宮島的話，就要先把車停在宮島口的棧橋附近，再搭渡輪前往。可以在嚴島神社周邊散步，享用紅葉饅頭。到了岩國，則有感動人心的錦帶橋景色，看完後，建議也可以順道前往岩國城。

自駕重點
歷史探訪　街頭散步　美食

↑佇立在海上的莊嚴紅色大鳥居是宮島的象徵

這裡也很推薦

美食 うえの
📞0829-56-0006

必定大排長龍的穴子魚飯老店

將塗了醬汁烘烤的穴子魚放在用穴子魚高湯炊煮的飯上而成的穴子魚飯創始店。可以外帶回家的穴子魚便當也很受歡迎。
🕙10:00～19:00、便當是9:00～19:00（週三～18:00），售完打烊　休無休（週三僅販售便當）　💴穴子魚飯（附豆味噌湯）2000日圓　P7輛

自駕路線

推薦！ **當日來回**

路線行車距離 約**39**km
路線行車時間 約**1小時55分**

START 廣島岩國道路 廿日市IC

7km **35**分／②（西廣島bypass）・渡輪（單程180日圓）

日本三景之一，風光明媚的島嶼
1 宮島

27km **1小時10分**／渡輪 ② 186（油見隧道）135 ① 112

充滿風情的五座相連的圓拱橋
2 錦帶橋

5km **10**分／112 ②

GOAL 山陽自動車道 岩國IC

1 宮島 みやじま
📞0829-44-2011（宮島觀光協會）

有社殿美麗又莊嚴的嚴島神社，還有受人們崇敬的山岳信仰之地彌山，山中的原始林也是列為世界遺產的景觀勝地。紅色的大鳥居是宮島的象徵。
P無※使用對岸（宮島口）各個收費停車場

2 錦帶橋 きんたいきょう
📞0827-29-5116（岩國市觀光振興課）

列入日本三名橋之一的木造橋。橋的造型呈五連圓拱狀，既精巧又具獨創性。此外，春季也有櫻花可賞，夏季有鸕鶿捕魚可以觀賞，秋季則有紅葉景緻，四季皆各有風情。是國家指定的名勝。
🕙24小時　💴入橋費300日圓／錦帶橋、岩國城、空中纜車套票940日圓　P500輛（僅3～5、9～11月的週六、日、假日1天300日圓）

自駕MEMO
●國道2號的廿日市、大竹市、岩國市等市區路段到了通勤時段可能會塞車
●宮島島內的觀光設施周邊有限制車流量，而且沒有設停車場，所以要停車的話，就要停在宮島口棧橋附近的收費停車場

話題景點 有建在山頂的天守閣和在城下展開的歷史公園

岩國城由初代岩國藩主所建，於昭和37（1962）年修復外觀。城堡是三層四樓的桃山風南蠻造風格，可想像出戰國時的樣貌。城下町區域內有原為岩國藩主吉川家宅邸遺跡的吉香公園，是保留了許多歷史性建築物、古木和大樹的景觀勝地。這裡也是欣賞櫻花和紅葉等的景點，四季都很美。

●いわくにじょう
岩國城
📞0827-41-1477（錦川鐵道株式會社 岩國管理所）
🕙9:00～16:30（空中纜車～17:00）　休無休（空中纜車有時候會因為定期維護停駛）　💴入場費260日圓／空中纜車使用費（來回）550日圓　P50輛（使用空中纜車前停車場）

●きっこうこうえん
吉香公園
📞0827-29-5116（岩國市觀光振興課）
自由入園　P500輛（3～5月、9～11月的週六、日、假日為1天300日圓）

渡過錦帶橋就到了吉香公園

從吉香公園搭空中纜車到岩國城

1:200000

經典路線

在海拔535m的彌山山頂上，可以看到360度環繞的絕美景色

停下車來
街頭散步

宮島
●みやじま

景觀隨著乾潮和漲潮變化的嚴島神社

傳說有神明住在此處，因此成為人們信仰對象的宮島。內藏壯觀的國寶和重要文化財的嚴島神社和表參道商店街、彌山等景點都很值得一看，是個散步起來也很有樂趣的景點。

自駕 de 宮島 MEMO

要前往宮島，必須從宮島口棧橋搭乘渡輪前往，渡輪的終點站宮島棧橋周圍徒步30分以內的範圍內聚集了許多名勝，建議以徒步方式遊覽此處。至於要停車的話，除了有宮島口棧橋附近的廿日市市營宮島口停車場（☎0829-56-0668／1天1000日圓／約80輛）外，JR宮島口站周邊也有許多停車場可以使用。

景點 嚴島神社
いつくしまじんじゃ

☎0829-44-2020

社殿就像漂浮在海上一樣相當美麗

創建於推古天皇即位那一年（593年），到了平安時代，經由平清盛之手，建立了壯麗的神社社殿群。境內有重要文化財大鳥居和能舞台，以及列入世界遺產的國寶本社殿、平舞台、高舞台等。⏰6:30〜18:00（有季節性變動）¥參拜費300日圓 P無※使用對岸（宮島口）各個收費停車場

神社內的通路為單行道，所以慢慢地參觀、參拜為佳

景點 宮島空中纜車
みやじまろーぷうえー

☎0829-44-0316

在宮島上最高的靈山彌山散步

連接紅葉谷公園和彌山的空中纜車。只要在榧谷站換車，並在山頂正下方的獅子岩站下車的話，走到彌山展望台約30分左右。⏰9:00〜17:00（視時期而異）休天候不佳、整修期間 ¥單程1000日圓 P無

一邊往上一邊看著列入世界遺產的彌山原始林

景點 紅葉谷公園
もみじだにこうえん

☎0829-44-2011（宮島觀光協會）

紅葉、每個季節景色都很美麗

到了秋天，溪谷邊的紅葉會染成一片深紅色，可以欣賞到像在燃燒一般的美麗紅葉。春天到夏天也有清爽的綠葉景色，一整年都有美景可以欣賞。自由入園 P無

知名的紅葉名勝

景點 豐國神社（千疊閣）
ほうこくじんじゃせんじょうかく

☎0829-44-2020（嚴島神社）

與豐臣秀吉有關的大經堂

雖然是奉豐臣秀吉之命開始建造的神社，但直到慶長3(1598)年秀吉死後都還沒完工。是一座平瓦和圓瓦交互建造成的大寺廟建築。⏰8:30〜16:30 休無休 ¥參拜費100日圓 P無

有魄力的大型獸面瓦很有看頭

景點 宮島水族館
みやじますいぞくかん

☎0829-44-2010

可以對瀨戶內海的世界更加了解

聚集了象徵宮島水族館的江豚和漢波德企鵝等350種、13000隻以上水中生物。1天舉辦3〜4次的海獅秀超有人氣。⏰9:00〜16:00 休無休（維護期間休息）¥入館費1400日圓 P無

館內最大的「悠游水槽」裡有大小種類各異的魚悠游其中

玩樂 宮島傳統產業會館 宮島工房
みやじまでんとうさんぎょうかいかんみやじまこうぼう

☎0829-44-1758

歡樂地學習宮島產業知識

介紹宮島傳統產業的3層樓體驗型觀光設施。可以體驗手工烘烤紅葉饅頭、製作勺子還有宮島雕刻。⏰8:30〜17:00 休週一（逢假日則翌日休）¥免費入館，體驗需付費（需預約）P無

1樓展示販售宮島細工的傳統工藝品

咖啡廳 塔之岡茶屋
とうのおかちゃや

☎0829-44-2455

在五重塔附近創業於大正末期的茶店

知名的力餅是重現豐臣秀吉在建千疊閣時，在工人勞動完休息時給他們吃的小麻糬點心。也有販售烏龍麵或善哉。⏰10:00〜17:00左右 休不定休 P無

在10個一口大小的黃豆粉麻糬撒上砂糖而成的力餅550日圓

美食 燒がきのはやし
やきがきのはやし

☎0829-44-0335

名產「烤牡蠣」的創始店

使用培育了3年的地御前產牡蠣，等點菜後才在店內為客人燒烤。店內有提供生蠔和宮島名產穴子魚飯等，豐富的菜色齊聚一堂。⏰10:30〜16:30（週六〜17:00）休週三（逢假日則前一天休或翌日休）P無

烤牡蠣（4個）…1400日圓

購物 民芸藤井屋

みんげいふじいや

☎0829-44-2047

也有販售人氣商品熊野化妝筆

為創業120餘年的民工藝品店，聚集了廣島的傳統工藝品、熊野的化妝筆等多種品項。灑了金粉、銀粉的「蒔繪書籤」只有這裡才買的到，是相當受歡迎的商品。

🕐9:00～17:00（視時期而異）
🚫不定休　🅿無

熊野的化妝筆，心型臉部刷具
3780日圓

咖啡廳 ぎゃらりぃ宮郷
ぎゃらりーみやざと

☎0829-44-2608

重新利用屋齡250年的老字號勺子批發商的咖啡廳

在可以眺望到坪庭的咖啡廳空間中，可以品嘗咖啡和抹茶、戚風蛋糕、善哉等點心。店內也有附設販售古董品與小物雜貨的區域。

🕐10:00～18:30　🚫週三　💴蛋糕套餐800日圓／抹茶（附紅葉饅頭）600日圓／善哉700日圓　🅿無

也會在藝廊舉辦企劃展

美食 いな忠
いなちゅう

☎0829-44-0125

細火慢烤的穴子魚充滿了香氣

宮島第一家專門提供外帶穴子魚飯便當的店。每天在店內燒烤的穴子魚，與用穴子魚高湯烹煮的飯相當搭。單品牡蠣也很受歡迎。

🕐10:30～15:00（週六、日、假日～15:30）　🚫週四　🅿無

穴子魚飯…2000日圓

🍴 這個想吃看看

宮島的經典伴手禮：紅葉饅頭
來看看種類豐富的名產饅頭

使用廣島品牌的「藻鹽」製作的藻鹽紅葉饅頭125日圓

據 說紅葉饅頭的原型，是明治時期的宮島老字號旅館所作的「紅葉型烤饅頭」。在表參道商店街有許多紅葉饅頭店，除了有販售豆沙泥餡、紅豆粒餡等經典口味外，還有抹茶、水果、起司、巧克力等各種西、日式口味的紅葉饅頭。

用雞蛋糕包裹濃醇奶油起司的歡呼紅葉饅頭140日圓

使用廣島縣產夏季草莓製作的朱紅葉饅頭105日圓

藤い屋 宮島本店
ふじいやみやじまほんてん
☎0829-44-2221
🕐8:30～18:00　🚫無休　🅿無

やまだ屋本店
やまだやほんてん
☎0829-44-0511
🕐8:00～20:00　🚫無休　🅿無

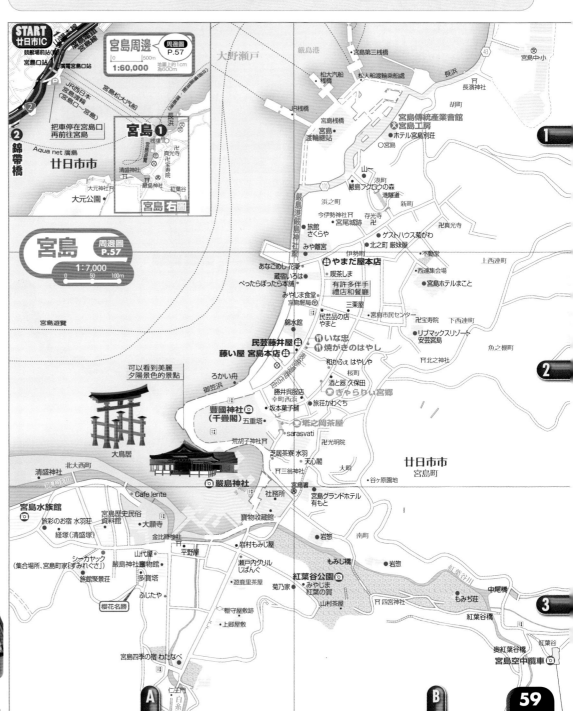

從大峽谷行經草原上的美麗山峰，朝壯觀的水壩邁進

9 ★COURSE★

三段峽

さんだんきょう　書末地圖 **P.152**

自駕重點　山岳景觀　溪谷美　紅葉

↑岩壁迫力十足的三段峽［龍之口］

自駕路線概要

遊覽美景不斷的三段峽、草原的山景相當美麗的深入山，以及高度僅次於黑部水壩的拱型水壩溫井水壩這3個重點景點，享受在山間自駕的樂趣吧。先沉浸在由大自然交織而成的三段峽，再前往深入山休息，最後以探險的心情參觀溫井水壩吧。

↑五大壯觀之一，三段峽「黑淵」

自駕路線

推薦！ **當日來回**

路線行車距離	約71km
路線行車時間	約2小時20分

START 中國自動車道 戶河內IC

8km 10分 191

指定為國家特別名勝的名峽

1 三段峽

49km 1小時50分 191 大朝鹿野林道路 186

從展望台看到的景色極為壯觀

2 溫井水壩

14km 20分 186

GOAL 中國自動車道 戶河內IC

自駕MEMO
●紅葉季節時週末車流量很大

1 三段峽
さんだんきょう

深深切進中國山地的原始林，全長廣達約16km的大峽谷。遊步道旁的黑淵、猿飛、二段瀑布、三段瀑布、三瀑布並稱為「五大壯觀」，是不可錯過的名勝。充分整裝完畢後，就來這裡探險吧！ ※詳細資訊請參考此頁左下角的話題景點專欄。

2 溫井水壩
ぬくいだむ

☎0826-22-1501（溫井水壩管理所）

以拱型水壩來說，其高度（156m）為日本第2，僅次於富山縣的黑部水壩。周邊有完善的遊步道，還可以在水壩資料室中學習有關水庫的知識，或是參觀水壩內部。 ■自由參觀（水壩資料室、隧道參觀為9:00～16:00） 休無休 ¥免費 P70輛

這裡也很推薦

購物 **公路休息站 来夢とごうち**
みちのえきらいむとごうち

☎0826-28-1800（安藝太田町觀光協會）

觀光資訊與當地名產齊聚
中國自動車道戶河內IC附近的公路休息站。裡面有特產品市場、商店、餐廳、觀光情報站等設施。
■9:00～19:00（餐廳為10:00～19:30） 休1月1日 P224輛

話題景點 在充滿峽谷美的三段峽中健行

三段峽不僅是日本數一數二的名峽，還受指定為國家特別名勝。全長達16km的溪谷沿岸有完善的遊步道，走在步道上，水流奔放的瀑布、翡翠綠色的神祕深潭等美麗風景一一出現在眼前。途中有一段路還需要乘坐渡船，在懸崖絕壁中行進，非常有趣。推薦將車子行駛到水梨口停車場，然後遊覽必看景點猿飛、二段瀑布、三段瀑布的路線（約2小時）。穿上好走的鞋子前去探險吧。

●さんだんきょう
三段峽

☎0826-28-1800（安藝太田町觀光協會） ¥渡船費來回猿飛500日圓，來回黑淵500日圓 P三段峽正面口停車場500輛（1天400日圓），水梨口停車場200輛（1天500日圓）

乘船沿著繩索進入的「猿飛」

翡翠綠色的「黑淵」

1:200,000

經典路線

●紅葉季節時週末車流量很大

60 山陽方向

探訪初夏新綠，秋天紅葉的美麗溪谷

●たいしゃくきょう 書末地圖 **P.153**

10 ★COURSE★

帝釋峽

自駕重點 溪谷美 紅葉 玩樂

↑清澈的溪流治癒人心的「帝釋峽」

自駕路線概要

流過中國山地的帝釋川地區，喀斯特台地遭受侵蝕形成的帝釋峽奇觀值得一看，可以欣賞到自然美景。在上游的上帝釋遊步道散步，探訪峽谷之美吧。下游的下帝釋可以搭乘遊覽船或划皮艇，四季各有不同美麗之處的神龍湖自然景觀也值得一看。

↑搭乘遊覽船環遊秋天的神龍湖

自駕路線

推薦！**當日來回**

路線行車距離	約**27**km
路線行車時間	約**43**分

START 中國自動車道 東城IC

8km 10分／ 182 25 (三原東城線)

搭乘遊覽船巡遊水壩湖
1 神龍湖

8km 15分／ 25 259 452 一般道路
23 (庄原東條線)

自然景觀交織而成的造形美令人感動
2 上帝釋

11km 18分／ 23 182

GOAL 中國自動車道 東城IC

自駕 **MEMO** ●紅葉季節時可能會塞車

話題景點
一起享受帝釋峽附近的自然景觀吧！

來到帝釋峽，就不光是開車經過，也走進大自然，在大自然的環繞下度過悠閒的時光吧。只要走在遊步道上，就可以細心品味大自然花費漫長時間打造出的奇勝奇岩等鬼斧神工，也能實際感受到四季的變化。此外，在附近的「帝釋峽スコラ高原」，可以體驗騎乘近未來型交通工具「Segway」(16歲以上)。這個騎乘體驗分為15分的體驗方案和60分的迷你行程(需預約)，試著挑戰看看吧。其他還有可以品嘗到黑毛和牛的餐廳、運動、住宿、泡湯設施等，各種高原度假設施等你來享樂。

●たいしゃくきょうすこらこうげん
帝釋峽スコラ高原
☎0847-86-0535
📍視施設而異 休週二
💰Segway體驗1000日圓，迷你行程3500日圓 🅿150輛

●たいしゃくきょう
帝釋峽
➡上帝釋

大自然打造出的景觀「雄橋」是帝釋峽的一大亮點。周遭的新綠景色令人身心舒暢

1 しんりゅうこ
神龍湖
☎0847-86-0123 (帝釋峽觀光協會)

周長24km、全長8km的人造湖，兩岸有岩壁聳立。遠處一座紅色橋梁橫跨新綠山景，搭配幾乎快滿溢出來的湖水，是象徵帝釋峽的美麗景色。
🅿280輛(1天400日圓)

2 かみたいしゃく
上帝釋
☎0847-86-0123 (帝釋峽觀光協會)

為帝釋峽上游側的入口。進去散步後，就會看到深度達200m的鍾乳洞「白雲洞」，以及由石灰岩形成的天然紀念物「雄橋」。再走進去一點的話，還可以看到大約於3億年前形成的溪谷「斷魚溪」。
🅿330輛(1天400日圓)

這裡也很推薦

玩樂 **帝釋峽遊覽船**
☎0847-86-0131
たいしゃくきょうゆうらんせん

在湖上遊覽帝釋峽風光
神龍湖有遊覽船由此出航，供遊客從湖上欣賞聳立的斷崖與綠意盎然的群樹。在船上可以邊聆聽著小鳥的鳴叫聲環繞湖水一周，悠閒地觀光。所需時間為40分。📅3月18日～12月3日的9:00～16:30(每30分一班) 期間中無休(視天候有可能會臨時停駛，需確認) 💰乘船費1200日圓 🅿280輛(1天400日圓)

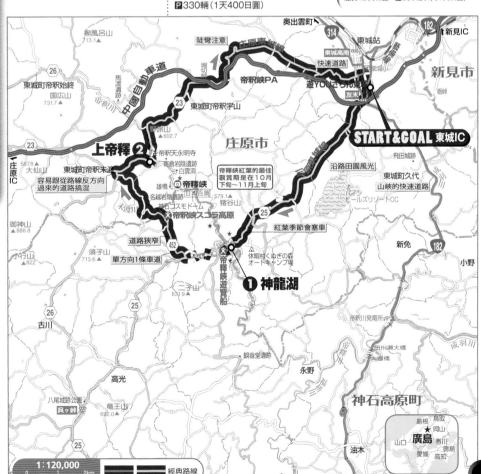

1：120,000
經典路線

○とものうら　書末地圖 P.154·159·160

11 COURSE 鞆之浦

自駕重點：海岸美・街頭散步・夜景

⬆搭乘造型仿造龍馬曾搭過的船「平成伊呂波丸」，前往仙醉島

自駕路線概要

鞆之浦內有保留江戶時代樣貌的街景，還有小島漂浮在海上的瀨戶內風景，塑造出獨特的風情。順著海潮香氣穿過內海大橋後，就抵達了保佑愛情的能量景點內海。回程就行駛在山脊上的車道 Green Line 上，欣賞眼下的鞆之浦夜景。

⬆充滿懷舊的港口城鎮風情，好萊塢電影等也曾來取景

自駕路線
推薦！當日來回

路線行車距離　約62km
路線行車時間　約2小時10分

START 山陽自動車道 福山東IC
15km 35分／182 380 22
《萬葉集》中也曾歌詠到的景觀勝地
1 鞆之浦
12km 20分／47 53
有產品直銷中心、餐廳等
2 福山市内海ふれあいホール
35km 1小時15分／53 47 251 72 22 2 182
GOAL 山陽自動車道 福山東IC

自駕MEMO
●由於鞆之浦的街道較古老，部分道路比較狹窄

話題景點
在鞆之浦散步時一定要去看看的翻新咖啡廳

由於鞆之浦海上的東西潮流方向會改變，自古以來這裡就以等待漲潮的海港而繁盛一時。從海岸通走進去，就可以看到懷舊的町屋和神社、寺院林立，彷彿就像穿越到江戶時代一樣。漫步在歷史中一陣子後，就會看到一家外觀與街景融為一體的咖啡廳。建在港口的象徵常夜燈旁的「鞆の浦 a cafe」保留了江戶商家的土牆、屋樑、格子窗等構造，並在裡面擺設具現代感的家具，營造出時尚的空間。提供使用鞆之浦漁產製作的義大利麵和百匯、保命酒等菜色。

●とものうらあかふぇ
鞆の浦 a cafe
☎084-982-0131
🕐10:00～18:00（晚上需預約）
🈺週三
🍴使用鞆之浦的漁產製作的義大利麵（附法式麵包）1200日圓／保命酒加汽水600日圓
🅿使用附近的收費停車場

香草和奶油起司百匯800日圓

重建屋齡150年的長屋

1 鞆之浦
●とものうら
☎084-928-1043（福山市觀光課）

代表瀨戶內的景觀勝地之一，被選為重要傳統建物群保存區。無論是延伸至區王寺的下坡道，或是從寺內看到的景色都是絕景。區域內遍布著從幕末到昭和初期的街景，讓在裡面散步的遊客有穿越時空一般的感受。

2 福山市内海ふれあいホール
●ふくやましうつみふれあいほーる
☎084-986-2240（沼隈町海商工會內海支所）

內海町的觀光服務處。由於境內田島和橫島連結在一起的樣子就像兩隻魚在親吻一樣，因此以連接兩島的橋梁為中心的地帶便成了備受矚目的愛情能量景點。裡面也有生鮮食品販賣處、日式餐廳等，是很便利的休憩場所。
🕐8:30～17:00（視設施而異）
🈺無休（進駐店鋪為週一休）
🅿20輛

這裡也很推薦
美食 食事処おてび
●しょくじどころおてび
☎084-982-0808

使用鞆之浦漁產製作的料理頗受好評，留有鞆之浦古老民家特徵的店。最值得推薦的是使用向當地漁夫進貨的漁產製作的料理。醬油風味的清爽中華麵也很受歡迎。🕐11:00～14:00、17:00～20:30　🈺週一、第3週日　🈺中華麵500日圓／小魚定食950日圓／豬排蓋飯600日圓　🅿4輛

1:200,000　0 2 4km　經典路線

從「日本愛琴海」前往備前燒的故鄉

●うしまど・びぜん 書末地圖 P.155

12 COURSE 牛窗·備前

自駕重點：海岸美 購物 美食

↑在備前燒之鄉伊部有許多窯戶櫛比鱗次

自駕路線概要

從因為當地美食「牡蠣大阪燒」備受矚目而聞名的日生出發，前往有「日本愛琴海」之稱的牛窗。岡山Blue Line是沒有交通號誌、開起來非常舒暢的道路。在牛窗充分欣賞瀨戶內海的景色後，就去造訪有許多陶瓷店、登窯的煙囪林立的伊部町吧。

←一片平穩大海和天空的牛窗風景

自駕路線

推薦！ 當日來回

路線行車距離 約82km
路線行車時間 約2小時15分

START 山陽自動車道 備前IC

12km 20分／260 397 (岡山Blue Line) 250

1 日生町漁會經營的魚市場
五味之市

30km 50分／250 397 (岡山Blue Line)
39 28 226

2 橄欖花綻放的公園
牛窗橄欖園

40km 1小時5分／226 28 39 397 418
182 39 250 374

GOAL 山陽自動車道 和気IC

自駕MEMO
●日生、牛窗有許多狹窄道路，要注意對向來車

① ごみのいち
五味之市

☎0869-72-3655

日生町漁會經營的市場。漁夫的太太們展開猛烈攻勢，販售清晨才剛捕獲的漁產。到了產季時市場上會擺上裝滿了牡蠣的水桶，還可以品嘗到驚人的炸牡蠣霜淇淋。
□9:00～16:00（售完打烊）
㊡週二（週二逢假日則翌日休）、天候不佳時
¥鮮魚時價／炸牡蠣霜淇淋300日圓 P100輛

② うしまどおりーぶえん
牛窗橄欖園

☎0869-34-2370 (牛窗橄欖店)

在可以一覽瀨戶內群島的丘陵上，種了大約2000株牛窗的特產品橄欖樹。到了6月初旬，丘陵上就會綻放許多橄欖花。裡面也有販售化妝品和特產品的商店和展望台。
□9:00～17:00（6～8月～18:30）
㊡無休 ¥免費入園 P85輛

這裡也很推薦

玩樂 夢幻庵 備前燒工房
むげんあんびぜんやきこうぼう

☎0869-63-2227

透過捏陶體驗接觸備前燒

寧靜山村中的備前燒體驗製工房。可以透過手拉坯或電動拉坯機來體驗製作陶器，就算是沒有經驗的人，也可以挑戰電動拉坯機。
□9:00～16:00／手拉坯2700日圓～／電動拉坯機4860日圓～(運費另計，第一次用電動拉坯機者需另附指導費2160日圓) P100輛

話題景點 當地美食「日生牡蠣大阪燒」和「備前咖哩飯」

備前市日生是岡山縣中數一數二的牡蠣產地。加了牡蠣的大阪燒「牡蠣大阪燒」自40多年前就深受當地民眾喜愛，而其中人氣第一名的牡蠣大阪燒店就是「タマちゃん」。該店用煎烤表面的方式封鎖住牡蠣的美味，將這種牡蠣加入麵糊中後，再用橄欖油煎烤。店內還有提供能襯托出牡蠣風味的岩燒和特製醬汁。「備前咖哩飯」則是使用備前燒器皿盛裝，堅持使用地產地消食材的咖哩飯。想要品嘗「備前咖哩飯」可以前往海鮮咖哩頗獲好評的「Curry&Cafe Shibabe」或是備前市附近的咖啡廳。

タマちゃん
☎0869-74-0222
□11:00～19:30
㊡週二（逢假日則營業）
P30輛 **MAP** 155G-3

牡蠣大阪燒950日圓

●かりーあんどかふぇしばべ
Curry&Cafe Shibabe
☎0869-66-0238
□11:00～13:30、17:00～19:30（晚上1人5000日圓～需預約）
㊡週一、二 P10輛

使用蝦子和螃蟹高湯製作的備前咖哩飯1000日圓

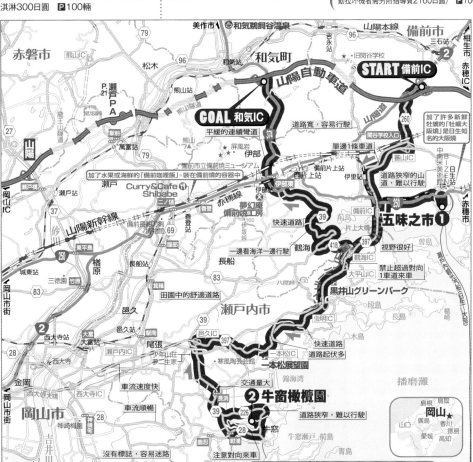

1:200,000
0 4km
經典路線

13 COURSE 高梁・吹屋

●たかはし・ふきや　書末地圖 P.154

自駕重點：街頭散步　四季花卉　歷史探訪

↑在秋天到冬天的清晨，會有雲海環繞備中松山城周邊地帶

自駕路線概要

自鎌倉時代起經歷770年歷史的備中高梁有幽雅的街景，號稱「小京都」。位於海拔550m高高原的吹屋則仍保留著昔日因銅礦山與弁柄（氧化鐵）而繁榮的街景。來去探訪受吉備高原平穩山景緩繞的兩座歷史街景，悠閒地自駕。

←石州瓦屋頂並排的吹屋街景保存地區

自駕路線

推薦！當日來回

路線行車距離	約61km
路線行車時間	約1小時35分

START 岡山自動車道 賀陽IC

14km 20分／484／180

在櫻花與柳樹行道樹中散步

1 紺屋川美觀地區

25km 40分／180／85（吹屋街道）

鐵紅色的街景

2 吹屋街景保存地區

22km 35分／85／33（吹屋街道）／180

GOAL 中國自動車道 新見IC

自駕MEMO
●吹屋街道一帶在吹屋前的道路有點狹窄

話題景點　在曾因弁柄繁盛的吹屋街景中散步

弁柄是吹屋地區研發出來的紅色顏料，當時曾用來塗在陶瓷器、漆器上。吹屋的街道兩側有弁柄色的古老住宅排列，因此在昭和52(1977)年被選為重要傳統建物群保存地區。此外，這裡也是橫溝正史所著的《八墓村》、《獄門島》原作的取景地，吸引許多觀光客來訪。還有由明治時代的弁柄製造工廠復原而成的「弁柄館」，可以來這裡了解弁柄的製造工程。另外在平成18年，這裡的「舊片山住宅」也獲指定為國家重要文化財。

●べんがらかん
弁柄館
☎0866-29-2222（高梁市成羽町觀光協會吹屋支部）
⏱9:00～17:00（12～3月為10:00～16:00）休無休
¥入館費200日圓 P20輛

●きゅうかたやまけじゅうたく
舊片山家住宅
☎0866-29-2222（高梁市成羽町觀光協會吹屋支部）
⏱9:00～17:00（12～3月為10:00～16:00）休無休
¥入館費400日圓（與吹屋ふるさと鄉土館相通）P40輛

在弁柄館可以參觀弁柄的製造工程

1 紺屋川美觀地區

●こうやがわびかんちく
☎0866-21-0217（高梁市產業觀光課）

紺屋川曾是備中松山城的外護城河，現在種滿了一整排櫻花與柳樹，河邊充滿風情的街景也獲指定為美觀地區，最適合在這裡散步。此外這裡也入選為日本道路100選。P15輛（使用高梁市觀光停車場／1小時220日圓，之後每1小時110日圓）

2 吹屋街景保存地區

●ふきやのまちなみほぞんちく
☎0866-29-2222（高梁市成羽觀光協會吹屋支部）

位處於海拔550m高高原地區，在江戶、明治時代時曾因銅礦山和弁柄產業而繁榮。到了現在，還是可以看到一片紅銅色的石州瓦和弁柄色連綿500m的街景。被選定為重要傳統建物群保存地區。P100輛

這裡也很推薦

景點 **廣兼邸**
●ひろかねてい
☎0866-29-2222（高梁市成羽町觀光協會吹屋支部）

城郭般的城牆 可見往日的榮華景象

廣兼家是在江戶末期，曾靠銅礦山和弁柄產業獲得巨大財富的大庄屋。這裡也是電影《八墓村》的取景地。⏱9:00～17:00（12～3月為10:00～16:00）休無休 ¥入場費300日圓 P40輛

1:210,000

經典路線

13 高梁・吹屋

停下車來 **街頭散步**

高梁 ●たかはし

曾是繁榮城下町的高梁。古民宅林立的美觀地區周邊仍留有以前的風情，從山頂附近建有備中松山城的臥牛山看出去，可以一覽城市景色。

紺屋川美觀地區

自駕 de 高梁 MEMO

紺屋川邊的美觀地區一帶有賴久寺和高梁基督教會堂等，但因為區域內有許多很窄的巷子，因此建議各位使用國道180號邊的高梁市觀光停車場（☎0866-22-0233／最初1小時220日圓，之後每1小時110日圓／15輛）。

景點 備中松山城 ●びっちゅうまつやまじょう
☎0866-22-1487

位處最高處，日本唯一留有天守閣的山城

位於海拔430m高的山城，是唯一仍保留有天守閣的山城。一部分天守閣、二重櫓、土塀仍留有以前的樣貌，並被列入國家重要文化財。大手門跡附近的石橋也很值得一看。🕐9:00～16:30（4～9月～17:30）🚫無休 ¥入城費300日圓 Ⓟ140輛（五合目）※有接駁巴士從五合目發車（400日圓／需確認停駛日）**MAP 64**

位在可以俯瞰高梁市風景的山上

景點 石火矢町ふるさと村 ●いしびやちょうふるさとむら
☎0866-21-0217（高梁市產業觀光課）

保留有城下町景象的區域

位於城下町高梁中的武家建築物群，宅邸外的土塀長達250m，同時也受岡山縣指定為村落復興交流設施。在城鎮內一角，有開放重現當時武家生活的武家宅邸給遊客參觀。🕐自由參觀（武家宅邸舊折井家、舊埴原家為9:00～17:00）🚫無休 ¥共通入館費400日圓 Ⓟ10輛

武家宅邸並列的路上有充滿風情的土牆

購物 天任堂 ●てんにんどう
☎0866-22-2538

要不要試試看高梁名糕點「柚餅子」

製造流傳至高梁的名牌糕點「柚餅子」的老店。柚餅子是一種麻糬，做法是用石臼水磨備中米糕後，再將柚子皮揉進外皮裡，因此有高雅的香味。裡面沒有添加任何添加物，是當地人熟悉的茶點。🕐8:00～17:00 🚫週日 ¥柚餅子（24個）648日圓／吉備國香水檸檬香柚餅子360日圓 Ⓟ1輛

受當地客人喜愛的柚餅子

美食 魚富 ●うおとみ
☎0866-22-0365

大啖香魚和日本絨螯蟹等當地漁產

由於總店是魚販，因此能提供新鮮魚類料理的日本料理餐廳。夏天可以吃到香魚，秋天則有日本絨螯蟹和松茸可以品嘗，冬天還有鴨肉等，能品嘗到使用當地捕獲到的季節產物做成的料理。🕐12:00～14:00、17:00～21:30 🚫週一 Ⓟ15輛

天然香魚全餐（僅夏季提供，採預約制）…5400日圓～

稍微**走遠**一些 可以品嘗到成羽鄉土料理的老店

在吹屋故鄉村內的復古食堂中，可以品嘗到裝滿山菜跟根莖菜葉類的樸素鄉下料理。也很推薦料多又分量十足的手打蕎麥麵。

藤森食堂 ●ふじもりしょくどう
☎0866-29-2907 🕐11:00～17:00 🚫週一（逢假日則營業）¥山菜糯米飯糰300日圓 Ⓟ13輛 **MAP 64**

鄉下蕎麥麵 650日圓

景點 賴久寺 ●らいきゅうじ
☎0866-22-3516

由小堀遠州建造的庭園值得一看

在歷應2（1339）年，足利尊氏所建造的護國禪寺，受指定為國家名勝的庭園為小堀遠州所做的蓬萊式枯山水庭園，每到皋月杜鵑季節，或是冬天積雪的庭園景觀都很漂亮。🕐9:00～17:00 🚫無休 ¥參觀費300日圓 Ⓟ10輛

從寺廟中看到的枯山水

購物 高梁市觀光物產館 紺屋川 ●たかはししかんこうぶっさんかんこうやがわ
☎0866-23-1414

高梁的特產齊聚

除了柚餅子外，還有販售柚子和香魚加工品、當地銘酒、水果等，另外也有用當地產的備中宇治茶所做的紅茶可以當作伴手禮帶回家。🕐9:00～17:00 🚫無休 ¥柚餅子（11片裝）864日圓／八川柚子味噌432日圓 Ⓟ2輛

融入紺屋川美觀地區景觀中的建築物

知道賺到

**男女老幼一同起舞
任誰都可以參加的盂蘭盆舞蹈**

岡山縣三大舞蹈之一

每年8月14～16日，JR備中高梁站前就會有一群人一同起舞。這是有370年歷史的岡山縣下最大規模的盂蘭盆舞蹈大會。在大會期間，站前會架起高台，人們會圍成一個圓圈，跳著較緩慢的「當地舞蹈」或是節奏較快的「YADOSA舞」，無論是誰都可以輕鬆參加。另外也會表演武家代代流傳的「仕組舞」。

備中高梁松山舞蹈節 ●びっちゅうたかはしまつやまおどり
☎0866-21-0461（高梁市觀光協會）🕐8月14～16日（舞蹈節舉辦時間為19:00～23:00，詳情請洽詢）Ⓟ500輛（使用高梁小學，桔梗綠地運動場等）

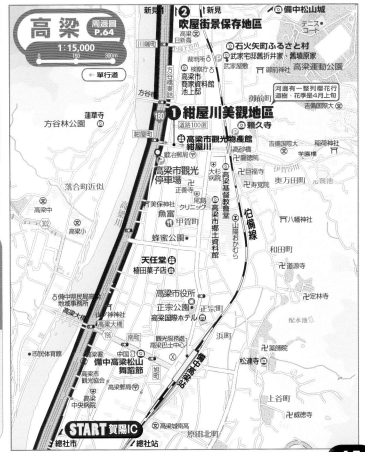

高梁 周邊圖 P.64
1:15,000

START 賀陽IC

品嘗廣島的王道美食

在激戰地區的人氣店家

豬肉蛋炒麵口味864日圓。經過長時間蒸與煎的程序後，充分引出了蔬菜的美味

⑧ 宮島・岩國 周邊 ➜ P.57

廣島燒

在煎成可麗餅狀的薄麵皮上擺上高麗菜和五花肉等食材，等蒸煎一陣子後，再疊上炒麵或烏龍麵煎成的廣島縣民本土美食。當然最經典的是搭配廣島的當地微甜的醬汁品嘗。

八昌
廣島縣廣島市 山陽道廣島IC 地圖 P.158C-1
● はっしょう

「必定會大排長龍」的超人氣店

將雞蛋和牛奶與高品質的低筋麵粉混合在一起而成的麵皮味道微甜，店家堅持使用廣島縣產的雞蛋和從日本各地的契約農家引進的高麗菜等，展現對食材的講究。

☎ 082-248-1776
🏠 広島県広島市中区薬研堀10-6 🕐 16:00～22:30（週日、假日～21:00）
休 週一（逢假日則翌日休）、第1、3週二 P 無（使用附近的收費停車場）

天婦羅中華630日圓（中碗），用雞骨、豬骨、小魚乾熬成的湯頭味道清爽

加滿了許多背脂的醬油風味

個性派拉麵

① 島波海道 ➜ P.32

尾道拉麵

有用小魚熬成的高湯和雞骨高湯的醬油味，以及漂浮著大粒豬背脂的麵湯是尾道拉麵的特徵。大多數店家使用的是長直的平麵。每家店都在拉麵裡下了不同的功夫，可以品嘗到各員匠心的拉麵。

めん処みやち
廣島縣尾道市 山陽道尾道IC 地圖 P.36C-2
● めんどころみやち

清爽湯頭與天婦羅麵衣構成的美味

位於尾道站前綿長商店街中的拉麵店。最推薦的菜色是在微捲的極細麵上放上炸蝦米什錦的中華拉麵。

☎ 0848-25-3550
🏠 広島県尾道市土堂1-6-22 🕐 11:00～18:00 休 週四 P 無（使用附近的收費停車場）

自駕時一定要順道去品嘗

當地

美食

山陽地區 篇

雖然有許多當地美食，但這裡特別選出美味、方便，又極具話題性的當地庶民美食來介紹給大家。一起來品嘗深植當地、特別又好吃的經典美食吧。

---

ebi✕shi

衝擊性極大的深黑色炒飯

蛋包蝦飯880日圓。是在軟嫩的煎蛋皮上裹上多明格拉斯醬的蛋包飯風格蝦飯

④ 倉敷・吉備路 ➜ P.44

蝦飯

蝦飯是將一家東京老字號咖哩店調整為岡山口味後，發展成縣民美食的料理。外觀之所以是黑色的，是因為裡面加了焦糖醬。帶有香料味的複雜滋味是這道菜的魅力。

えびめしや 万成店
岡山縣岡山市 山陽道岡山IC 地圖 P.45C-1
● えびめしやまんなりてん

彈力十足的蝦子與秘傳醬汁堪稱絕配

在岡山市內和倉敷市內有數家分店的蝦飯店，這家是設在國道180號前的大型店鋪。可以品嘗到變化多端的人氣蝦飯。

☎ 086-251-6221
🏠 岡山県岡山市北区万成西町2-53 🕐 11:00～21:45 休 無休 P 30輛

堅持使用町內產食材

究極的當地美食

食堂かめっち。
岡山縣美咲町 中國道院庄IC 地圖 P.155E-1
● しょくどうかめっち

熱呼呼的白飯與軟嫩有口感的蛋搭配起來相當美味

到了假日會大排長龍的人氣店家。將美咲農場的新鮮雞蛋放在美咲町特產的梯田米上，客人可以從3種醬料中選一種淋在飯上品嘗。

☎ 0868-66-1123（美咲物產）
🏠 岡山県美咲町原田2155 🕐 9:00～16:30 休 無休 P 20輛

剛煮好的飯搭配雞蛋、味噌湯和漬物的黃福定食350日圓。白飯和雞蛋可以續碗

⑬ 高梁・吹屋 周邊 ➜ P.64

雞蛋拌飯

據說是由出生於美咲町的記者岸田吟香讓雞蛋拌飯這道美食在日本發揚光大的。現在在西日本最大規模養雞場的美咲町中，雞蛋拌飯是振興村落的重點美食，因此成了受到許多人喜愛的人氣美食。

以台灣的麵料理為靈感發展而成

受市民喜愛的當地麵食

炸燴麵（小）650日圓，有獨特的酥脆口感和濃稠湯頭的組合相當絕妙

⑰ 秋吉台・萩 周邊 ➜ P.82

燴脆麵

在水煮、煎炸過的麵上放上滿滿配料，並淋上羹層勾芡的麵料理。在吃的過程中，原本脆脆的麵會吸收湯汁，轉變成柔軟的口感。

春來軒
山口縣山口市 山陽道山口IC 地圖 P.83C-3
● しゅんらいけん

「又脆又Q彈」的口感令人愛不釋手

名產麵「燴炸麵」的創始店。60年來麵的湯頭味道都沒有變，是基本款的雞骨底濃稠湯頭。經過煎炸的中華麵上放了許多蔬菜。

☎ 083-925-8833
🏠 山口県山口市大内千坊2-12-19 🕐 11:30～14:45（週六、日17:30～20:30也有營業）休 週一、第3週二 P 13輛

已經成為自駕聖地的角島大橋［P.86］

山陰方向

自駕路線&MAP INDEX

◎備受矚目的溫泉　P.68

⑭松江·境港…P.70
　街頭散步　松江　P.74　境港　P.76

⑮出雲大社·日御碕…P.78
　街頭散步　出雲　P.79

⑯石見銀山…P.80

⑰秋吉台·萩…P.82
　街頭散步　萩　P.84

⑱角島·長門…P.86

⑲大山·蒜山…P.88

⑳鳥取砂丘·但馬海岸…P.92

㉑東鄉湖·白兔海岸…P.96
　街頭散步　倉吉　P.97

◎當地美食…P.98

行駛在日御碕周邊的海岸［P.78］

玉造溫泉的點燈景象［P.72］

去山陰時
一定要去看看!!

備受矚目 的 溫泉

可以看見北長門海岸國家公園
景觀聖地的露天溫泉

說到中國、四國的溫泉，就一定不能不提到山陰。
山陰地區有許多以泉質為賣點的公共溫泉，
在此精選出幾家溫泉來介紹給大家。

盥洗用品資料	免費提供		溫泉資料	有
	付費提供			一部分有（或是要共用）
	需自行攜帶			無

眺望沉入水平線中的夕陽美景

18 角島・長門

HOTEL NISHINAGATO RESORT
●ほてるにしながとりぞーと

山口 下關津久野溫泉 ●泉質…規定泉

從突出翠綠色海洋的露天溫泉看到的夕陽景色非常美麗。欣賞隨時間變化的天空與海景吧。

¥ 泡湯費1000日圓
1泊2食16890日圓～
☎083-786-2111
🕐13:00～19:00（週日、假日為12:00～）
休不定休
山口県下関市豊北町神田2045 🅿100輛 地圖P.86

風情萬種的油谷灣景色很美麗

18 角島・長門

山口 油谷灣溫泉 ●泉質…鹼性單純溫泉

油谷灣溫泉 楊貴館飯店
●ゆやわんおんせんほてるようきかん

PH值9.6溫泉屬於有如美容液般的美人泉，有滋潤肌膚的功效。從海景露天溫泉看到的夕陽特別美麗。

¥ 泡湯費1050日圓
1泊2食17280日圓～
☎0837-32-1234
🕐9:00～21:00 休無休
山口県長門市油谷伊上130
🅿100輛 地圖P.86

可以一邊感受海風吹拂，一邊泡湯的露天溫泉

精選 美景 露天溫泉 5

17 秋吉台・萩

HAGI KANKO HOTEL
● はぎかんこうほてる

山口 萩溫泉 ●泉質…含鈣、鈉、氯化物泉質

¥ 泡湯費800日圓
1泊2食10800日圓～

建在萩區域的景觀勝地笠山半山腰上的飯店。這家飯店最吸引人的就是從露天溫泉看到的夕陽景色。從山丘上面看到的日本海景四季皆有不同的美感。

☎0838-25-0211
🕐15:30～21:00（週六、日為13:00～，需確認）
休無休
山口県萩市椿東1189-541
🅿50輛 地圖P.83B-1

能遠眺萩灣、景觀絕佳的景觀溫泉

位於小山丘上，自然美景環繞的露天溫泉

能一覽日本海大全景

能夠體驗與海融為一體的豪邁露天溫泉

16 石見銀山周邊

島根 荒磯溫泉 ●泉質…矽酸溫泉

荒磯溫泉荒磯館
●あらいそおんせんあらいそかん

在前方就是一片海景的露天溫泉中，可以在海潮聲與海潮香的包圍下泡湯。同時也可以在海洋環繞、令人身心舒暢的環境下沐浴。

¥ 泡湯費700日圓
1泊2食14190日圓～
☎0856-27-0811
🕐11:00～14:00 休不定休
島根県益田市西平原町1019-1
🅿60輛 地圖P.151G-3

突出東鄉湖景色絕美的湖上露天溫泉

從飯店引以為傲的露天溫泉可以看到美麗的湖景

21 東鄉湖・白兔海岸

千年亭
●せんねんてい

鳥取 羽合溫泉 ●泉質…含鈉、鈣、硫酸鹽、氯化物泉質

在地點絕佳的露天溫泉中，可以在宛如浮在湖上的感覺中泡湯。有包租浴池等可以欣賞到湖水風景。

¥ 泡湯費1000日圓
1泊2食14190日圓～
☎0858-35-3731
🕐10:00～20:00 休無休
鳥取県湯梨浜町はわい温泉
4-62 🅿50輛 地圖P.96

有許多湯之花堆積在注滿源泉的浴槽中

位於石見銀山中曾繁榮一時的溫泉療養地裡的樸素公共溫泉

16 石見銀山 島根 溫泉津溫泉 自家源泉 放流

泉藥湯 溫泉津溫泉元湯
●せんやくとうゆのつおんせんもとゆ

●泉質…含鈣、鈉、氯化物泉質

¥泡湯費370日圓

據說當初是因為一名旅行僧發現有受傷的狸貓在此療傷，而得以發現這個溫泉。有豐富功效的溫泉也可以在外面的飲泉塔飲用。

☎0855-65-2052
（湯治保養之宿 長命館）
⏰6:00～19:30 休一年2次不定休
所島根縣大田市溫泉津町溫泉津口208-1 ₽20輛 地圖P.81C-1

---

21 東鄉湖・白兔海岸 鳥取 三朝溫泉 自家源泉 放流

氫含量大的三朝源泉全世界數一數二

株湯
●かぶゆ

●泉質…含弱放射性、鈉、氯化物泉質

¥泡湯費300日圓

建在三朝溫泉發源地的公共溫泉。雖然溫度較高，但為了引導出溫泉的效能，並沒有加水稀釋。建築物外還有飲用泉。

☎0858-43-3022
⏰8:00～21:15（週一為10:00～）休無休
所鳥取縣三朝町三朝634-1 ₽15輛 地圖P.96

會讓膚質變好、具豐富效能溫泉的浴槽

在浴場中，可以欣賞描繪浦富海岸的馬賽克壁畫

保留歷史悠久的奇特習俗「Yukamuri」的純樸溫泉

20 鳥取砂丘・但馬海岸 鳥取 岩井溫泉 自家源泉 放流 加水

岩井ゆかむり溫泉共同浴場
●いわいゆかむりおんせんきょうどうよくじょう

位於日本海美景綿延的浦富海岸東南方，是位處溫泉勝地中的小公共溫泉。這裡保留著將毛巾放在頭上，邊唱數數歌邊用勺子拍打溫泉泉面，再淋溫泉的奇妙習俗。

●泉質…含鈣、鈉、硫酸鹽溫泉

¥入浴費310日圓

☎0857-73-1670
⏰6:00～22:00 休無休
所鳥取縣岩美町岩井521 ₽30輛
地圖P.92B-2

以泉質自豪的公共溫泉5 精選

充滿大正浪漫風情的公共溫泉

16 石見銀山 島根 有福溫泉 自家源泉 放流

御前湯
●ごぜんゆ

●泉質…鹼性單純泉

¥泡湯費400日圓

位於舖有石板小路且住宿設施眾多的溫泉勝地，磚瓦造的摩登西洋風建築外觀相當吸睛。裡面設有舖滿磁磚的浴場和包租浴池。

☎0855-56-3353
⏰7:00～21:00 休不定休 所島根縣江津市有福溫泉町710 ₽15輛 地圖P.80A-1

於聖德太子時代時發現的美人湯

---

15 出雲大社・日御碕周邊 島根 出雲湯村溫泉 自家源泉 放流

出雲湯村溫泉 漆仁の湯
●いずもゆむらおんせんしつにのゆ

●泉質…鹼性單純溫泉

¥泡湯費400日圓

於斐伊川中游、奧出雲的山里中湧出的溫泉。在《出雲國風土記》內也曾有以下記載：「入浴後，身即舒緩；再漱口，萬病全消」。可見自古以來，這裡的溫泉就以極有功效聞名。

☎0854-48-0513
（湯乃上館）
⏰10:00～21:00
休無休 所島根縣雲南市木次町湯村1336 ₽24輛
地圖P.147F-3

有以岩石建造的大浴場，以及面朝河川的露天溫泉

斐伊川邊的閑靜山里

● まつえ・さかいみなと　書末地圖 P.147・148

14 COURSE ★COURSE★ 松江・境港

自駕重點　街頭散步　美食　溫泉　夕陽　四季花卉

↑以有美麗夕陽聞名的宍道湖夕陽景色

自駕路線

推薦！ **2天1夜**

路線行車距離　約**113km**
路線行車時間　約**3小時50分**

START 米子自動車道 **米子IC**

11km 25分／431

1 劃出美麗圓弧的廣大海岸
弓濱海岸

21km 40分／431　2

2 歷史悠久的石造燈塔
美保關燈塔

13km 30分／2　431　一般道路

3 觀賞妖怪銅像
水木茂之路

10km 25分／一般道路 47　一般道路　338 一般道路

4 有牡丹花綻放的熔岩庭園
牡丹庭園 大根島本鎮

17km 30分／338　260　431　260　37

5 莊嚴的松江市象徵
國寶 松江城

23km 40分／37　431　23　一般道路

6 祭拜「目之藥師大人」
一畑藥師

18km 40分／一般道路 23　431　23　243
335　57

GOAL 山陰自動車道 **宍道IC**

自駕MEMO
●沿著宍道湖邊鋪設的國道431號車流量少，相當舒適，駕駛時要留意速度
●沿著海岸線從境港站延伸至美保關的縣道2號雖然有美麗的景觀，但路途多彎道，不要邊開車邊看其他地方

地圖標示

1:200,000
0　　4km
經典路線

島根 ★ 鳥取
岡山
廣島
山口　香川
愛媛　德島
高知

日本海

大海景色優美
惠曇
惠曇漁港
朝日山 ▲342

超陸峭
牛の首

小伊津
三津
130
一畑藥師 6
島根半島
道路狹窄，需要留意
上下起伏大又彎的快速道路
秋鹿町駅

P.73 MATSUE VOGEL PARK

沿著海邊悠閒行駛
23　塩津
十六島鼻
宍道湖北岸
在平緩的山路上行駛
伊野灘生
一畑電車
古江駅
秋鹿なぎさ公園 P.28
車量少容易行駛

在宍道湖捕撈到的蜆、日本花鱸、基圍蝦、鰻魚、西太公魚、銀魚和鯉魚合稱為「宍道湖七珍」

十六島湾
十六島漁港
布勢
湯元楠緣
割烹溫泉ゆらり
愛宕山公園
平緩道路

平田船川
今市
一邊看著宍道湖行駛
島根縣立宍道湖自然館 Gobius P.73

宍道湖
日本百景
旺季會塞車

出雲市
旅伏山
鰐淵寺山
雲州平田站
一邊看著田園景色行駛
23

8月底時，機場旁的向日葵花海會盛開
出雲結緣空港
空港入口

GOAL 宍道IC
宍道站
來待站
古墳の森
上來待

4月有80萬株鬱金香綻放
536 ▲
鼻高山
美談站

今井家農村公園
使用特產生薑製作的霜淇淋和咖哩很受歡迎

9
出雲斐川社会福祉センター[四季折々]
荒神谷史跡公園

山陰本線
湯元 湯の川
湯の川
湯の町
ひかわ美人の湯
宍道Jct
松江自動車道
中國やまなみ街道
加茂岩倉PA
54

國道9號的彎路
宍道
和名佐

出雲大社
遙堪站
出雲文化傳承館
道の駅100選
みなゆき館

斐川
斐川
130
神名火山　武部峠

山陰自動車道

國道9號
三次市

B

出雲市
大田市

A

西出雲站

出雲IC

荒神谷史跡公園

A

184

26

雲南市
加茂中
幡屋站
25

赤名

三刀屋木次IC

自駕
路線概要

中海與宍道湖分別為日本海側面積第1大、第2大的湖泊。平原以這兩座湖泊為中心展開，形成一片閑靜又風光明媚的景色。在這段路上可以一邊欣賞湖國風景，順道造訪很受歡迎的水木茂之路的港口城鎮境港，還有風情萬種的城下町松江。

此外，從米子往境港延伸的國道431號邊的弓濱、海岸壯觀美麗的美保關，還有位於中海上的牡丹花產地大根島也都是不容錯過的景點。

面朝宍道湖的松江，是連市區都有運河環繞的水都。推薦大家先在湖畔的溫泉旅館過夜，再到城鎮中散步。品嘗「宍道湖七珍」，眺望沉入宍道湖中的夕陽，享受在湖畔的假日吧。

這裡為大家設定的行程雖然主要是在中海、宍道湖北邊遊覽的路線，但南邊也有許多像是八重垣神社、玉作湯神社等與神話或結緣有關的景點，有時間的話，也請務必去看看。

◎中海上的大根島是牡丹花的產地。牡丹園中有五顏六色的花朵盛開
◎連接境港和美保關的水道大橋
◎從松江城的望樓看到的宍道湖跟松江街景

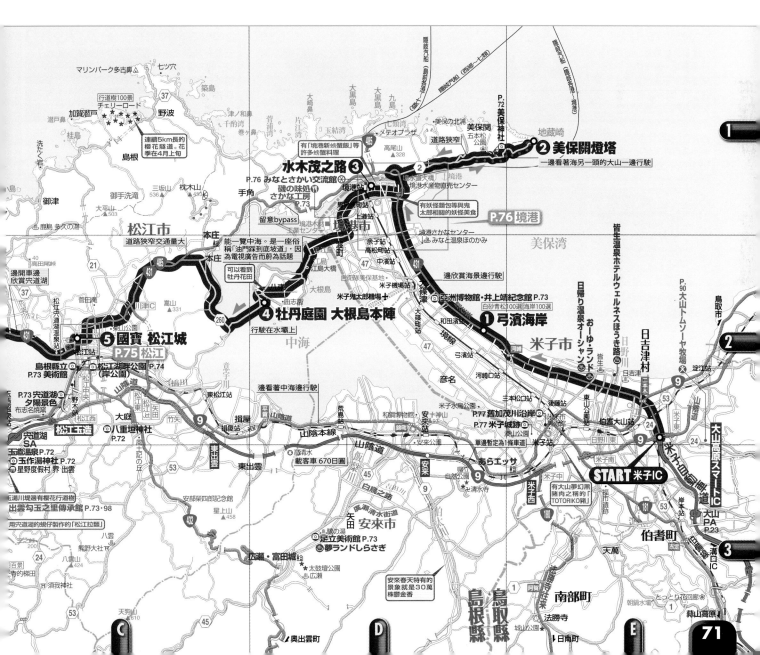

1 弓濱海岸
●ゆみがはまかいがん

☎0859-23-5211（米子市觀光課）

位於弓濱半島東側，分隔美保灣與中海的海岸，其長達20km的弧度就像弓箭般美麗。有入選「日本海岸百選」以及「日本白砂青松100選」。

P20輛（弓濱展望台停車場）

2 美保關燈塔
●みほのせきとうだい

☎0852-73-9001（松江觀光協會美保關町支部）

於明治31（1898）年完成，佇立於地藏崎的石造燈塔。入選「世界歷史性燈塔百選」。是一個可以看到壯觀的日本海景色，天氣好時還可以眺望到隱歧或大山的景觀勝地。

外觀自由參觀　P100輛

3 水木茂之路
●みずきしげるろーど

☎0859-47-0121（境港市觀光服務處）

出生於境港市的漫畫家水木茂的主題道路。從JR境港站向東延伸約800m的道路設有177座鬼太郎與其他妖怪的銅像。

©水木プロ

P266輛（30分以內100日圓，最初1小時200日圓，之後每1小時100日圓）

4 牡丹庭園 大根島本陣
●ぼたんていえんだいこんじまほんじん

☎0852-76-3399

大根島是山陰第一的牡丹花產地，區域內有一座在日本全國也算獨一無二的「熔岩庭園」，還有廣達20000m的「牡丹園」。此外，也有展示、販售有「游動的寶石」之稱的島根縣天然紀念物「出雲南金」金魚。

⏰9:00～17:00（4～6月期間為8:00～18:00）　休不定休　¥免費入園（僅4月中旬～5月上旬需付入園費500日圓）　P100輛

5 國寶 松江城
●こくほうまつえじょう

☎0852-21-4030（松山城山公園管理事務所）

在慶長16(1611)年由堀尾吉晴建造的城堡。由於屋頂的設計宛如千鳥展翅一般，又有「千鳥城」之稱。四層五樓的天守閣仍保留由桃山初期的城郭設計。從最高層樓下去，可以一覽松江街景。

⏰8:30～18:00（10～3月～16:30）　休無休　¥登閣費560日圓　P66（使用松江城大手前停車場／1小時300日圓，2小時500日圓，3小時600日圓，4小時700日圓）

6 一畑藥師
●いちばたやくし

☎0853-67-0111

位於一畑山上，可以一覽宍道湖景緻。信徒們相信這座寺廟是「目之藥師大人」，從全國各地前來參拜。約有1300階層的石造樓梯也很有名（可以開車到山頂附近）。

⏰自由入境（抄寫佛經不需預約，隨時都可受理。坐禪則至少需前一天預約10:30～與14:00～）　¥坐禪體驗500日圓，抄寫佛經1000日圓　P130輛

話題景點（松江・境港）
讓皮膚變好更添女人味&求得良緣，一次實現兩個願望！

有「神之湯」之稱的玉造溫泉自古以來就是知名的美肌溫泉，《出雲國風土記》（733年）甚至有記載這麼一段話：「入浴後，則形容端正；復沐浴，則萬病皆消」意思就是「泡一次後，容貌就變得更美麗；再泡一次，無論什麼疾病或傷口都治好了」。就連清少納言也曾在其著作《枕草子》讚賞玉造溫泉，是一個歷史悠久的名湯。

↑夜晚的玉湯川沿岸充滿溫泉風情

在這座玉造溫泉街裡，有一座玉作湯神社坐鎮於此。 這是一座以能幫助信徒實現願望的「願望石」聞名的古老神社，大家一定要去參拜看看，把護身符「實現石」（600日圓）帶回家。

松江附近還有其他可以占卜緣分等許多結緣景點，在泡完玉造溫泉、享受美肌溫泉後，就去繞繞這些結緣景點，締結良緣吧。

●神話之國 結緣觀光協會
HP➡http://www.en-musubi.net/
☎0852-55-5630

●たまつくりおんせん
玉造溫泉
☎0852-62-3300（松江觀光協會玉造溫泉分部）

由於是弱鹼性溫泉，因此有去除老廢角質的效果。不只如此，這裡的溫泉同時還有硫酸鹽溫泉的抗老效果，以及氯化物溫泉的保濕效果等，泉質兼具了各種美容效果。不負自古以來流傳至今「美肌之湯」之名的名湯。

P使用附近停車場　MAP 71C-3

↑「美保神社」祭祀能結祀各種緣的惠比壽神

●たまつくりゆじんじゃ
玉作湯神社
☎0852-62-0006

出現在《出雲國風土記》的古老神社，同時祭祀造玉之神和溫泉守護神。據說只要拿護身符小石頭「實現石」去碰觸神社境內的真玉「許願石」的話，所許下的願望就會實現，因此受到年輕女性等眾多人的歡迎。

自由入境　P20輛　MAP 71C-3

↑從神秘的許願石獲得力量後，把護身符帶回家吧

●やえがきじんじゃ
八重垣神社
☎0852-21-1148

由於這裡曾是神話《八岐大蛇》中，擊退大蛇的須佐之男命與稻田姬命一起建造新家的地方，於是便成了知名的結緣神社。在境內深處的鏡池可以進行緣分占卜，很受女性歡迎。將100日圓硬幣或10日圓硬幣放在占卜用紙上，再將這張紙放在水面上，越快沉下去，就越快得以締結良緣。

⏰自由入境，寶物館為9:00～17:00　¥寶物館200日圓　P100輛　MAP 71C-2

●みほじんじゃ
美保神社
☎0852-73-0506

本殿的建築樣式相當少見，是將兩棟大社造建築並排在一起的美保造建築。祭祀事代主神和大國主大神的妻子三穗津姬命，也是一座跟結緣有淵源的神社。推薦同時參拜出雲大社。

自由入境　P40輛　MAP 71D-1

景點資訊　賞花名勝　紅葉名勝　觀景點　有餐廳　有咖啡廳　有商店　有溫泉

景點 📷 MATSUE VOGEL PARK
まつえふぉーげるぱーく

📞0852-88-9800

五彩繽紛的花鳥樂園

全天候無休，放眼全世界也相當少見的花鳥樂園。在日本國內最大規模的展示溫室中，有一整年都會盛開數千品種的秋海棠、倒掛金鐘等各種花卉。此外在園內各處，還可以看到90種400隻的鳥類。

可以與珍奇的鳥類相見歡

⏰9:00～16:45(10～3月～16:15) 休無休 ¥入園費1540日圓 ₽250輛(2小時內免費，之後每小時200日圓) MAP 70B-2

景點 📷 島根縣立美術館
しまねけんりつびじゅつかん

📞0852-55-4700

建在宍道湖畔，夕陽景色很美麗的美術館

以「與水和諧共存」為主題的美術館，也有擺放許多雕刻作品在湖畔。從面向湖泊的大片入口大廳和餐廳看到的夕陽景緻格外漂亮。

大廳面湖的那一側是一整面玻璃牆

⏰10:00～18:30(3～9月的閉館時間為日落30分後，展示室入場受理至閉館30分前) 休週二(逢假日則翌平日休，可能會視企劃展展期等而變動) ¥免費入館(參觀展覽需付費) ₽230輛(3小時內免費，之後每1小時100日圓) MAP 71C-2

景點 📷 足立美術館
あだちびじゅつかん

📞0854-28-7111

仔細觀賞庭園和名畫

收藏近、現代日本畫、陶藝品、兒童畫等約1500項作品。美術館內有一座佔地50000坪的日本庭園，不僅連續14年獲美國庭園專刊評選為日本第一，還有入選法國「米其林綠色指南日本版」的三星景點。

借景自然山景的枯山水庭園

⏰9:00～17:30(10～3月～17:00) 休無休(僅新館有休館日) ¥入館費2300日圓 ₽400輛 MAP 71D-3

景點 📷 亞洲博物館·井上靖紀念館
あじあはくぶつかんいのうえやすしきねんかん

📞0859-25-1251

介紹亞洲大陸的文化

以與亞洲大陸的文化交流基地之姿，持續孕育文化的山陰地區特有的博物館。館內分為展示17、18世紀波斯錦布製品的波斯錦館和蒙古館、絣館等展區。附設井上靖紀念館。

展示蒙古游牧民的生活樣貌

⏰9:00～17:00 休週一(逢假日則翌日休) ¥入館費500日圓 ₽100輛 MAP 71D-2

景點 📷 島根縣立宍道湖自然館Gobius
しまねけんりつしんじこしぜんかんごびうす

📞0853-63-7100

提供學習、療癒空間的鹹淡水與淡水魚類水族館

展示在島根河川和宍道湖、中海裡棲息的生物，無論大人、小孩都能從中獲得樂趣的體驗學習型水族館。每週六、日、假日，還會舉辦「看看魚兒吃飯的樣子！」的解說活動。

重現宍道湖、中海的水槽很受歡迎

⏰9:30～16:30 休週二(逢假日則翌平日休) ¥入館費500日圓 ₽100輛 MAP 70B-2

玩樂 ✕ 出雲勾玉之里 傳承館
いすもまがたまのさとでんしょうかん

📞0852-62-2288

來製作天然石首飾還有勾玉吧

以出雲傳統工藝品：瑪瑙手工藝為主題的設施。裡面有介紹勾玉歷史的博物館，以及提供參觀的技巧熟練的工房。首飾製作體驗相當受歡迎。

商店有販售勾玉和能量石

⏰8:00～17:30(體驗受理時間為8:00～16:00) 休無休 ¥免費入館/勾玉製作體驗800日圓～ ₽40輛 MAP 71C-2

複合設施 夢港公園
ゆめみなとこうえん

📞0859-42-3705(境港管理組合)

可以享受多種樂趣的複合公園

從高約43m的夢港塔看過去，可以欣賞到360度的大全景。公園內有境港魚貨中心，販售新鮮的魚貨。餐廳美なと亭則有可享用到新鮮的海鮮料理。

夢港塔是標識

⏰9:00～18:00(10～3月～17:00) 休第2週三 ¥免費入館/夢港塔展望室入館費300日圓 ₽150輛 MAP 76

美食 ✕ そば縁
そばえん

📞0853-24-8288

大啖道地出雲蕎麥麵與當季漁產

位於出雲文化傳承館南側旁邊，可以品嘗到較粗又香氣濃郁的出雲蕎麥麵。搭配使用當地漁獲、和牛製作的當季和食的套餐也頗受好評。

三色割子蕎麥麵…1100日圓

⏰11:00～14:00、17:00～20:00 休週三(逢假日則翌日休) ₽30輛 MAP 70A-3

知道賺到

在湖畔兜風
盡情欣賞極美的夕陽景色

環 繞宍道湖的國道是能欣賞到湖畔風景的絕佳自駕路線。其中最漂亮的就是沒入湖中的夕陽景色，沿路還有許多家看得到美麗景觀的咖啡廳或瞭望景點。開向可以觀賞到以嫁島為背景的夕陽景色「宍道湖夕陽」，享受自駕之旅吧。

宍道湖夕陽
しんじこゆうひすぽっと

📞0852-27-5843(松江觀光協會)
自由入園 ₽免費(使用拍照停車場) MAP 71C-2

坐在可一覽湖面的窗邊座位上，享用自家烘焙咖啡 → 珈琲館 湖北店
在親水護岸下車，就可以眺望景色 → 千鳥南公園
有設置前往水邊的樓梯與步道 → 白潟公園
從大廳或草皮廣場可以看到夕陽 → 島根縣立美術館 嫁島
陽霸台的長度為110m，跟嫁島一樣長 → 宍道湖夕陽
一邊看著夕陽，一邊品嘗和菓子和抹茶享受療癒的時光 → 清松庵たちばな

畑電車北松江線 國賀 松江城
松江宍道湖溫泉站
松江中央
松江西
宍道湖
玉造溫泉站
山陰本線
松江玉造IC
山陰自動車道

美食 ✕ 磯の味処 さかな工房
いそのあじどころさかなこうぼう

📞0859-44-6344

境港直送保證新鮮的鮮魚料理

雖然這家店的店面給人優雅又高級的感覺，但卻以相當實惠的價格提供新鮮魚產給客人品嘗。有鮭魚卵、生海膽等約6種海產的海鮮蓋飯附茶碗蒸，分量十足。

海鮮蓋飯…1100日圓(材料售完打烊)

⏰11:00～14:00、17:30～21:30(材料售完打烊) 休週一、第1週二 ₽16輛 MAP 71D-1

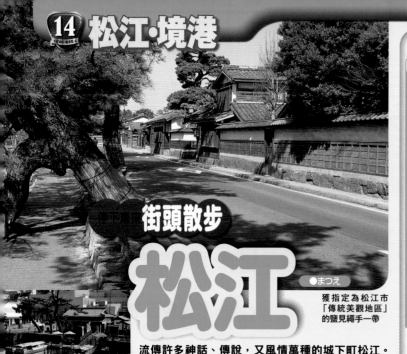

街頭散步

松江 ●まつえ

獲指定為松江市「傳統美觀地區」的鹽見繩手一帶

流傳許多神話、傳說，又風情萬種的城下町松江。一起去認識松平家第 7 代藩主松平不昧公所留下的茶湯文化，一邊欣賞宍道湖和堀川的美麗景色吧。

松江環遊堀川遊覽船的大手前乘船處

自駕 de 松江 MEMO

京橋附近有許多單行道，敬請留意交通號誌。松江城與城堡北邊的鹽見繩手獲指定為傳統美觀地區。把車停在松江城大手前停車場（☎0852-22-2242／1小時300日圓，2小時500日圓，3小時600日圓，4小時700日圓／67輛），從這裡開始散步吧。周遊巴士「松江Lake Line」也是很便利的交通工具。

景點 小泉八雲紀念館
こいずみやくもきねんかん

☎0852-21-2147

傳遞令全日本著迷的八雲熱情

小泉八雲（拉夫卡迪奧・赫恩）因著有「無耳芳一」和「雪女」等《怪談》而聞名，這座紀念館除了有以圖像跟影像介紹他的生涯與思想特色外，也可以聽到與山陰地區有關的怪談。

🕗8:30～18:10（10～翌年3月～16:40）休無休 ¥入館費400日圓 P136輛（使用市營城山西停車場／1小時300日圓，2小時500日圓，3小時600日圓）

展示八雲平常使用的物品與親筆手稿

景點 松江湖畔公園
まつえこはんこうえん

☎0852-55-5377（松江市公園綠地課）

眺望夕陽景色的絕佳景點

由宍道湖東岸的末次公園、白潟公園、岸公園、嫁島公園、袖師公園、千鳥南公園這六座公園構成的公園。其中在岸公園附近那一帶是欣賞以嫁島為背景的宍道湖夕陽景色的最佳地點。自由入園 P8輛（10:00～21:00）

被夕陽染紅的岸公園

MAP 71C-2

購物 彩雲堂
さいうんどう

☎0852-21-2727

專賣「若草」的老字號和菓子店

松江是與京都、金澤並列的和菓子之鎮，其中最有名的老店就是彩雲堂。取名自不昧公的和歌的招牌和菓子「若草」以軟嫩的求肥搭配黃綠色的寒梅粉外衣，是一道非常優雅的和菓子。🕘9:00～18:00 休無休 ¥若草1080日圓（6個裝）／朝汐821日圓（4個裝）P6輛

各種各樣的和菓子排列在一起

美食 松江 和らく
まつえわらく

☎0852-21-0029

使用山陰品牌食材製作的料理齊聚

可以品嘗到大和蜆仔、松葉蟹、白烏賊等宍道湖、日本海的四季漁產日本料理餐廳。能吃到在境港捕獲的紅頭矮蟹的「螃蟹華籠膳」相當受歡迎。🕚11:30～14:00、17:30～22:00 休無休 P8輛

螃蟹華籠膳（午餐限定）…3024日圓

美食 庭園茶寮 みな美
ていえんさりょうみなみ

☎0852-21-5131（松江宍道湖畔，皆美館）

從不昧公流傳下來的家傳料理

位於旅館「皆美館」1樓的餐廳，最有名的是不昧公也很喜歡的「鯛魚飯」。將鯛魚肉燥和過篩過的雞蛋、海苔、辛香配料等放在飯上，淋上秘傳高湯後享用。🕚11:30～14:30、17:30～20:30 休不定休 P18輛

鯛魚飯御膳「福」…2376日圓～

美食 川京
かわきょう

☎0852-22-1312

講究的宍道湖七珍料理頗受好評

位於京店商店街內，是一家只有吧檯的和食餐廳，可以品嘗到使用宍道湖七珍與用山陰當季美味製作的獨創料理。由於座位不多，建議事先預約較好。🕕18:00～21:00 休週日（逢假日則翌日休）P使用附近的收費停車場

救命蜆仔…961日圓

美食 浪花寿司
なにわずし

☎0852-21-4540

從創業以來傳承至今的松江名產

創業於明治時期的壽司店。最受歡迎的餐點就是在拌入香菇、竹筍等料的壽司飯上，放上甜鹹燉牛肉、蛋等配料的熱呼呼蒸壽司。塞進許多料的豆皮壽司也頗受好評。🕙10:00～14:10、16:30～19:40（售完打烊）休週四，每月有2次週三不定休 P3輛

蒸壽司…1100日圓

美食 出雲そばきがる
いずもそばきがる

☎0852-21-3642

用石臼磨粉、手桿的蕎麥麵有2種麵條口味可以選擇

店家主要使用當地產的玄丹蕎麥，用石臼親手研磨隨季節嚴選出來的國產蕎麥粉來製粉，並用完成的粉製成彈性十足的「全粒蕎麥麵」和相當順口的「剝殼蕎麥麵」，供客人選擇自己想吃的種類來品嘗。🕚11:00～19:00（售完打烊）休週二（逢假日有補休）P8輛

割子蕎麥麵三枚（全粒蕎麥麵）…810日圓

美食 八雲庵
やくもあん

☎0852-22-2400

在充滿風情的店內品嘗出雲蕎麥麵

位於武家宅邸林立的鹽見繩手中。店面從舊住宅建築物改造而成，並設有一座庭園，裡面還有一個鯉魚悠游其中的大池塘，看起來相當壯觀。客人可以一邊看著這座庭園，一邊享用美食。最推薦的菜色是三色割子蕎麥麵等。🕙10:00～14:30（售完打烊）休無休 P6輛

鴨肉南蠻麵…920日圓

咖啡廳 日本茶cafe Scarab別邸
にほんちゃかふぇすからべべってい

☎090-5707-4821

由茶飲名店打造的咖啡廳

由位於茶葉文化興盛的松江的老店「千茶莊」打造出來的新型態咖啡廳，經營概念為「和（日本茶）與咖啡廳的融合」。店內除了有提供用高品質茶葉泡出來的日本茶外，也有用抹茶製作的甜點。

抹茶百匯。也有提供多種飲料

⏰9:00～19:00 🈺週一（逢假日則營業）💴抹茶百匯680日圓 🅿116輛（使用京店商店街收費停車場，1小時200日圓，點餐超過700日圓30分免費）

咖啡廳 松江月ケ瀬
まつえつきがせ

☎0852-21-2497

在茶葉文化興盛的松江才有的和風咖啡廳

位於京店商店街的和風咖啡廳。店內所提供的煎茶套餐和抹茶套餐可依個人喜好選擇附贈的糰子口味，還可以試著自己泡茶、點茶。糰子使用奧出雲仁多米製作。

選擇自己喜歡吃的糰子口味，搭配抹茶一起享用

⏰10:00～18:00 🈺無休 💴煎茶套餐626日圓／抹茶套餐810日圓 🅿1輛

‼嘗試看看

搭乘小船，悠閒地享受城下町風情

如果你想悠閒地享受城下町風情，那松江堀川遊覽船會是相當適合你的選擇。遊覽船最多可以容納12人，主要行程內容為大約50分的環松江城護城河之旅。遊覽途中會穿過多達16座橋，其中也有較低矮的橋，這時候就能看到船降下遮雨棚的情景，別有一番樂趣。冬天的時候，船上還有暖桌可以使用。

松江堀川遊覽船

●ぐるっとまつえほりかわめぐり
☎0852-27-0417
（堀川遊覽船管理事務所）
⏰9:00～17:00（7・8月～18:00、10月11日～2月～16:00）🈺無休（天候不佳時會停駛）💴1日乘船票1230日圓 🅿使用附近的收費停車場

街燈造型也很獨特
的境港街道

街頭散步

境港

●さかいみなと

漫畫《鬼太郎》的作者水木茂先生就是在境港這座港口城鎮長大的。

自駕 de 境港 MEMO

從JR境港站延伸至水木茂紀念館的水木茂之路附近有許多停車場。使用境港站前停車場（☎0859-47-0121境港市觀光服務處／30分100日圓／127輛）等，在妖怪小鎮中散步吧。

景點 水木茂紀念館
みずきしげるきねんかん

☎0859-42-2171

妖怪世界的殿堂

既是漫畫家，同時也是妖怪研究家、冒險旅行家的水木茂以漫畫《鬼太郎》等聞名，這座紀念館為他的作品集大成，於平成15(2003)年開館。

⏰9:30～16:30（視時期而異） 休無休 ¥入館費700日圓 P無（使用附近的收費停車場）

大家熟悉的角色們齊聚一堂

玩樂 鬼太郎的妖怪樂園
あやしくたのしいくにげげげのようかいらくえん

☎0859-44-2889

可以跟妖怪人像拍紀念照

鄰近水木茂紀念館的迷你主題樂園。可以跟鬼太郎的家或是妖怪拍紀念照。裡面也有販售妖怪商品的商店和提供妖怪拿鐵的妖怪茶屋。

⏰9:30～18:00（視時期而異） 休無休 ¥免費入園，妖怪拿鐵470日圓（冰）、360日圓（熱） P無（使用附近的收費停車場）

有很多人會在室外的巨型荒骷髏體前拍照

複合設施 港境交流館
みなとさかいこうりゅうかん

☎0859-47-0121（境港市觀光服務處）

位於境港玄關口的複合設施

1樓設有妖怪郵筒以及提供觀光導覽手冊的觀光服務處、特產品和伴手禮賣場、壽司店，還有隱岐乘船處。4樓則是附三溫暖的泡湯設施。

⏰視設施而異 休無休 ¥視設施而異 P40輛

外觀為海浪與船群造型
設計奇特的建築物也很值得一看

美食 味處 みづき屋
あじどころみづきや

☎0859-44-9489

在水木茂之路中的海鮮蓋飯店

白天為海鮮蓋飯店，夜晚則變成居酒屋。蓋飯上豪放地放了嚴選的海鮮，連蓋飯用的醬油等都是店家自製的。相當推薦使用境港當日捕獲的7～8種海鮮製作的特選海鮮蓋飯。 ⏰11:00～15:00、17:00～21:00 休週一（逢假日有補休） P5輛

みづき屋特選海鮮蓋飯…2000日圓（有鮭魚卵）1600日圓（無鮭魚卵）

景點 妖怪神社
ようかいじんじゃ
☎0859-47-0520(eyeZ)

在不可思議的神社祈求開運

相當少見的祭祀妖怪的神社。神社中的御神體為3m高的黑色花崗岩和樹齡300年的欅樹，並由水木老師完成入魂儀式。在附設的商店裡有販售妖怪繪馬和護身符。

自由入境 ￥口袋御守每個650日圓
Ｐ使用附近的收費停車場

鳥居的橫木部分擺著用天然木做成的一反木棉

景點 境台場公園
さかいだいばこうえん
☎0859-47-0121(境港市觀光服務處)

8座鳥取藩砲台之一

在這座公園裡，有一座在文久3(1863)年，為應付黑船來襲而建的鳥取藩砲台。在公園東北方，還有另一座經修復完成的木造境港燈塔，據說那是山陰最古老的燈塔。　自由入園 Ｐ63輛

春天可賞美麗的櫻花

景點 正福寺
しょうふくじ
☎0859-42-3834

收藏了許多令少年時代的水木茂為之著迷的繪畫

為曹洞宗的禪寺。裡面收藏有令少年時代的水木茂為之著迷的《地獄極樂繪圖》，吸引水木茂的粉絲造訪。境內也有松尾芭蕉的句碑。
🕘9:00～17:00　休無休　Ｐ50輛

境內有立一座水木老師的石碑

景點 海洋與生活史料館
うみとくらしのしりょうかん
☎0859-44-2000

穿進幻想般的海洋世界

改造自古老釀酒廠的館內除了有漁船、魚類的剝製標本外，陳列著飄散著海洋氛圍的展品。館內蒐藏的標本數約有700種4000隻，數量為日本數一數二的多。🕘9:30～16:30(視時期而異)　休週二(逢假日則翌日休)　￥入館費400日圓　Ｐ有

不可錯過日本最大的2.8m曼波魚的剝製標本

購物 境港水產直賣中心
さかいみなとすいさんぶつちょくばいせんたー
☎0859-30-3857

活力十足的魚貨直銷市場

鄰近日本國內漁獲量多的境港漁港，裡面的魚貨都是剛競標、進貨的新鮮水產。冬天會吸引許多為了買螃蟹而為日本全國各地而來的客人。由市場開到下午4時為止，要早點前往。🕘8:00～16:00(部分店鋪有營業)　￥時價　Ｐ300輛

聚集眾多人潮的店內

購物 水木ロード 千代むすび岡空本店
みずきろーどよむすびおかそらほんてん
☎0859-42-3191

還可讓遊客參觀釀酒過程的釀酒廠

從慶應元年開始持續釀酒的老店，同時也因為是釀造當地名酒「千代結」的酒廠而聞名。千代結的口感辛辣但清爽，自古以來就是海上男兒必喝的酒品。
🕘9:00～17:00　休不定休　Ｐ10輛

妖怪壺裝當地名酒「千代結」系列2000日圓～(360ml、500ml)

購物 神戶ベーカリー 水木ロード店
こうべべーかりーみずきろーどてん
☎0859-44-6265

鬼太郎的角色造型麵包

妖怪造型的麵包很受歡迎。包著卡士達奶油餡的鬼太郎麵包的眼睛部分放了栗子餡在裡面，頭髮則包了咖啡奶油。包了香草奶油餡的塗壁造型麵包，則是由海綿蛋糕和麵包構成的。店內也有設內用區。🕘9:00～18:00　休週三(逢假日則翌日休)　Ｐ使用附近的收費停車場

麵包套餐1100日圓(5種裝)

購物 妖怪がまぐち
ようかいがまぐち
☎0859-42-3311

結合妖怪和日式花紋的可愛組合

販售詭異卻又可愛的「口金包」專賣店。傳統的日式花紋上畫有卡通人物的商品有多種樣式、尺寸可以選擇，來找找看自己喜歡的款式吧。
🕘9:30～17:00　休無休　Ｐ使用附近的收費停車場

梳型圓珠開口布花零錢包1個700日圓

美食 お食事処 かいがん
おしょくじどころかいがん
☎0859-42-4414

位於市場前方，充滿海潮香的食堂

位於境港水產物卸賣市場旁，提供新鮮的境港鮮魚料理。菜色從迷你海鮮蓋飯到定食、生魚片和烤魚等單品料理都有，種類相當豐富。
🕘7:00～15:00(週六、日、假日～16:30)　休週二(逢假日則營業)　Ｐ50輛

海岸定食…2700日圓(時價・不含稅)

美食 ごはん屋 漁火
ごはんやいさりび
☎0859-42-6039

精通松葉蟹的美味

提供的海產都是直接向漁夫進貨的，因此對新鮮度有絕對的自信與堅持。放上松葉蟹的蟹肉和蟹膏的著華蓋飯(期間限定)很受歡迎。9～11月會推出紅頭矮蟹蓋飯。🕘11:00～14:30、17:00～19:30(週六、日需預約，週三僅提供午餐)　休週四　Ｐ25輛

滿碗松葉蟹蓋飯(11月中旬～3月中旬)…3300日圓

👉 稍微走遠一些

保留城下町風情的商業都市不僅是合適的觀光據點也是享受散步樂趣的好地方

🚫 僅有高速公路米子IC，同時也是租車駕駛起點的JR米子站所在的米子市，是遊覽山陰之旅的玄關口。不管是在江戶時代時曾是裝滿前往中海船隻貨物小船來往的舊加茂川沿岸；還是留在慶長6(1601)年，由伯耆國城主中村一忠建設的山陰第一名城石牆的米子城遺跡等，都令人憶起往日榮華的街景，讓人忍不住想在其中漫步。

舊加茂川沿岸
きゅうかもがわぞい
☎0859-22-6317(米子市觀光服務處)
自由參觀(僅外觀)　Ｐ使用區公所停車場(1小時150日圓)　MAP 71E-2

海參牆土藏建築和連子窗住家讓人窺見昔時風景

米子城跡
よなごじょうあと
☎0859-23-5211(米子市觀光課)　自由參觀　休無休
Ｐ100輛　MAP 71E-2

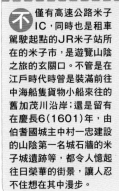

從山頂可以一覽城市街景、日本海、中海、大山

COURSE 15

◎ いずもたいしゃ・ひのみさき 書末地圖 **P.146**

出雲大社 日御碕

自駕重點
海岸美 夕陽 歷史探訪 美食 四季花卉

↑出雲大社神樂殿的大注連繩
←斐川町的鬱金香田

自駕路線概要

去以結緣之神聞名的出雲大社參拜完後，再驅車前往神社西北方的日御碕，沿著海邊自駕兜風。稍微走遠一點到東邊的宍道湖，就可以順道拜訪春天有鬱金香、夏天有向日葵的知名花卉產地斐川平原（出雲平原），以及以美人湯聞名的湯之川溫泉等療癒的景點。

◎佇立於斷崖上的日御碕燈塔

自駕路線

推薦！ 2天1夜

路線行車距離	約39km
路線行車時間	約1小時10分

START 山陰自動車道 **出雲IC**

11km 20分／ 337 431 一般道路 161 431

巨大的大注連繩令人印象深刻

1 出雲大社

10km 20分／ 29

漫步在海邊的遊步道上

2 日御碕

18km 30分／ 29 431 337

GOAL 山陰自動車道 **出雲IC**

自駕MEMO
●出雲大社附近在黃金週、過年期間會塞車。日御碕縣道29號有很多彎彎曲曲的路段

---

1 いずもおおやしろ
出雲大社
☎0853-53-3100 ✿

祭祀日本人熟知的「大國大人」大國主大神，據說能幫助結緣等各式各樣的事情。境內的本殿、拜殿、神樂殿等林立的景象看起來相當壯觀。參拜的方式是「二禮四拍手一禮」。
🕐自由入境，銅鳥居內為6:00～20:00 Ⓟ385輛

---

2 ひのみさき
日御碕
☎0853-54-5400（日御碕觀光服務處）📷

位於島根半島最西邊的海岸，奇岩峭壁等景觀相當吸引人。東洋第一高的石造出雲日御碕燈塔為國有登錄文化財。夕陽西沉的景緻看起來相當神聖，受指定為日本遺產。🕐參觀燈塔9:00～16:30 🚫無休（燈塔會臨時休息）💰燈塔參觀費200日圓 Ⓟ500輛

這裡也很推薦

美食 そばの加儀
そばのかぎ
☎0853-21-0659

守護出雲蕎麥麵傳統滋味的老店

創業於昭和初期的蕎麥麵店店面由白牆、格子門構成，看起來相當雅致。店家繼承自古以來的味道，長年來受到當地人的喜愛。甜的醬油和香氣濃郁的蕎麥麵相當搭。
🕐11:00～15:00 🚫週四（逢假日則營業）💰割子蕎麥麵750日圓／山蕎麥湯麵850日圓／善哉600日圓 Ⓟ3輛

話題景點 充滿溫度的器皿備受好評 來造訪人氣的窯戶吧

有「設計簡約，用越久越有味道」的評價，讓日本全國粉絲為之著迷的斐川町出西窯的陶器。這個窯戶是在昭和22（1947）年，由5個與陶藝完全無緣的20幾歲年輕人所開設的。直到現在，受到柳宗悅、河井寬次郎等人展開的民藝運動的啟示後，發展成由十名以上的工匠共同經營的窯戶，仍持續堅持製作出有溫度的生活器皿。在移建至米倉庫中的「無自性館」裡，可以買到能感受到工匠感情的盤子、碗和杯子。

融入日常生活的簡約器皿令許多人著迷

●しゅっさいがま
出西窯
☎0853-72-0239 🕐9:30～18:00 🚫週二（逢假日則營業）💰綠鐵砂吳釉血1296日圓～／咖啡碗盤3240日圓～ Ⓟ40輛

1:250,000　經典路線

START&GOAL 出雲IC

15 COURSE 出雲大社·日御碕

MAP 78

街頭散步

出雲 ●いずも

出雲大社附近有神話相關的景點，還有能學習到古代出雲歷史的博物館，充滿了許多看點。來到門前町的商店街時，一定要來看看出雲美食和結緣商品。

自駕 de 松江 MEMO

在「平成大遷宮」後，恢復延亨元（1744）年當時樣貌的御本殿（後方）和拜殿（前方）

出雲大社周邊有許多免費停車場。由於主要停車場出雲大社外苑停車場（☎0853-53-3100出雲大社／385輛）和神門通場在旺季時會有較多車潮，把車停在附近的停車場會比較方便。

咖啡廳

日本ぜんざい学会 壱号店
にっぽんぜんざいがっかいいちごうてん

☎0853-53-6031

神門通的善哉專賣店

在出雲大社神門通前的善哉專賣店。無論是紅白餅還是加入滿滿大納言紅豆的結緣善哉，吃起來都有很清爽的甜味。夏季也可以品嘗到冰善哉。

用奧出雲仁多米製作的烤麻糬的結緣善哉 600日圓

🕐10:00～17:00
休 不定休
Ⓟ使用附近停車場

咖啡廳

& mariage
あんどまりあーじゅ

☎0853-25-7557

與車站相通的人氣餐廳兼咖啡廳

與一畑電車出雲大社前站相接，坐在鐵軌那一側的話，就可以看到日本最古老的「電普荷50型電車」展示品。

使用當地食材製作的義大利麵和肉類料理、魚料理相當受歡迎。

人氣菜色神門蛋糕捲（附咖啡或紅茶）1000日圓

🕐11:30～17:00（晚餐需預約）
休 週二（假日除外）
Ⓟ使用附近停車場

景點

舊大社車站
きゅうたいしゃえき

☎0853-53-2112（出雲觀光協會）

歷史悠久的國家重要文化財

明治45（1912）年開業，之後在大正13年經過改建的車站建築。雖然車站本身於平成2年廢站，但建築物卻保留了下來，並開放給外界參觀。雖然車站外觀是純日式木造建築，但裡面卻掛著和風水晶燈，有摩登的氣氛。

為重要文化財的車站大樓

🕐9:00～17:00
Ⓟ150輛 MAP 78

景點

稻佐海濱
いなさのはま

☎0853-53-2112（出雲觀光協會）

日本全國的神明每年都會在這裡上岸一次

因為是出雲神話中「讓國神話」的舞台而廣為人知的海岸，也有入選日本海岸100選。在農曆10月10日，日本全國八百萬神會降臨此地，海岸上也會舉辦迎神儀式。

還有祭祀豐玉毘古命的弁天島

Ⓟ20輛 MAP 78

美食

そば処 かねや
そばどころかねや

☎0853-53-2366

出雲大社御用的老字號蕎麥麵店

創業於昭和4（1929）年，堅持蕎麥麵要現磨、現桿、現煮的「三現原則」。蕎麥麵醬汁湯中加入了沙丁脂眼鯡和日高昆布高湯，吃起來更濃醇甘甜。

🕐9:30～16:00
休 無休 Ⓟ8輛

割子蕎麥麵…750日圓

美食

大社門前えんむすびや
たいしゃもんぜんえんむすびや

☎0853-53-5041

大排長龍的飯糰店

為了祈求緣（圓）分，而捏成圓形的飯糰中，夾進了島根和牛等嚴選當地食材。白飯部分使用島根的名牌米：仁多米越光米。

🕐9:00～18:00、（12～翌年2月～17:00）
休 不定休
Ⓟ使用附近停車場

島根和牛沙朗牛排…630日圓

景點

島根縣立古代出雲歷史博物館
しまねけんりつこだいいずもれきしはくぶつかん

☎0853-53-8600

透過充滿魄力的展示品和影像感受古代的出雲

多達419件國寶銅劍、銅鐸、銅矛排列於一堂的景象，只能用壯觀來形容。此外，還有展示13世紀中期於出雲大社境內出土的出雲大社本殿的巨大柱子，充滿了各種看點。

一整面牆都是散發國寶光輝的壯觀景象

🕐9:00～17:30（視時期而異）
休 第3週二※有可能變更（逢假日則翌日休）
¥參觀費610日圓 Ⓟ244輛

伴手禮Get！

在神門通找到幫你締結良緣的幸福小物

在出雲大社參拜後，一定要來門前町尋找與結緣有關的伴手禮。有可以刻名字上面的「結緣筷子」，還有蘊含靈力的勾玉等，在齊聚各式結緣商品的店內，尋找你喜愛的商品吧。

最適合作為出雲大社參拜紀念品的結緣筷子（可以免費刻名字）650日圓～

緣結び箸 ひらの屋
えんむすびばしひらのや

☎0853-53-0013

🕐9:30～17:30（視時期而異）
休 無休 Ⓟ使用附近停車場

出雲大社 周邊圖 P.78

1:10,000
0　100　200m

大社町杵築東
素鵞社
文庫
彰古館
天滿宮
神樂殿
出雲大社御本殿
千家國造館
西十九社・東十九社
北島國造館
拜殿
銅の鳥居
神域入口佇立著一座青銅鳥居
出雲大社神樂殿
出雲教祖本社
命主社
神祜殿
縣社廳
祖靈社
開運殿
出雲大社資物館
真名井の清水
社家通り
觀光中心いずも
八雲 東店
會所
❶出雲大社
出雲大社連絡所
茶舖 眞正本店
松の馬場
鐵之鳥居後面，有日本名松百選之一的壯觀松樹行道樹連綿
出雲大社教祖社墓地
ますや旅館
離出雲大社正門很近的大型停車場。244輛，免費
勢溜大鳥居勢出雲大社的正門，筆直的參道從這裡延伸出去
看梅樓
俵屋菓舖 大鳥居店
離出雲大社最近的大型停車場。385輛，免費
島根縣立古代出雲歷史博物館
そば処 かねや
山陰合同
荒木屋
田中島医院
ラピタ
大島屋旅館
大社の祝凮 高橋
やしろや・ビジネスホテル
西光寺
吉野橋
大社門前えんむすびや
めのや 出雲大社店
さきたま-izumo- 神光寺
緣結び箸 ひらの屋
坂の下cafe morikame
竹野屋
日本ぜんざい学会 壱号店
いずも緣結び本舗
神門通りカフェポンム・ベエル
神門通り廣場
出雲そば おやき専門店絆屋
やまだ本舗
えびすや
出雲大社店
大社郵局
大社町杵築南
島根 & mariage

日御碕
縣社神庁
観光センターいずも
そば処おくに
八雲 東店

START&GOAL 出雲IC
一畑電車 大社線
出雲大社前站

いわみぎんざん 書末地圖 P.146•152

16 COURSE 石見銀山

自駕重點：海岸美　歷史探訪　街頭散步　溫泉　夕陽

↑石見疊浦的千疊敷獲指定為天然紀念物

自駕路線 推薦！ 2天1夜

路線行車距離 約109km
路線行車時間 約2小時50分

START 濱田自動車道 浜田IC

5km 15分／ 9 239

1 獨特景觀充滿魅力的海岸
石見疊浦

6km 15分／ 239 9

2 與超人氣小白鯨相見歡
島根海洋館AQUAS

28km 40分／ 9 202 236

3 位於石見銀山，曾繁榮一時的歷史溫泉療養地
溫泉津溫泉

10km 15分／ 236 202 9

4 以沙子為主題的獨特博物館
仁摩砂博物館

9km 15分／ 9 31

5 懷舊的商家與武家宅邸連綿
石見銀山

39km 55分／ 31 9

6 入選「日本夕陽百選」的美景
公路休息站 キララ多伎

12km 15分／ 9 337

GOAL 山陰自動車道 出雲IC

自駕MEMO
●從島根海洋館AQUAS到江津這段路是彎道少的快速道路，需留意自己的開車速度

自駕路線概要

從位處山野間、在16～17世紀時曾為世界第二大銀山而繁盛的銀之町，到曾以銀礦出貨港之姿與銀山一同發展的溫泉津溫泉、能看到多種海洋生物的島根海洋館AQUAS，以及白沙連綿的舒爽海灘等，石見地區有許多魅力十足的景點。這條自駕路線有濃厚綠意包圍的坑道遺跡、從日本海沿岸的國道9號眺望到的藍海與青空、隨著時間變換樣貌的美麗夕陽景色等，大自然與人們的生活融合，充滿了鄉愁。由於夏天時會擠滿來海邊玩的遊客，因此建議於春天和秋天時前來造訪。開車開累了，就來泡個溫泉療癒身心吧。

↑複雜的溺灣海岸綿延的溫泉津海岸
←從廣為人知的「鳴砂」海岸琴濱看到的夕陽

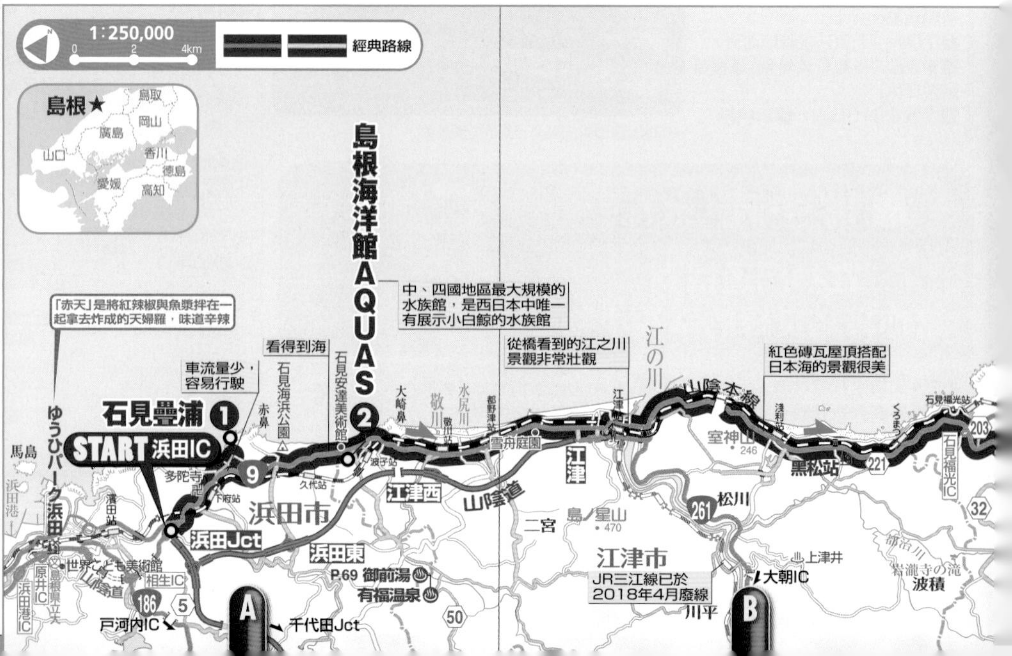
1：250,000
0 2 4km
經典路線
島根★
鳥取
岡山
廣島
山口
香川
愛媛
德島
高知
島根海洋館AQUAS
中、四國地區最大規模的水族館，是西日本中唯一有展示小白鯨的水族館
「赤天」是將紅辣椒與魚漿拌在一起拿去炸成的天婦羅，味道辛辣
看得到海
車流量少，容易行駛
從橋看到的江之川景觀非常壯觀
紅色磚瓦屋頂搭配日本海的景觀很美
石見疊浦 1
START 浜田IC
2
石見海浜公園
石見安達美術館
赤鼻
大崎鼻
敬川
水尻川
都野津站
雪舟庭園
江の川
山陰本線
江津
浅利站
石見福光站
くろまつ
室神山
246
黒松站
石見福光IC
203
221
32
馬島
ゆうひパーク浜田
浜田港
濱田站
多陀寺
下府站
久代站
波子站
9
浜田市
江津西
山陰道
浜田Jct
浜田東
P.69 御前湯
有福温泉
世界こども美術館
原井IC
島根県立大
相生IC
浜田港IC
186
5
戸河内IC
A
千代田Jct
50
二宮
島ノ星山
470
松川
261
江津市
JR三江線已於2018年4月廢線
上津井
大朝IC
B
川平
都治川
岩瀧寺の滝
波積

1 石見疊浦 いわみたたみがうら

☎0855-24-1085（浜田市觀光協會）

在這個景觀勝地，可以看到高約25m的壯觀礫岩、砂岩海蝕崖等斷層景觀。地上排列著彷彿疊掛岩般的圓石（團塊），形狀彷彿要鋪滿整片石板。
P 10輛（1次200日圓）

2 島根海洋館AQUAS しまねかいようかんあくあす

☎0855-28-3900

號稱中國、四國最大規模的水族館，展示有海獅、海豹、鯊魚等多種多樣的海洋生物，數量約有400種10000隻。2018年3月24日開始再度進行小白鯨表演秀。
🕐9:00〜17:00（暑假期間〜18:00）
休 週二（逢假日則翌日休）
¥ 入館費1540日圓
P 2000輛

3 溫泉津溫泉 ゆのつおんせん

☎0855-65-2065（大田市觀光協會 溫泉津支部）

位於石見銀山街道旁邊，街上有格子窗的民宅和白壁土藏連綿，是一個相當復古的溫泉勝地。充滿溫泉療養地的「真正的溫泉」，現在正是矚目焦點。街上有兩家風格純樸的公共溫泉。
P 7輛（使用ゆうゆう館停車場）

話題景點

在充滿江戶時代氣圍的街景中散步 想像昔日的熱鬧景象

由於一般車輛不能開進銀山與大森區域，所以要先把車子停進石見銀山世界遺產中心，搭乘路線巴士約5分後，就可以抵達保留有江戶時代的武家住宅與商家的山中城鎮大森。這座帶有懷舊氛圍的鎮內有壯觀的傳統建築林立，讓人得以窺見因淘銀熱而極盡繁華的往時景象。部分建築為公開設施，可以入內參觀。也有許多建築已被改造為古民宅咖啡廳或販售銀製品等的雜貨店，漫步其中相當有樂趣。

●おおもりのまちなみ

大森街景

☎0854-88-9950（大田市觀光協會）
P 400輛（使用世界遺產中心停車場）

在懷舊的街景中漫步，慢慢逛的話大約需要3個小時才能逛完

4 仁摩砂博物館 にまさんどみゅーじあむ

☎0854-88-3776

由6個四面皆為玻璃牆面的金字塔組成的沙子博物館。館內有一座以「琴濱」的鳴砂為主題，計時1年的沙漏，尺寸堪稱全世界最大。鄰近的「接觸交流館」可以進行3種玻璃工藝體驗。
🕐9:00〜16:30
休 週三（有變動）
¥ 入館費700日圓
P 200輛

5 石見銀山 いわみぎんざん

☎0854-88-9950（大田市觀光協會）

大永6（1526）年，博多富商神屋壽禎發現了這座銀山。到了江戶時代，這裡成了德川幕府的直轄領地，因此有了「榮華源頭」之稱。坑道以及大森的古老街道，令人憶起往昔面貌。平成19年，這裡也被列為世界遺產。
P 400輛（使用世界遺產中心停車場，搭巴士到大森需5分）

6 公路休息站 キララ多伎 みちのえききららたき

☎0853-86-9080

眼前就是一片平淺的海灘，吸引許多人來這裡戲水。除此之外，夕陽景色也很美，附近還有溫泉設施和小木屋等。
🕐9:00〜18:30（餐廳為11:00〜15:00、17:00〜20:00）
休 無休 ¥ 海鮮章魚燒（6個裝）450日圓／無花果霜淇淋300日圓等
P 167輛

這裡也很推薦

購物 しまねお魚センター しまねおさかなせんたー

☎0855-23-5500

有豐富種類的新鮮海產

鄰近濱田港，有許多現捕的漁產和加工品，其中還有可以品嘗到新鮮海產的餐廳，相當有人氣。
🕐8:30〜17:00（餐廳為11:00〜17:00）
休 週二（逢假日則營業）¥ 赤天550日圓／紅鱸定食2700日圓〜 P 200輛
MAP 151H-2

購物 和田珍味本店 わだちんみほんてん

☎0854-87-0030

將日本海的珍味帶回家

不僅有製造、販售石見名產「味酬河豚乾」和當地產品、海產外，還有提供當地名酒與陶器。商店位於可一覽日本海風光的絕佳地點，也有很多人在這裡拍攝紀念照片，店內有瞭望休息區。🕐9:00〜18:00 休 無休 ¥ 味酬河豚乾648日圓（48g）／河豚雜炊540日圓〜（1袋2人份）等 P 40輛

美食 路庵 ろあん

☎0855-65-2777

融入溫泉街中的現代風咖啡廳&酒吧

大翻修屋齡100年以上的古民宅，使之重獲新生的溫泉津咖啡廳&酒吧。提供使用當地的新鮮魚類、肉、蔬菜的獨創和洋折衷料理，種類相當豐富。🕐17:00〜23:00
休 週二，每月2天不定休 ¥ 生魚片時價／蛋包飯1000日圓／當日推薦500日圓等 P 使用附近的免費停車場

あきよしだい・はぎ（書末地圖 P.156・157）

17 COURSE 秋吉台・萩

自駕重點　歷史探訪　街頭散步　山岳景觀　玩樂　溫泉

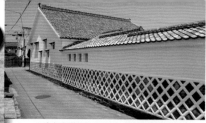

↑武家宅邸和町家並列，風情萬種的萩街景

自駕路線概要

土地生產力有毛利36萬石的長州藩城下町：萩，是高杉晉作和木戶孝允等幕末維新志士的故鄉。萩鎮裡有讓人彷彿回到從前的武家住宅林立，從山口市前往萩市的路線有小小的起伏，開起來頗有樂趣。在滿山綠意映入眼簾的山間道路旁，還有一條叫做萩往還的道路與之並行，這條路曾是古時候參勤交代或幕末志士來往的道路。雖然道路的樣貌隨著時間過去已經變了樣子，有些地方還是留有以前的樣貌。若要走訪高雅的萩鎮，就開上縱走秋吉台的喀斯特道路，享受舒爽的自駕感受吧。此外，也一定要去秋芳洞和景清洞看看。

↑彷彿將大草原與岩溝原縫合的喀斯特道路

自駕路線

推薦！ 2天1夜

路線行車距離	約92km
路線行車時間	約2小時25分

START 中國自動車道 **山口IC**

24km 40分／262　9　262

觀光導覽和販售特產品
① 公路休息站 あさひ

22km 35分／262　32　262　191

充滿江戶風情的街景
② 萩城城下町

24km 40分／191　262　32　262　32　490　28　239

無數化石的景象看起來相當神秘
③ 景清洞

11km 15分／239　242

石灰岩裸露出來的廣大喀斯特台地
④ 秋吉台

3km 5分／242

位於秋吉台地底下100m處的大鐘乳洞
⑤ 秋芳洞

8km 10分／242　435　小郡萩道路

GOAL 中國自動車道 **美祢東Jct**

自駕MEMO

●若不想去秋吉台，只想去萩的話，從中國自動車道美祢東JCT經過小郡萩道路前往比較近

---

① みちのえきあさひ 公路休息站 あさひ
☎0838-56-0278

位於國道262號旁，裡面設有特產販賣所、食堂兼咖啡廳，也有販售用當地採收的新鮮蔬菜和漬物等加工品，以及麻糬、便當等。
⏰9:00～18:00（11～2月～17:30、視星期幾、季節變動）　無休　佐並豆腐110日圓～、味噌（1kg）421日圓～　P34輛

② はぎじょうじょうかまち 萩城城下町
☎0838-25-1750（萩市觀光協會）

保留了江戶時代的武家宅邸和町家，風情萬種的城下町。在平成27年7月，以「明治日本的產業革命遺產」的構成遺產之一列入世界遺產。在菊屋橫町、江戶屋橫町、伊勢屋橫町裡，有菊屋家住宅、高杉晉作誕生地、木戶孝允故居等值得一看的景點。
自由參觀（進入設施需付入館費）　P146輛（使用中央公園停車場／1次310日圓）

③ かげきよどう 景清洞
☎08396-2-2201（景清洞導覽處）

據說這個鐘乳洞是當年平清盛（大庭景清）在壇之浦之戰中敗戰後的躲藏處。洞內有許多化石，因此被指定為天然紀念物。到了一般路線的深處，也有洞窟探險路線可以體驗，讓人享受刺激的樂趣。
⏰8:30～16:30（探險路線～16:00）　無休　入場費1000日圓（探險路線需再加300日圓）　P60輛

④ あきよしだい 秋吉台
☎0837-62-0115（美祢市觀光協會）

日本最大規模的喀斯特台地。海拔約200m高的台地草原上有突出的石灰岩，地底下還遍布受雨水侵蝕形成的鐘乳洞。廣達4500ha的台地被列為國家公園。
P100輛

⑤ あきよしどう 秋芳洞
☎0837-62-0018

總長度長達10.3km，是日本最大規模的鐘乳洞。列為特別天然紀念物。觀光線大約有1km長，最值得一看的就是彷彿一層層盤子堆疊在一起的百枚皿，還有高達15m的黃金柱。
⏰8:30～16:30　無休　入場費1200日圓　P550輛（1次400日圓）

話題景點　將表面平滑、觸感獨特的萩燒陶器帶回家

萩燒為知名的日本代表性陶器。豐臣秀吉出兵朝鮮時，毛利輝元將陶工李勺光、李敬兄弟帶回日本，此種陶器因此誕生。萩燒的特色就是燒好的陶器觸感柔軟，又有吸水性。因此用得越久，就會產生獨特的感覺。現在除了有萩燒茶具外，還有酒具、花瓶、咖啡杯等日常生活中也能使用的作品，在萩市內的商店或藝廊都有販售。此外，也可以參觀可以購買、體驗為陶器上色的窯戶「萩燒會館」。

はぎやきかいかん 萩燒會館
☎0838-25-9545

⏰8:00～17:00（體驗受理～15:30）　無休　陶器上色1200日圓～／手拉坯2000日圓～／轆轤4000日圓／不含稅，連費另計　P30輛　MAP 84D-1

在工作人員的指導下可以體驗手拉坯、為陶器上色、用轆轤做陶器

景點資訊　❀賞花名勝　🍁紅葉名勝　📷觀景點　🍴有餐廳　☕有咖啡廳　🏪有商店　♨有溫泉

景點 **大正洞**
たいしょうどう
☎08396-2-0605

在迷宮般的洞窟內探險

分為上、下兩層的鐘乳洞就有如立體迷宮般，上層叫做「極樂」，下層則叫做「地獄」。值得一看的景點有極樂的獅子岩、雪中松等。有免費出租解說用的隨身語音導覽機。

🕐8:30～16:30 休無休 ¥入場費1000日圓 P140輛

景點 **秋吉台自然動物公園**
あきよしだいさふぁりらんど
☎08396-2-1000

巨大猛獸帶來的魄力令人震撼

秋吉台國家公園內的野生王國。這座王國中的主角，就是60種600隻動物。遊客可以坐在車內近距離觀賞動物，其中能直接餵食猛獸的餵食巴士真的是魄力十足。🕐9:30～17:00（10～3月～16:30）休無休 ¥入場費2400日圓（餵食巴士需另付1100日圓）P800輛

美食 **きららオーガニックライフ**
☎08396-5-4001

有益身體的有機餐廳

午餐自助吧可以吃到提供20種以上運用天然食材販售設施內栽培的當季蔬菜、嚴選牛奶、雞蛋、肉等製作的料理。裡面也有附設市場。

🕐11:00～14:30（市場為10:00～17:00）休週二 ¥午餐自助吧1296日圓（週六、日、假日為1625日圓）P30輛

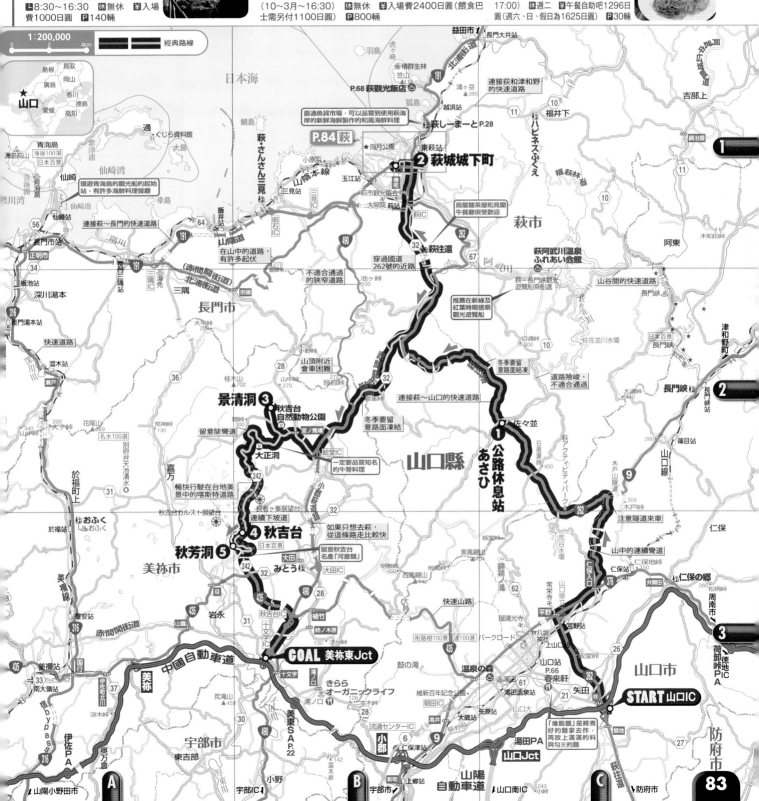

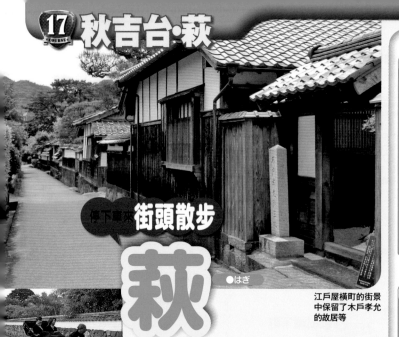

●はぎ

停下車來 街頭散步 萩

江戶屋橫町的街景中保留了木戶孝允的故居等

可以坐在人力車上優雅地遊覽城鎮

幕末維新志士輩出的城下町：萩。由於2018年是明治維新150週年，所以這裡也因為是維新的背景舞台之一而備受矚目。來造訪風情萬種的城鎮，散步一下吧。另外還有小京都津和野也很值得一去。

自駕 de 萩 MEMO

若想前往萩的城下町散步的話，把車停在中央公園停車場（☎0838-25-3104萩市都市計畫課／1次310日圓／146輛）比較方便。津和野則有町營停車場（☎0856-72-0652京津和野町商工觀光課／1次500日圓／76輛），在津和町立安野光雅美術館出示停車票券的話，就可以兌換免費參觀券。

景點 松下村塾
しょうかそんじゅく
☎0838-22-4643（松陰神社）

維新志士曾在此私塾讀書

當初是吉田松陰的叔父玉木文之進在自己家裡開設的私塾，後來在安政4(1857)年由松陰繼承這家私塾，培育了許多英才。高杉晉作、伊藤博文也曾在此學習，在歷史意義上這裡也是相當重要的地方。境內還有一座松陰神社。

僅外觀可以自由參觀 🅿100輛（使用松陰神社停車場）

2015年列入世界遺產

景點 菊屋家住宅
きくやけじゅうたく
☎0838-25-8282

能感受到毛利家家世的宅邸

菊屋家是萩藩一流的御用商人，在當時也是從幕府來的使者住宿用的本陣。5470m²大的寬廣腹地中，保留有主屋和米倉庫等，附近的菊屋橫町列為「日本道路100選」。

被指定為重要文化財

🕐8:30～17:15 休無休 ¥入場費600日圓 🅿5輛

景點 舊厚狹毛利家萩屋敷長屋
きゅうあさもうりけはぎやしきながや
☎0838-25-2304

萩現存的武家宅邸中規模最大的宅邸

厚狹毛利家的宅邸，宅邸始祖為毛利元就的五男：元秋，現在僅保留了安政3(1856)年建造的長屋，是萩現存的武家宅邸中最大的。被指定為國家重要文化財。

展示有當時的日用品等

🕐8:00～18:30(11～2月為8:30～16:30，3月為8:30～18:00) 休無休 ¥入場費100日圓（與萩城跡指月公園的共通票券210日圓） 🅿使用市營停車場(1次310日圓)

（地圖略）

景點 萩博物館
●はぎはくぶつかん

☎0838-25-6447

能學習到有關萩的一切的設施

建在江戶時代武家宅邸中的博物館。館內以實物資料和模型、看板介紹萩的自然環境與毛利氏260年來在當地所創下的政績、幕末維新的歷史。此外，也有展示高杉晉作的遺作。 ⏰9:00～16:30 休無休（9月有臨時休館）¥參觀費510日圓 P93輛（1次310日圓）

景點 萩城跡指月公園
●はぎじょうあとしづきこうえん

☎0838-25-1826

人人熟知的櫻花名勝史蹟

萩城曾為毛利家的居城，現在有一部分的護城河和城牆殘留在海拔143m高的指月山山麓上，本丸舊址則變成了指月公園，包含城跡在內的萩城成為當地居民熟知的場所。以約500株的櫻花為首，四季的花卉相當美麗。 下町列為世界遺產⏰8:00～18:30（11～2月為8:30～16:30、3月為8:30～18:00） 休無休 ¥入園費210日圓（與厚狹毛利屋敷長屋舊址相通） P使用市營停車場（1次310日圓）

萩 周邊圖 P.83
1:17,000
0　150　300m
←單行道

景點 山口縣立萩美術館 浦上紀念館
●やまぐちけんりつはぎびじゅつかんうらがみきねんかん

☎0838-24-2400

收藏有浮世繪、東洋陶瓷、陶藝品

出生於萩市的浦上敏朗所捐贈，於平成8年開設的美術館與紀念館。裡面除了有展示歌川廣重、葛飾北齋、歌川國芳等人的浮世繪版畫外，還收藏了來自日本、中國、朝鮮等地的東洋陶瓷和近現代陶藝作品。 具現代感的建築物令人印象深刻⏰9:00～16:30 休週一（逢節日、假日則開館）、更換展覽期間 ¥入館費300日圓（特展費用另計） P50輛

購物 彩陶庵
●さいとうあん

☎0838-25-3110

多樣的萩燒作品齊聚

除了有由萩市具代表性的作家所做的茶陶或雕塑作品外，還有許多出自年輕作家之手的獨特樂趣器皿等豐富生活和心靈的商品。在閣樓部分，還有販售染織配件與和風雜貨。 獨特的風味相當有魅力⏰9:30～18:00 休第1、3週三 ¥馬克杯1080日圓～ P5輛

購物 光國本店
●みつくにほんてん

☎0838-22-0239

夏蜜柑點心老店

販售使用萩特產夏蜜柑製作的點心的老店。在觀光旺季時很容易售罄，建議先預約。推薦的商品有包了羊羹的整顆醃漬夏蜜柑，和皮有用砂糖燉煮過的萩乃薰。 用夏蜜柑的皮包裹白羊羹而成的整顆醃漬夏蜜柑⏰9:00～18:00 休不定休 ¥整顆醃漬夏蜜柑1296日圓／萩乃薰540日圓～／夏蜜柑醬918日圓 P5輛

咖啡廳 カフェテリア異人館
●かふぇてりあいじんかん

☎0838-25-6334

用地下水泡的講究咖啡

雅緻的紅磚瓦外觀相當吸睛的咖啡專賣店。提供的咖啡有約30種，使用從地下40m處汲取的水來沖泡。除了有咖啡善哉外，還有其他餐點可以選擇。 咖啡微苦的風味和甜味相當合的咖啡善哉⏰9:00～17:00 休不定休 ¥混合咖啡450日圓／咖啡善哉650日圓 P10輛

美食 あじろ

☎0838-22-0010

好看又美味的細緻懷石料理

萩地區具代表性的懷石料理。使用8樣當地鮮魚和蔬菜製作的網代定食相當受歡迎，花上一天到兩天時間製作的昆布鹽漬馬頭魚（需預約）則是很纖細的一道菜。從12月底到10月底還有海膽料理可以品嘗。⏰11:30～14:00、17:00～21:00 休週三（逢假日則前一天或翌日休） P7輛

昆布鹽漬馬頭魚（特別菜單，需預約）…2000日圓～

美食 和食れすとらん中村
●わしょくれすとらんなかむら

☎0838-22-6619

盡情享用濃郁的萩海膽

氣氛沉靜的日本料理餐廳。提供的菜色從實惠的定食類到豪華的宴席料理都有，可以依據個人預算享用這裡的美食。生海膽快蓋滿整碗飯的海膽蓋飯一入口，獨特的海潮香和甜味就在嘴裡擴散。⏰11:00～14:00、17:00～20:00（7、8月～21:00，視時期而異） 休週三 P6輛

海膽蓋飯…3000日圓（時價，12月下旬～10月上旬）

美食 La Ceiba
●らせいば

☎0838-21-4331

使用有機蔬菜製作的無添加料理頗受好評

位於山陰地區萩市的田町商店街內，可以品嘗到當地以有機栽培蔬菜為主的健康料理。午餐的主菜每日替換，可以選擇萩產的新鮮海鮮、睦豬、義大利麵等。⏰12:00～14:00、18:00～21:00（週一～三僅提供午餐） 休週日、第3週一 P使用附近的免費停車場

蔬菜滿滿午餐（其中一例）…1000日圓

美食 網燒きレストラン 見蘭
●あみやきれすとらんけんらん

☎0838-26-0141

可以品嘗到從直營牧場送來的極品牛肉

由養育萩的特產牛：見蘭牛的牧場直營的餐廳。最推薦的菜色是當日所提供，能品嘗到5種稀少部位的奢侈見蘭牛選拼盤。⏰17:00～21:30（週六、日、假日需預約） 休週一（逢假日則翌日休） P40輛

見蘭牛特選拼盤…2160日圓（2人份起）

稍微走遠一些

租一台自行車遊覽山陰的小京都津和野吧

武家宅邸綿延的殿町通

津和野位在島根縣的西邊，與萩並稱為「山陰的小京都」。溝渠裡有鯉魚悠遊，加上白牆、海參牆連綿的武家宅邸遺址，以及古老的紅磚瓦商家，形成風情萬種的街景。特別是從站前到本町通那段路，以及連接到殿町通的路段就是津和野觀光的主要街道。津和野內有留有壯觀的大門「家老門」的武家宅邸、西洋哥德式建築樣式的津和野天主教教會，還有藩校養老院遍布其中，也可以騎著出租自行車在裡面遊覽。

津和野天主教教會為木造水泥牆面建築

本町通 ●ほんまちどおり
☎0856-72-1771（津和野町觀光協會） P除了町營停車場外，還可以使用附近的收費停車場 MAP 151F-4

殿町通 ●とのまちどおり
☎0856-72-1771（津和野町觀光協會） P除了町營停車場外，還可以使用附近的收費停車場 MAP 151F-4

津和野天主教教會 ●つわのかとりっくきょうかい
☎0856-72-0251 ⏰8:00～17:00 休無休 ¥免費參觀 P除了町營停車場外，還可使用附近的收費停車場 MAP 151F-4

舒爽的海岸景色讓海岸自駕旅充滿魅力

● つのしま・ながと 書末地圖 **P.156**

18 COURSE 角島・長門

⬆鳥居一路排列至海岸岩石那頭的元乃隅稻成神社

自駕路線概要

人氣景觀地角島大橋一帶，有許多一定要去看看的景點。一起來從長門環遊到角島，盡情享受極美的海景自駕之旅。造訪完童謠詩人金子美鈴的故鄉長門以及景色美麗的青海島後，再從仙崎穿過海岸邊，前往能俯瞰日本海的景觀勝地千疊敷。另外，如果往西沿著日本海朝下關前進的話，就可以渡過長長的橋來到與本州相連的角島，享受可以眺望蔚藍海洋的美景路線。也很推薦大家把長門湯本溫泉、俵山溫泉加入行程中，享受溫泉巡迴之旅。

自駕重點 🚗海岸美　🚶街頭散步　🍴美食　♨溫泉　🌅夕陽

⬆橫跨鈷藍色海洋的角島大橋是一個景觀絕佳的景點

自駕路線

推薦！ 2天1夜

路線行車距離	約 **152km**
路線行車時間	約 **3小時35分**

START 中國自動車道 **美祢IC**

40km 1時間／435 316 34 282 283

入選「日本海岸百選」的海岸
① 青海島

23km 35分／283 282 191 (北浦街道) 一般道路

海與天空構成的大全景
② 千疊敷

34km 45分／一般道路 191 275 276 (角島大橋) 276

海洋與白色沙灘交織而成的景色很美
③ 角島

55km 1時間15分／276 275 191 248 258

GOAL 中國自動車道 **下關IC**

自駕MEMO
● 在視野開闊的海岸線行駛時，要小心不要開太快
● 元乃隅稻成神社周邊的道路有些狹窄的路段，在假日時會塞車

① ●おおみしま 青海島

☎0837-22-8404 (長門市觀光會議協會) 📷

代表北長門海岸國家公園的景觀勝地。面向外海的東部、北部、西部有一片奇岩怪石連綿的動岩景象。海岸變化萬千，因此有了「海上阿爾卑斯」之稱。**P**150輛 (1天500日圓)

② ●せんじょうじき 千疊敷

☎0837-22-8404 (長門市觀光會議協會) ★ 📷

可以從位於海拔333m山丘上的大草原一覽日本海的景觀勝地。文殊蘭、杜鵑花、山茶花、茶梅等四季花卉相當美麗。**P**200輛

③ ●つのしま 角島

☎083-786-0234 (豐北町觀光協會) ★ 📷 🍴 🚻

日本海上周長約17km的島。全長1780m長的角島大橋將此島與角島連結在一起。鈷藍色的海相當美，從島那邊看到的夕陽景色尤其美麗。**P**島內隨處都有 (部分需收費)

景點 元乃隅稻成神社
もとのすみいなりじんじゃ

☎0837-22-8404（長門市觀光會議協會）

**如夢似幻的風景
讓這裡成了備受矚目的能量景點**

從島根縣津和野町的太鼓谷稻成神社分靈出來的神社。紅色的鳥居一路延伸至日本海岩石海岸的景象相當壯觀。
自由參拜
Ⓟ46輛

神社內小山丘中的鳥居上頭，有設置一個香油錢箱

景點 東後畑棚田
ひがしうしろばたたなだ

☎0837-22-8404（長門市觀光會議協會）

**入選日本梯田百景的
觀光勝地**

面向日本海的傾斜地上有無數的水田遍布，從5月中旬到6月上旬，田裡會注滿水，梯田與夕陽、漁火交織而成的風景格外美麗。
Ⓟ30輛

一片日本的原始景觀
是相當受歡迎的拍照景點

玩樂 青海島遊船行程
おおみじままくるーじんぐ

☎0837-26-0834（青海島觀光汽船）

**大自然打造出來的
魄力十足全景**

可以從海上眺望斷崖絕壁和洞門連綿的景觀勝地，還有青海島。路線基本上是環繞島嶼一圈，但也有可能會視天候與海上的狀況變更行程。

可以欣賞到有「海上阿爾卑斯」之稱的景觀

🕐8:40～16:00（約每隔1小時出航，視時期而異）
休無休　¥船票（周遊行程，約1小時20分）2200日圓　Ⓟ200輛

購物 Senzakitchen

☎0837-27-0300

**陳列著新鮮漁產與蔬菜的
「仙崎的廚房」**

於2017年10月開幕的仙崎地區交流據點設施。在直銷所中，除了有販售從生產者那裡直接運來的新鮮漁產和蔬菜、雞肉等外，還有特產仙崎魚板和乾貨等。

鄰近青海島觀光遊覽船的乘船處

🕐9:00～18:00（視店鋪而異）　休無休　Ⓟ100輛

咖啡廳 CAFÉ STRUGLLE
かふぇすとらぐる

☎0837-26-1550

**享用自家烘焙咖啡
小憩一會兒**

改裝自原為農協建築物的自助咖啡店。也有販售瓜地馬拉等地出產的自家烘焙咖啡豆。

寬敞的店內放置有木製家具

🕐10:00～19:00　休週四（逢假日則營業）
¥美鈴通混合咖啡400日圓　Ⓟ10輛

美食 さわやどり。

☎0837-22-7227

**賣點是有益身體的
健康料理**

使用嚴選調味料、不易氧化的米油、排毒效果高的雜穀、豆類、根莖類蔬菜製作而成的健康午餐頗受好評。可以均衡地品嘗到主菜、醋漬小菜、滷菜等約6種菜餚。

さわやどり午餐…890日圓

🕐11:30～16:30（午餐、便當售完打烊，便當可以先預約）　休週日、一、假日（有臨時休息）　Ⓟ10輛

美食 㐂樂
きらく

☎0837-26-1235

**在仙崎漁港捕獲
鮮度出眾的生海膽蓋飯**

位於民宿㐂樂1樓的餐廳，可以品嘗到海膽和烏賊等現撈漁產。建議將醬油、芥末與蛋黃拌入生海膽蓋飯內豪邁地享用。

生海膽蓋飯…2780日圓（依時價變動）

🕐11:00～14:30、17:00～20:00（10月～1月10日僅夜晚營業，採預約制，至少於前一天預約）
休不定休　Ⓟ15輛

美食 浜屋
はまや

☎0837-26-1436

**使用北浦產的生海膽製作的
元祖海膽釜飯**

就在青海島觀光基地前的餐廳。知名料理「海膽釜飯」將海膽與飯一起蒸熟後，再放上生海膽供客人享用，是一道可以盡情享用海膽的豪華美食。

海膽釜飯…3000日圓

🕐11:30～14:30、17:00～19:30　休週二（逢假日則翌日休）　Ⓟ5輛

話題景點 留有昔日湯治場風格的俵山溫泉

在於916年發現的溫泉，擁有數千年的歷史。溫泉街內約有22家溫泉旅館，以提供公共溫泉為主，但大多不是旅館內原有的溫泉，而是在戶外的公共溫泉設施，保留了溫泉街原本的形式。近代風格的公共浴場中也能以公共浴場方式使用的古老公共溫泉、露天溫泉和餐廳、直銷所等，在這裡盡情享受溫泉吧。

●たわらやまおんせんまちのゆ
俵山溫泉 町之湯
☎0837-29-0001（俵山溫泉合名會社）
🕐6:00～22:00　休一年2天不定休　¥入浴費420日圓，包租浴池（最多容納3人）1小時2500日圓　Ⓟ80輛

可以享受昔日湯治場的氛圍

●たわらやまおんせんはくえんのゆ
俵山溫泉 白猿之湯
☎0837-29-0036
🕐7:00～20:50　休一年2天不定休　¥入浴費730日圓（7:00～9:00、19:00～21:00為600日圓）　Ⓟ80輛

備有道地浴場
位於設施2樓的露天溫泉

📖知道賺到 漫步在童謠詩人金子美玲喜愛的城鎮中

以代表作《我、小鳥和鈴鐺》等詩作聞名的金子美鈴。早逝的她所做的作品近幾年被人們發掘出來，造成一大轟動。仙崎境內有一條長達1km、從站前延伸至青海大橋一端的「美鈴通」，曾在她的詩作中出現的極樂寺、祇園社就遍布其中。此外，金子美鈴紀念館除了設有重現金子美鈴老家的展區外，還有展示作品、照片等，讓遊客藉此了解金子美鈴的性格。快來這條充滿著昔風情的通道散步，尋訪美鈴的魅力吧。

金子美鈴紀念館
●かねこみすずねんかん
☎0837-26-5155
🕐9:00～16:30　休無休　¥入館費350日圓　Ⓟ10輛

可以從1樓的金子文英堂入館

位於金子文英堂2樓的美鈴的房間

美鈴通
●みすずどおり
☎0837-22-8404（長門市觀光會議協會）　Ⓟ100輛（使用Senzakitchen停車場）

穿過**娟姍牛**在吃草的**高原**以及被**靈峰**包圍的**山毛櫸林**

19 COURSE

● だいせん・ひるぜん 書末地圖 **P.148**

大山・蒜山

自駕重點 高原・牧場／山岳景觀／紅葉／玩樂／美食

⬆ 從鍵掛峠的展望台看出去，可以眺望到在大山與山腳下的原野上展開的山毛櫸林

自駕路線

推薦！ **2天1夜**

| 路線行車距離 | 約**44**km | 路線行車時間 | 約**1小時20**分 |

START 米子自動車道 蒜山IC

8km 15分／ 482 114 422

1 品嘗娟姍牛的美味 蒜山JERSEY LAND

10km 20分／ 422 114（蒜山大山Sky Line）

2 秋季時可以欣賞到美麗紅葉的景觀休息區 鬼女台

3km 5分／ 114（蒜山大山Sky Line）

3 充滿了戶外活動的樂趣 休暇村 奧大山

11km 20分／ 45（大山環狀道路）

4 可以看到大山粗獷的樣貌 奧大山鍵掛峠

6km 10分／ 45（大山環狀道路）

5 大山山麓上的廣闊高原 大山桝水高原

6km 10分／ 45

GOAL 米子自動車道 溝口IC

自駕路線概要

有娟姍牛悠悠吃草、充滿田園風情的蒜山高原；以及從原野擴展至日本海的壯闊大山。

說到中國、四國地方可以享受「高原風情」的地方，大山、蒜山區域可以說是首屈一指的選擇。區域周邊的空間廣闊又具有開放感，充滿了舒爽的氣氛。壯闊的大自然當然不用說，牧場的乳製品等美食也是這個區域的一大魅力。

先前往有放牧牛隻的蒜山JERSEY LAND，馳騁過蒜山大山Sky Line，經過景觀點鬼女台、鍵掛峠後，再前往大山桝水高原。可以欣賞到大山壯觀的景觀，以及新綠嫩葉、紅葉等四季各異其趣的大自然美景。在紅葉時期等假日時，會排滿前來踏青的自駕人潮，可能會不小心陷入塞車車潮中。

這種時候，可以利用大山西側或北側有許多開起來相當舒暢的舒適道路，雖然需要繞遠路，但可以享受無壓力的自駕之旅路線。

⬆ 從西側看到的大山正如「伯耆富士」之名，跟富士山如出一轍
➡ 烏山的瞭望停車場

自駕MEMO
● 縣道45號在黃金週或紅葉時期等，有些地方會塞車
● 奧大山附近的路線有許多彎道，要小心駕駛

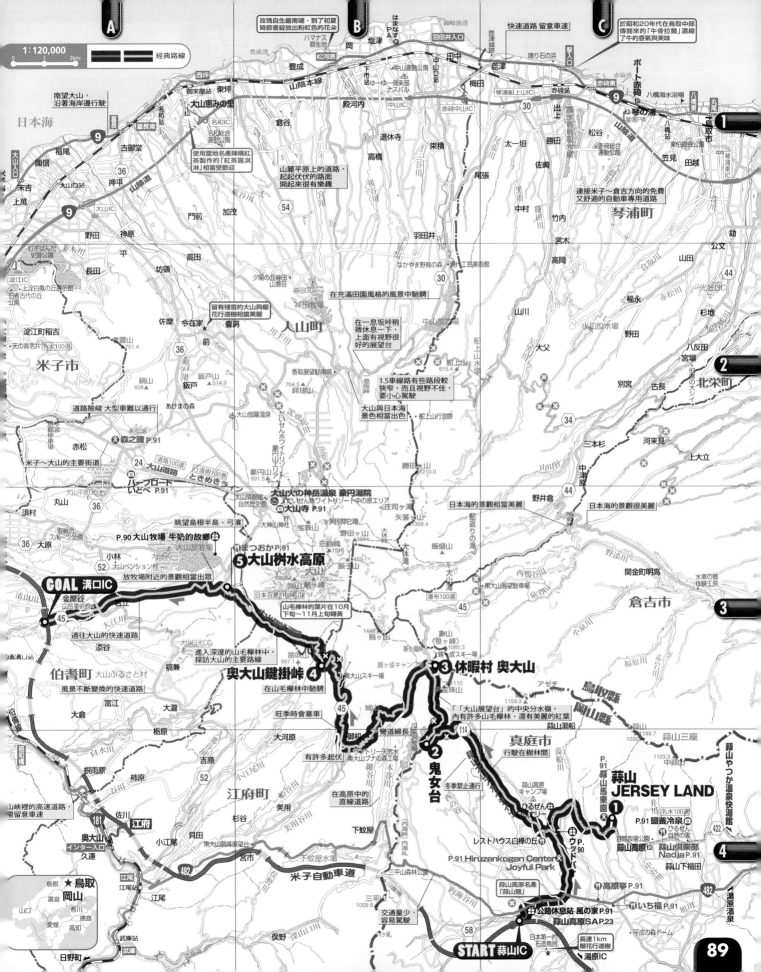

1 蒜山JERSEY LAND
●ひるぜんじゃーじーらんど

☎ 0867-66-7011

有設玻璃牆面、可以一覽高原景色的餐廳。用蒜山產的娟姍牛製作的香腸、搭配以濃郁牛奶自製的哥達起司享用的起司鍋非常受歡迎。

🕘9:00～17:00(1、2月為10:00～16:00)
休1、2月為週三(逢假日則營業) ¥起司鍋套餐(2人～)1人份1880日圓～ P200輛

2 鬼女台
●きめんだい

☎ 0867-66-3220(蒜山觀光協會)

設於蒜山大山Sky Line路上、海拔約900m高的鬼女台瞭望休息區、是可以看到大山和蒜山高原美麗景觀的景觀點、裡面也設有小小的商店。

自由參觀 P30輛 ※冬季(預計於12月中旬～4月上旬)禁止通行

3 休暇村 奧大山
●きゅうかむらおくだいせん

☎ 0859-75-2300

建在山毛櫸林環繞、海拔920m高的鏡成高原上、除了可以一邊享受森林浴一邊散步、還有地面高爾夫球、露營等娛樂。園區內還有一處有玉蟬花等山草盛開的濕原。

自由入園 P200輛

4 奧大山鍵掛峠
●おくだいせんかきかけとうげ

☎ 0859-75-6007(江府町觀光協會)

這個山頂為大山環狀道路的最高點、海拔有910m高。除了可以一覽大山南壁有如屏風般的岩石景象、還可看到山腳下的山毛櫸樹林。山麓平原上有深綠色樹海點綴的南壁真是絕景。特別是紅葉景色更是美麗。

P20輛

5 大山桝水高原
●だいせんますみずこうげん

☎ 0859-52-2420(桝水野外工作站)

位處大山西麓上的高原、從這裡看到的大山景色相當壯麗。從春天到秋天有天空纜車運行、可以前往海拔900m高的天空展望台一覽大全景緻。在2010年、這裡也獲認定為「戀人的聖地」。

P230輛

話題景點 大山・蒜山

前往自然產物豐富的大山、蒜山。 閑靜的牧場與美味的食物令人感動！

大山和蒜山上都有自然產物豐富的高原、閃耀著光輝的綠色草原上、還有放養的家畜在上面行走。以壯觀的群山為背景的田園風景、就彷彿繪畫般美麗。

大山上有觀光牧場「大山牧場 牛奶的故鄉」、蒜山上也有另一座牧場「蒜山JERSEY LAND」、在附設的商店和餐廳中、可品嘗到使用現擠牛奶製作的霜淇淋等乳製品或好吃的肉品。

前往牧場跟可愛的動物互動、看著美麗的草原景色療癒身心吧。

大山牧場 牛奶的故鄉
●だいせんまきばみるくのさと

☎ 0859-52-3698

牧場內有販售以自製乳製品為主的大山伴手禮商店、還有使用乳製品、縣產牛肉製作料理的餐廳和烤肉小木屋。還可以體驗用乳製品製作冰淇淋（需預約）。

🕘10:00～17:00 休第2、4週二(逢假日則營業)、12月上旬～3月中旬閉園 ¥乳製品製作體驗需付材料費等500日圓（需在一週前預約） P154輛 MAP 89A-3

大山高原牛奶、咖啡歐蕾➡每瓶1000日圓(900ml)（大山牧場牛奶之里）

⇧以大山為背景而建的紅色建築物

大山トムソーヤ牧場
●だいせんとむそーやぼくじょう

☎ 0859-27-4707

牧場內可以與各種小狗互動的「汪汪樂園」從小型犬到大型犬都有、還有飼養著袋鼠等約14種160頭動物的「咩咩樂園」、讓遊客可以與可愛的動物交流。週末則可以欣賞迷你豬賽跑或騎迷你馬、擠山羊奶等。

🕘9:00～17:00(夏季～18:00、冬季～16:00) 休週四(冬季會因維護休息) ¥入場費800日圓 P100輛 MAP 71E-2

⇧與羊駝拍紀念照&交流時間為每天13時～

WOOD PAO
●ウッドパオ

☎ 0867-66-4655

除了有現擠的娟姍牛奶外、還有使用娟姍牛奶製作的加工食品、蒜山洋酒等種類豐富的蒜山特產品可以選購。館內的餐廳則有成吉思汗烤羊肉（1人份、1380日圓）和娟姍牛烤肉（1人份、2070日圓）可供享用。

🕘9:00～16:00(週六、日～17:00、視時期變動) 休不定休(8月無休)、12月中旬～3月下旬休業 ¥娟姍牛優格108日圓／卡門貝爾起司1080日圓 P50輛 MAP 89C-4

⇧蒜山特產品齊聚的商店和餐廳

景點資訊 賞花名勝 紅葉名勝 觀景點 有餐廳 有咖啡廳 有商店 有溫泉

景點 HIRUZEN HERBGARDEN HerBill
●ひるぜんはーぶがーでんはーびる

📞0867-66-4533

一覽蒜山三座的香草園

這座植物園位於俯瞰蒜山高原一帶的山丘上，種有一整面以薰衣草為主的香草。裡面也可以品嘗到香草料理的餐廳，還有可以體驗製作花圈的手工藝工房等。

—整面都染上薰衣草的色彩

🕐4～11月為9:00～16:30（有季節性變動）
🈺期間中無休，12～隔年3月休
💴入園費300日圓
🅿80輛　MAP 148C-3

景點 ハーブロードいどべ

📞0859-53-8866

在香草的香氣中享受放鬆時光

位於大山原野上的觀光香草園，裡面有薰衣草、薄荷等200種香草。園內不但有提供香草茶，還有販賣香草苗，也有教授種植方法。能攜帶寵物入園。

一邊眺望庭園，一邊享受下午茶

🕐11:00～17:00（週六、日、假日為10:00～）　🈺12～3月休業　💴入園費500日圓　🅿30輛　MAP 89A-2

景點 鹽釜冷泉
●しおがまのれいせん

📞0867-66-3220（蒜山觀光協會）

用名水滋潤喉嚨

位於中蒜山登山口附近，中蒜山的伏流水湧出來的地方。水溫全年維持在11℃，每秒會湧出300公升清澈又好喝的水。入選日本名水百選。

充滿神秘的氛圍

🅿50輛　MAP 89C-4

景點 大山寺
●だいせんじ

📞0859-52-2158

曾為山岳佛教的修驗場而繁盛一時的寺院

建在大山山麓上的寺廟。創建於奈良時代，在平安末期、室町時代時曾為天台宗山岳佛教的修驗場，勢力龐大。

可看出平安時代的繁榮樣貌

🕐自由入境（寶物館為9:00～16:30）　🈺參拜費用（含寶物館）300圓　🅿400輛（使用公營停車場／僅12月24日～3月31日為1天1000日圓）　MAP 89B-3

玩樂 蒜山馬樂園
●ひるぜんほーすぱーく

📞0867-66-5116

從馬上看到的景色相當特別

鄰近蒜山JERSEY LAND的騎馬體驗設施。可以配合自己的程度挑選騎馬課程內容，即使是初學者也能安心挑戰。在步道上騎馬的迷你戶外騎馬行程相當受歡迎。

輕鬆享受騎馬樂趣

🕐10:00～16:00　🈺週三（逢假日則翌日休，黃金週或暑假期間無休，1、2月為週三、四休）　💴免費入園／迷你戶外騎馬行程（500m）2310日圓　🅿200輛（使用蒜山JERSEY LAND停車場）　MAP 89C-4

玩樂 Hiruzenkogen Center Joyful Park
●ひるぜんこうげんせんたーじょいふるぱーく

📞0867-66-3600

位於高原中的休閒樂園

可以玩到雲霄飛車、海盜船、急流獨木舟等遊樂設施。裡面也有附設販售乳製品與當地特產品的商店，還有飼育日本最大隻的大山椒魚。

刺激的蒜山雲霄飛車

🕐8:30～17:30（Joyful Park為10:00～17:00，視時期變動）　🈺不定休（Joyful Park在天候不佳時會休息）　💴Joyful Park入園費600日圓（各個設施需付額外費用）　🅿700輛　MAP 89C-4

購物 公路休息站 風の家
●みちのえきかぜのいえ

📞0867-66-4393

可以在這裡買到蒜山伴手禮

販售乳製品和工藝品等蒜山的特產品。直銷蔬菜也很受歡迎。在美食區還可以品嘗到蔚為話題的當地美食蒜山炒麵和霜淇淋。

就在蒜山IC旁邊

🕐8:30～17:00（視時期變動）　🈺無休（12月～2月為週三休，3月為第1、2週二休）　💴蒜山醃蘿蔔390日圓　🅿224輛　MAP 89C-4

玩樂 森之國
●もりのくに

📞0859-53-8036

刺激冒險精神的森林遊樂設施

西日本最大規模的森林遊樂設施。廣大的腹地內有大山與昆蟲2大路線，設有狗狗遊樂場和農場、戶外遊樂設施和露營設施，還有各種豐富的體驗課程可以玩。

無論大人或小孩都能玩得開心

🕐9:00～17:30　🈺週三（逢假日則營業）　💴入場費900日圓　🅿500輛　MAP 89A-2

這個想吃吃看

味噌醬汁香氣十足
來享用蒜山當地的家常味吧

蒜 山炒麵以成吉思汗烤肉醬以及味噌醬調味，並加了黃雞（老母雞）和蒜山高原的高麗菜當作配料而成。重現創始店「ますや食堂」滋味的「いち福」，還有使用嫩雞肉製作而成的原創料理相當受歡迎的「高原亭」等蒜山區域內，約10家店舖皆有提供此種料理。

いち福 ●いちふく
📞0867-66-5366
🕐11:00～14:00、17:00～20:00　🈺週一　🅿30輛
MAP 89C-4
蒜山炒麵
620日圓
特徵就是絕妙地將洋蔥與味噌搭在一起的醬汁

高原亭 ●こうげんてい
📞0867-66-3696　🕐11:00～14:30、17:00～20:30（週日僅提供午餐）　🈺不定休　🅿12輛
MAP 89C-4

蒜山炒麵
620日圓
使用嫩雞肉製作，小孩也容易入口

美食 まつおか

📞0859-52-2526

加了大量山菜的大山糯米飯相當有名

可以嘗到使用店主親自上山摘採的山菜和自家栽培的蔬菜製作的鄉土料理。加了約10種當季山菜蒸成的大山糯米飯很有人氣。

大山糯米飯…800日圓

🕐11:00～16:00　🈺不定休　🅿3輛　MAP 89A-3

美食 蒜山俱樂部Nadja
●ひるぜんくらぶなじゃ

📞0867-66-5433

一覽蒜山三座的咖啡廳兼餐廳

使用娟姍牛或大量蔬菜的兩種午餐菜色相當受歡迎。使用大量天然素材的店內還有附設藝廊。另外有3種1天限定1組客人使用的出租別墅。

骰子娟姍牛排…1680日圓

🕐11:00～16:00（17:00～為預約制）　🈺週五，冬季不定休　🅿8輛　MAP 89C-4

●とっとりさきゅう・たじまかいがん　書末地圖 **P.149**

20 COURSE 鳥取砂丘·但馬海岸

自駕重點

海岸美　街頭散步　玩樂　美食　溫泉

自駕路線

推薦！2天1夜

路線行車距離	約**112**km
路線行車時間	約**3**小時**5**分

START 鳥取自動車道 **鳥取IC**

10km 15分／29 9 265

在日本第一的砂丘玩耍
❶ 鳥取砂丘

12km 20分／265 9 178

奇岩與斷崖交織的景勝之美
❷ 浦富海岸

13km 20分／178 127

綿延的洞門與複雜的海岸線
❸ 濱坂海岸

24km 35分／260 178（但馬漁火Line）11

可以以便宜的價格買到現撈的漁產
❹ かすみ朝市センター

16km 30分／11

同時也是熱門海水浴場的美麗海邊
❺ 竹野海岸

15km 30分／11 3

享受外湯巡禮
❻ 城崎溫泉

22km 35分／3 312 482

GOAL 北近畿豐岡道 **日高神鍋高原IC**

自駕MEMO

●山陰近畿道余部IC～新溫泉浜坂IC 於2017年11月開通

●國道178號前往兵庫縣濱坂海岸 的道路交叉口附近在海水浴季節時 會塞車

↑風紋點綴著寬廣的砂丘，如此壯觀的景象只有這裡才看得到

↑城崎海洋世界裡有舉辦各種海洋生物的表演秀
↖鳥取砂丘的駱駝騎乘體驗相當有人氣
←山陰知名的代表性景觀勝地：浦富海岸

自駕路線概要

這條自駕路線沿著日本海，從一整片由風創造出來如幻想般的空間：鳥取砂丘一路往東行駛。複雜的溺灣海岸一路從浦富、濱坂，綿延至香住、竹野一帶，路上除了有若隱若現的險峻岩石海岸、靜靜地佇立在海灣中的沙灘，還有許多捕螃蟹的漁港。風光明媚的但馬海岸充滿了日本海側少見的明亮氛圍。

無論是有但馬火Line之稱的國道178號，還是從竹野延伸至城崎溫泉的但馬海岸道路都是舒適的雙車道公路，可以讓遊客享受舒爽的海岸自駕之旅。尤其是但馬海岸道路更是美景連連。路上還有早市かすみ朝市センター，如果想買現撈的日本海海產，就去看一看吧。

雖然這個區域的旅遊旺季是去海邊玩水的夏季還有螃蟹盛產的冬季，但還是最推薦大家在春天～初夏時前往。除此之外，這個區域除了有名的城崎、湯村等之外，附近也有許多溫泉，這點也相當吸引人。一定要在這兩個地方之一住一晚，悠閒地享受當地的風景、物產與美食。

1 鳥取砂丘
とっとりさきゅう

📷🍴☕️🎁

☎0857-22-3318（鳥取市觀光服務處）

為日本最大規模的砂丘，是鳥取縣中具代表性的景點。風紋、砂簾等因為風和潮水不斷流動而形成的砂子紋路，真的就像一幅由大自然創造的壯觀藝術品。

Ｐ300輛（使用市營停車場／1次500日圓）

2 浦富海岸
うらどめかいがん

✿📷

☎0857-72-3481（岩美町觀光協會）

東西長15km的美麗溺灣海岸。可以搭乘遊覽船遊覽海岸風光，或是漫步在景觀極佳的自然探訪道路。海水浴場的海水深度淺，透明度又高，到了海水浴季節會擠滿了來玩水的遊客。

Ｐ300輛（僅夏季1次1000日圓）

3 濱坂海岸
はまさかかいがん

📷

☎0796-82-4580（濱坂觀光協會）

海岸一帶呈現多斷崖、奇窟、奇岩的景觀。濱坂海岸上有同時是名勝，也是天然紀念物的「但馬御火浦」等景觀，受到海侵蝕而成的岩礁和洞門連綿，可以說是山陰海岸國立公園的中心。

Ｐ200輛（僅7、8月為1次1000日圓）

4 かすみ朝市センター
かすみあさいちせんたー

🎁

☎0796-36-4500

位於香住東港的海產直銷中心。裡面有7家當地鮮魚販進駐，特別是早上時的景象生氣蓬勃。因為可以用實惠的價格購買海鮮，所以聚集了許多來自縣外的客人。

🕐8:30～15:00（11～3月的週日、假日～16:00）休無休 ¥宗八鰈一夜干一串1000日圓～ Ｐ100輛

5 竹野海岸
たけのかいがん

📷

☎0796-47-1080（竹野觀光協會）

為「快水浴場百選」之一，裡面有山陰地區首屈一指的海水浴場。東西長達4km的海岸線上，有如貓咪趴著般的貓崎半島、「hasakari岩」、「淀之洞門」等，美麗的景觀連綿不斷。

Ｐ1000輛（僅夏季為1次1500日圓）

6 城崎溫泉
きのさきおんせん

🍴☕️🎁♨️

☎0796-32-3663（城崎溫泉觀光協會）

位於大谿川邊，旅館櫛比鱗次的傳統溫泉街。區域內有7個外湯（地藏湯、柳湯、曼陀羅湯、御所之湯、鴻之湯、一之湯、里湯），最有名的就是可以穿著浴衣遊覽的外湯巡遊。

Ｐ30輛（使用附近的市營停車場／1小時以內免費，之後每30分100日圓）

話題景點
鳥取砂丘·但馬海岸

遍布在但馬海岸周邊 在溫泉鄉享受外湯巡禮吧！

從浦富海岸至城崎這一帶的海岸線與其周邊，遍布著歷史悠久的傳統溫泉地。各家溫泉設施裡有許多可以當日來回的外湯，非常適合在自駕途中拜訪，消除旅途的疲勞。

在離浦富海岸很近的寧靜山地中，有一個留有奇特習俗「Yukamuri」的純樸溫泉鄉：岩井溫泉（→P.69）。

日本松葉蟹的魚獲量數一數二多的濱坂港南方的群山中，還有「湯村溫泉」。其中有98℃高溫溫泉湧出的源泉「荒湯」，可以在此看到用溫泉水煮雞蛋或蔬菜的情景，充滿了溫泉風情。

再往東走，就是山陰地區首屈一指的名湯：城崎溫泉。在溫泉街裡的7座外湯中，有庭園露天溫泉、木桶溫泉、洞窟溫泉等，可以享受各式各樣的溫泉風情。大部分的旅館只要有住宿，都有附贈外湯巡遊券。

有許多遊客穿著浴衣進行外湯巡禮的城崎溫泉

★湯村溫泉的外湯

REFRESH PARK YUMURA
☎0796-92-2002
🕐10:00～19:00（有冬季營業時間）休週四（逢假日則翌休，春、夏、寒假期間無休）¥入浴費1100日圓 Ｐ80輛 MAP 93C-2

●やくしゆ
藥師湯
☎0796-92-1081
🕐7:00～22:30 休每月15日（逢週四、六、日、假日則翌日休）¥入浴費500日圓 Ｐ47輛（2小時以內免費）MAP 93C-2

↑源泉「荒湯」周邊有賣雞蛋和蔬菜，可以體驗用溫泉水燙熟食材

★城崎溫泉的外湯
Ｐ92輛（使用附近的市營停車場／1小時以內免費，之後每30分鐘100日圓）

●こうのゆ
鴻之湯
☎0796-32-2195
🕐7:00～22:40 休週二（逢假日則營業）¥入浴費600日圓 MAP 93D-1

●まんだらゆ
曼陀羅湯
☎0796-32-2194
🕐15:00～22:40 休週三（逢假日則營業）¥入浴費600日圓 MAP 93D-1

●いちのゆ
一之湯
☎0796-32-2229
🕐7:00～22:40 休週三（逢假日則營業）¥入浴費600日圓 MAP 93D-1

→「一之湯」裡充滿神秘感的洞窟溫泉

●やなぎゆ
柳湯
☎0796-32-2097
🕐15:00～22:40 休週四（逢假日則營業）¥入浴費600日圓 MAP 93D-1

●さとのゆ
里湯
☎0796-32-0111
🕐13:00～20:40 休週一（逢假日則營業）¥入浴費800日圓 MAP 93D-1

●じぞうゆ
地藏湯
☎0796-32-2228
🕐7:00～22:40 休週五（逢假日則營業）¥入浴費600日圓 MAP 93D-1

●ごしょのゆ
御所之湯
☎0796-32-2230
🕐7:00～22:40 休第1、3週四（逢假日則營業）¥入浴費800日圓 MAP 93D-1

景點 鳥取砂丘 砂之美術館
とっとりさきゅうすなのびじゅつかん

📞0857-20-2231

**世界第一座
展示砂像的美術館**

秉持著用人的力量也可以用沙子創造出嶄新的造型之美，並為世界帶來感動，展示世界級的雕刻作品。

細緻又動感的砂像

🕐9:00～17:30　休無休　¥600日圓　P200輛
MAP 92A-2

景點 城崎海洋世界
きのさきかいりんわーるど

📞0796-28-2300

**不只能觀賞
還可以體驗的水族館**

在水族館與館前的海洋相通的釣魚池釣竹筴魚體驗相當受歡迎，釣到的竹筴魚還可以當場做成天婦羅品嘗。可以近距離觀賞北海獅潛水或海豹攀岩的海獸秀，魄力十足。

釣竹筴魚體驗（釣竿1隻650日圓　加工成天婦羅的費用為1隻50日圓）

🕐9:00～17:00（夏季→18:00）　休無休　¥入園費2470日圓　P1000輛（1天700日圓）　MAP 93D-1

購物 マル海 渡辺水産
まるかいわたなべすいさん

📞0796-82-5001

也可以用餐的海產直銷所

位於濱坂港中的海產百貨。現撈等，百貨內排滿了山陰地區的海中美味。2樓和6樓設有餐廳，可以品嘗到新鮮的海鮮料理。

放滿了現撈的海產

🕐8:00～17:00（餐廳為11:00～15:00、17:00～21:00）　休無休　¥一夜干1000日圓～　P70輛
MAP 92B-1

美食 花のれん 本店
はなのれんほんてん

📞0857-23-0494

**以宴席料理的形式
品嘗山陰海產**

利用當地物產做成料理的宴席料理名店。山陰當季的美味盛裝在器皿中，色彩相當鮮豔。午餐時段可以用實惠的價格品嘗到午間定食或當季料理。晚餐時段則有當地名酒供客人搭配宴席料理享用。

螃蟹飯定食（僅午餐時段提供）…2800日圓

🕐11:00～14:00、17:00～21:30（週日僅有午餐時段。若週一是假日且在連假期間，週日就照正常營業時間營業，連假最後一天才僅提供午餐）　休無休　P7輛　MAP 92A-2

美食 旬魚 たつみ
しゅんぎょたつみ

📞0857-72-8700

**來自日本全國的客人慕名而來
人氣海鮮割烹料理**

可以品嘗到由曾為漁夫的老闆嚴選出來的頂級海鮮。最推薦的料理是放上最好吃的當天現撈產的當季海鮮蓋飯。還有提供種類豐富的鳥取名產「Nebarikko」山藥及鳥取和牛等御膳。

猛者海老蝦御膳（10月中旬～翌年5月左右，限定10份）…1600日圓

🕐11:30～14:00、17:00～21:00　休週二（逢假日則翌日休）　P12輛　MAP 92B-1

美食 をり鶴
をりづる

📞0796-32-2203

食材的新鮮度頗受好評

有「說到城崎就要來這家店」如此好評的壽司店。使用的壽司配料都是天然的活魚。搭配鹽與檸檬享用白烏賊與白肉魚的上等握壽司相當有人氣。冬天還有提供螃蟹料理。

上等握壽司…3990日圓

🕐11:00～13:30、17:00～20:30　休週二　P5輛　MAP 93D-1

美食 あじろや
📞0857-73-1212（山陰松島遊覽）

**在網代漁港捕獲的海鮮
堪稱極品**

位於周遊浦富海岸島的遊覽船乘船站內，可以品嘗到在網代漁港撈到的極新鮮烏賊做成的料理。除了名產墨魚咖哩飯，燉魚肉、炸物等海鮮定食也很受歡迎。

墨魚咖哩飯…650日圓

🕐11:00～14:00　休無休（冬季會臨時休息）　P100輛　MAP 92B-1

美食 吾妻そば
あづまそば

📞0857-23-0186

**鳥取市內僅此一間
可以吃到出雲蕎麥麵的店**

繼承在島根縣境內的吾妻山中經營蕎麥麵店的前一代老闆製作的美味，代代相傳出雲滋味的蕎麥麵店。帶著獨特的黑色又香氣十足的出雲蕎麥麵，與慢火細熬一整晚的甜辣醬油相當絕配。

自選割子蕎麥麵…950日圓

🕐11:00～20:00（週六、日、假日→16:00）　休週三（逢假日則翌日休）　P5輛　MAP 92A-2

‼嘗試看看

在日本最廣大的砂丘中
體驗來到沙漠的氛圍

放 眼望去除了沙子、沙子，還是沙子。鳥取砂丘正是日本規模最大的巨大沙漠。遊玩鳥取砂丘的方式有許多種。首先，先觀賞因風形成的風紋，還有沙子流下傾斜面的砂簾等大自然鬼斧神工。然後最適合作為旅途回憶的，就是乘坐在駱駝上遊覽砂丘的行程。其他還可以挑戰滑沙，或是觀察砂丘特有的植物與生物、在異國般的風景中拍照…等充滿各種樂趣。

騎上駱駝，一覽壯觀的砂丘吧

一邊控制滑沙板一邊滑下來

駱駝騎乘體驗 らくだのりたいけん

📞0857-23-1735（駱駝屋）

🕐9:30～16:30（12～2月為10:00～16:00、視天候變更）　休無休（雨天、強風時中止）　¥單人騎乘1300日圓／騎乘在駱駝上拍攝紀念照500日圓（黃金週、暑假期間大人可能無法遊覽）　P80輛　MAP 92A-2

滑沙

📞0857-30-1991（鳥取砂丘滑沙學校）

🕐3月上旬～9月9:00～18:00，10～12月下旬9:00～17:00（一天有3個梯次，所需時間約為2小時，需預約，由駱駝屋休息室受理）　休期間中無休（天候不佳時中止）　¥體驗費用3500日圓（含保險、用具）　P80輛（使用駱駝屋停車場）　MAP 92A-2

とうごうこ・はくとかいがん **書末地圖 P.148・149**

21 COURSE 東鄉湖・白兔海岸

←位於東鄉湖湖畔的足湯「鯉之湯」

↑魚見台的覗岩

自駕路線

推薦！2天1夜

- 路線行車距離 約**86km**
- 路線行車時間 約**2小時5分**

START 鳥取自動車道 鳥取西IC

11km 20分 ㊾ ㉑ ⑱① ㉖④ ⑨

據說是因幡之白兔傳說的舞台
1 白兔海岸

11km 15分 ⑨

從展望台看到的海景超群
2 魚見台

64km 1小時30分 ⑨ ㉒ ㊳ ㉛② ㉛③

GOAL 米子自動車道 湯原IC

自駕MEMO
●由於視野開闊，要小心過度加速

自駕重點 海岸美 街頭散步 溫泉

↑設有童謠「大黑天」歌碑的白兔海岸

自駕路線概要

白兔海岸是神話《因幡之白兔》的背景舞台。沿著美麗白沙海邊馳騁過舒暢的國道9號，以自駕的方式前往東鄉羽合溫泉的東鄉湖，以及保留有白壁土藏建築的倉吉吧。三朝等地區是溫泉聚集的區域，來這些地方享受溫泉巡禮也很好玩。

---

1 白兔海岸 はくとかいがん
☎0857-22-3318（鳥取市觀光服務處） ✿ 🍴 🏪

因為是神話《因幡之白兔》的背景舞台而廣為人知的海岸，也是「日本海岸百選」之一。這裡不但是玫瑰的自生地，同時也以水質乾淨的沙灘聞名，夏天擠滿了前來玩水的遊客。P200輛（僅夏季為1次1000日圓）

---

2 魚見台 うおみだい
☎0857-82-0011（鳥取市氣高町綜合支所地域振興課） 📷

位於被認定為世界地質公園的區域內，可以俯瞰遠處的廣闊海洋與水平線，視野極佳。因為以前的人們都站在這裡尋找魚群，所以取名為魚見台。裡面立有一座鳥取縣的代表性歌謠「貝殼節」的歌碑。P20輛

這裡也很推薦

景點 中國庭園 燕趙園 ちゅうごくていえんえんちょうえん
☎0858-32-2180

重現中國歷代皇帝的理想國度
日本國內最大規模的正統中國庭園。一天舉辦3次（9:30～、13:30～、15:00～）的「中國雜技秀」頗受好評。裡面也設有出租旗袍的區域，可以盡情沉浸在中國氣氛中。
🕐9:00～16:30 休1、2月的第4週二（逢假日則翌日休） ¥入園費500日圓 P270輛

21 COURSE 東鄉湖·白兔海岸

停下車來 **街頭散步**

倉吉 ●くらよし

白色灰泥牆搭上燒杉木腰壁板，以及紅色石州瓦構成的建築物是白壁土藏群的象徵

江戶、明治時期曾以商都之姿繁盛一時，現在則保留了白壁土藏群等當時的樣貌。一邊享受城下町風情，一邊認識這裡的歷史與文化。

自駕 de 倉吉 MEMO

觀光的中心地區是白壁土藏群。以這裡為起點，前往打吹公園或長谷寺、大岳院等景點。把車停在附近的觀光停車場（✆0858-22-1200倉吉白壁土藏群觀光服務處／免費／約300輛）再用走的方式來觀光吧。

複合設施 **赤瓦** ●あかがわら

✆0858-23-6666（赤瓦一号館）

白壁倉庫周邊的知名地

裡面有各種販售地區特產、手工藝品等的伴手禮店和餐廳、觀光服務設施，是由一號館到十六號館（沒有四、九號館）共14個倉庫構成的人氣區域。

🕙9:00～17:00 休無休 💴視店鋪而異 🅿使用觀光停車場

富有風情的建築物裡有各式各樣的店家進駐

複合設施 **倉吉公園廣場** ●くらよしぱーくすくえあ

✆0858-23-5390（鳥取縣立倉吉末來中心）
✆0858-23-1174（鳥取二十世紀梨紀念館）

有二十世紀梨紀念館等多樣的複合設施

文化交流複合設施。裡面有設有大廳的末來中心、有餐飲設施和產地直送商品的食彩館，以及鳥取二十世紀梨紀念館等。

🕙休視設施而異 🅿700輛

可以學習梨子相關知識的鳥取二十世紀梨紀念館

景點 **打吹山·打吹公園** ●うつぶきやまうつぶきこうえん

✆0858-22-1200（倉吉白壁土藏群觀光服務處）

四季各有不同美麗的花卉名勝

獲選「森林浴之森林100選」，有豐富大自然環境的打吹山。裡面設有一路通往山頂的遊步道，山麓上還有一座入選「櫻花名勝100選」和「日本都市公園100選」的打吹公園。在羽衣池中，可以體驗用「溶紙」消除煩惱。自由入園

💴溶紙400日圓（倉吉白壁土藏群觀光服務處有販售）🅿使用觀光停車場

想悠閒地散步

購物 **米澤たい燒店** ●よねざわたいやきてん

✆0858-22-3565

當地頗受好評的鯛魚燒店

創業於昭和23（1948）年，堅持維持傳統口味與技術的鯛魚燒店。較薄的白色外皮上有恰到好處的焦痕分布其上，不會甜的內餡滿到連尾巴都吃得到餡。

🕙10:00～19:00 休週二（逢假日則翌日休）💴鯛魚燒100日圓／車輪餅100日圓 🅿3輛

知道賺到 個性派商店雲集的「赤瓦」相當受歡迎

位於倉吉的象徵：白壁土藏群中的赤瓦，是改裝自倉庫等而成的觀光設施。其附近的建築物裡有民藝品店和伴手禮店、咖啡廳、酒造本店、陶藝館等進駐，擁有高人氣。

元帥酒造本店 ●げんすいしゅぞうほんてん

✆0858-22-5020

🕙8:30～18:00 休無休
💴大吟釀元帥3780日圓（720ml）／赤瓦2750日圓（720ml）／白壁2750日圓（720ml）
🅿使用觀光停車場

赤瓦七號館中的元帥酒造本店的名牌酒

售有各種名牌糕點的伴手禮店八號館就位於打吹公園通旁邊

白壁土藏群 ●しらかべどぞうぐん

✆0858-22-1200（倉吉白壁土藏群觀光服務處）

自由散步 🅿使用觀光停車場

美食 **土藏蕎麥** ●どぞうそば

✆0858-23-1821

來倉吉一定要吃的蕎麥麵名店

已成為倉吉觀光必訪行程的人氣店家。持續堅持手桿、精心製作的蕎麥麵味道純樸。知名菜色土藏蕎麥麵是兩層蕎麥麵，淋上特製醬汁享用。

🕙11:00～14:45 休週四 🅿4輛

土藏蕎麥麵…870日圓

美食 **白壁俱樂部** ●しらかべくらぶ

✆0858-24-5753

改裝自原為銀行的建築而成

從明治時代曾為銀行的白壁土藏建築物改裝而成的西餐廳，提供了運用鳥取縣的嚴選食材製作的午餐和晚餐。店內也有舉辦由當地音樂家進行演奏的演奏會。

🕙11:30～14:00、18:00～20:30 休週三、第3週二（逢假日則翌休）🅿9輛

白壁謹製 懷舊蛋包飯…1080日圓

美食 **町屋 清水庵** ●まちやせいすいあん

✆0858-22-4759

由老字號麻糬店提供的麻糬涮涮鍋

改裝自明治時期的町家而成的餐廳，是老字號麻糬店為了振興村落而開設的麻糬料理餐廳。以涮涮鍋的方式品嚐麻糬薄片的「麻糬涮涮鍋」相當受歡迎。也有販售伴手禮用的麻糬。

🕙11:00～14:00、17:30～20:00（正餐）、9:00～20:00（咖啡廳）休週二（逢假日則營業）🅿20輛

大理石豬肉麻糬涮涮鍋…2160日圓

美食 **洋食屋 あかね屋** ●ようしょくやあかねや

✆0858-22-2005

味道令人懷念的西餐廳

令人懷念的味道相當有魅力的西餐廳。提供許多懷舊又細緻，且分量十足的餐點，當地男女都給予很高的評價。輪椅和嬰兒車也可以入店。

🕙11:30～15:00、17:00～20:30 休週二（逢假日則翌日休）🅿3輛

漢堡排（附米飯、豆味噌湯）…1080日圓

倉吉 周邊圖 P.96 1:60,000

GOAL 湯原IC

魚見台

自駕時一定要 順道去品嘗

當地

美食

山陰地區 篇

夾在日本海與中國山地中間的山陰地區。從活用當地新鮮山產、海產的特性的極品美食中，精選出蔚為話題的美食來介紹給大家。全都是讓人想加入自駕行程中的景點。

凝聚咖哩王國鳥取美味的辛辣極品美食

放上又脆又香的炸雞排的炸雞排咖哩800日圓

20 鳥取砂丘・但馬海岸 →P.9

鳥取咖哩飯

每世代咖哩消費量位居日本第一的鳥取市。不光是食堂，連咖啡廳提供的咖哩菜色都很道地。種類如此豐富的咖哩料理中一定要去嘗嘗看的就是老店的經典美食：鳥取咖哩飯。

喫茶 ベニ屋
鳥取縣鳥取市
鳥取道鳥取IC | 地圖 P.92A-2

●きっさべにや

由香氣十足的辛香料打造出的名店滋味

以販售咖哩和咖啡在當地廣為人知的咖啡廳。經過10天發酵程序的咖哩味道辛辣又深醇。

☎0857-22-2874
🏠鳥取縣鳥取市末広温泉町151
🕐8:00～18:45　休週三
Ｐ使用附近的收費停車場

清爽又濃醇 充滿鮮味的湯頭堪稱極品

拉麵(中碗)570日圓
表面有牛脂包覆的湯熱呼呼的

21 東鄉湖・白兔海岸周邊 →P.96

牛骨拉麵

從昭和20年左右起，鳥取中部的居民就開始食用這種拉麵。長時間燉煮牛骨而成的湯頭有如高級牛尾湯般的清爽餘味，連拉麵通都讚不絕口。

すみれ飲食店
鳥取縣琴浦町
山陰道琴東IC | 地圖 P.148C-2

●すみれいんしょくてん

當地頗受歡迎的牛骨拉麵老店

從昭和33（1958）年開幕至今，現在的店主已經是第三代。這家店最引以為傲的就是使用當地醬油並配合季節改變熬煮時間而成的清澈湯頭。

☎0858-52-2817
🏠鳥取縣琴浦町浦安189
🕐10:00～14:45
休週三（逢假日則營業）
Ｐ10輛

---

20 鳥取砂丘・但馬海岸 →P.92

大腸炒麵

用大鐵板炒熟牛大腸和炒麵而成的大腸炒麵。加上每家店獨創的味噌口味醬汁，或是做成鹽味和辣椒等豐富的口味，迸發出了新的和諧滋味。

嚼勁十足的大腸巧妙地裹上濃郁的味噌醬

まつやホルモン店
鳥取縣鳥取市
鳥取道鳥取IC | 地圖 P.92A-2

●まつやほるもんてん

直接放在鐵板上品嘗的熱騰騰炒麵

用秘傳醬汁包裹住專賣店才有的新鮮大腸，煎的時候發出的滋滋聲響與焦香香氣讓人胃口大開。可以直接品嘗放在鐵板上的現炒炒麵。

☎0857-23-3050
🏠鳥取縣鳥取市吉方温泉町4-432
🕐11:30～13:15、17:00～21:30（週二僅有晚間時段營業）
休週日、假日
Ｐ10輛

將大量的蔥、豆芽菜、大腸炒在一起的大腸炒麵750日圓

---

14 松江・境港 →P.70

松江黑輪烏龍麵

黑輪十烏龍麵？！清爽口味的新感覺美食

加入白蘿蔔、蒟蒻等經典黑輪料的松江黑輪烏龍麵799日圓(不含稅)

黑輪烏龍麵街松江的黑輪烏龍麵店數量佔人口比例為全國前段班。一整年都能吃到黑輪做成麵類料理的松江黑輪烏龍麵有清爽的飛魚湯頭，很適合當作喝完酒後的收尾。

丸善水産 松江店
島根縣松江市
山陰道松江玉造IC | 地圖 P.75C-3

●まるぜんすいさんまつえてん

黑輪湯頭與烏龍麵很搭

將以鹽調味過的飛魚高湯與烏龍麵做搭配，再加上當地產的春菊、岩海苔、黑輪等配料而成的松江黑輪烏龍麵創始店。

☎0852-24-3933
🏠島根縣松江市御手船場町567　ホテルα-1 1F　🕐17:00～23:00（週六、日、假日～22:00）　休無休　Ｐ使用收費停車場

充分品嘗到宍道湖產的大和蜆仔的鮮味與甜味

14 松江・境港 →P.70

松江拉麵

捕獲量逐年減少，現在已經變成珍貴食材的宍道湖產大和蜆仔。以大和蜆仔高湯和精華做成湯頭製成的拉麵一入口，蜆仔的風味就在口中擴散開來，是味道深醇又奢侈的逸品。

松江拉麵(蜆仔醬油味)700日圓。帶殼蜆仔配料需加100日圓

出雲勾玉之里 傳承館
島根縣松江市
山陰道松江玉造IC | 地圖 P.71C-2

●いずもまがたまのさとでんしょうかん

充滿蜆仔精華的醬油拉麵

這家景觀餐廳位於介紹瑪瑙工藝與勾玉設施的2樓，在能看到宍道湖的店內可以品嘗到蜆仔的鮮味與甜味會在口中擴散的蜆仔拉麵。

☎0852-62-2288
🏠島根縣松江市玉湯町湯町1755-1　🕐11:00～15:00（餐廳）　休無休　Ｐ40輛

自駕路線＆MAP
INDEX

◎ 讚岐烏龍麵名店指南 …P.100
◎ 當地美食 …P.105
22 瀨戶大橋・五色台 …P.106
23 屋島・高松 …P.108
　街頭散步
　高松 …P.109
24 大串・白鳥 …P.110
25 鹽江・脇町 …P.111
26 小豆島 …P.112
27 鳴門 …P.114
28 祖谷溪・大步危 …P.116
29 劍山 …P.118
30 南阿波海岸 …P.119
31 室戶岬 …P.120
32 桂濱・土佐橫浪 …P.122
　街頭散步
　高知 …P.123
33 四萬十川 …P.124
34 足摺岬・龍串 …P.126
35 宇和島周邊 …P.128
36 四國喀斯特 …P.130
37 石鎚山・面河溪 …P.131
38 佐田岬 …P.132
39 松山・砥部 …P.133
　街頭散步
　松山 …P.134
◎ 自駕巡遊四國八十八札所 …P.136

四國 方向

特別名勝栗林公園
[P.109]

四萬十川與岩間沉下橋
[P.124]

面河溪［P.131］

來到四國 就一定要吃

讚岐烏龍麵

名店指南

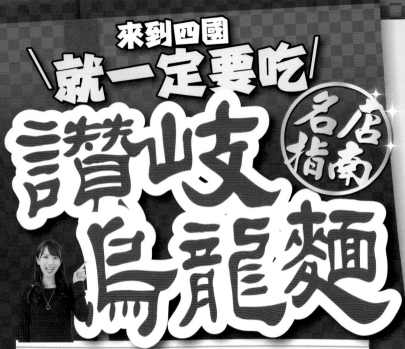

在四國自駕，絕不可錯過讚岐烏龍麵！
在此為大家介紹可以在自駕途中造訪的人氣店家，以及雖然
需要走遠一點卻值得一去的焦點餐廳。但其中也有些店是售完
打烊的，需要多加留意。要好好確認營業時間與公休日喔。

 一般店
與一般餐廳
相同形式的店。

 製麵所
以製造麵條為主的設施。
大多採自助方式

自助餐廳
自助形式的餐廳

㉒ 瀨戶大橋・五色台

がもううどん 製麵所

這家店的醍醐味，就是在藍天下一
邊眺望著田園風景一邊品嘗烏龍麵。
提供的餐點只有冷、熱湯烏龍
麵，傳承了3代的樸素味道
持續讓來訪的客人成為它的
俘虜。最受歡迎的組合是烏
龍麵與特製豆皮。

排隊等候是無可避免的。
但流動率高，稍微忍耐一下就好

📞 0877-48-0409
🕐 8:30〜14:00(週六、假日〜13:00、售完打烊)
休 週日、第3、4週一　🏠 坂出市加茂町420-1
🅿 50輛
地圖P.107C-3

可以在自己喜歡的地方吃烏龍麵

菜單
烏龍麵 (小)……150日圓
豆皮……100日圓
天婦羅……100日圓

㉒ 瀨戶大橋・五色台

日の出製麵所 製麵所

●ひのでせいめんしょ

創業於昭和5(1930)年的製麵
工廠一隅，是一間一天只有開1
小時的烏龍麵店。現桿的烏龍
麵會依照當天的天氣微調鹽量，
味道搭配地很絕妙，小麥香氣
也令人食指大動。還可以自行
淋上高湯醬油或辛香佐料享用。

菜單
烏龍麵 (1球)……100日圓〜
釜玉烏龍麵 (1球)160日圓〜
竹輪天婦羅……60日圓〜

📞 0877-46-3882
🕐 11:30〜12:30(烏龍麵販
售為9:00〜17:00)　休 不定
休　🏠 坂出市富士見町1-8-5
🅿 20輛　地圖P.107B-3

㉒ 瀨戶大橋・五色台

いきいきうどん坂出店 自助餐廳

●いきいきうどんさかいでてん

菜單
溫玉肉湯烏龍麵 (小)
……480日圓
烏龍乾麵 (小)……320日圓
釜揚烏龍麵 (小)……320日圓

從凌晨5時開始營業的自助式
烏龍麵店，店內的氣氛讓人可
以輕鬆造訪。光是烏龍麵就有
10種以上，炸物、黑輪、飯糰、
壽司等副餐種類也很豐富。

📞 0877-46-0880
🕐 5:00〜20:00　休 無休　🏠 坂出市京町3-1361-1
🅿 60輛　地圖P.107B-3

㉒ 瀨戶大橋・五色台

おか泉 一般店

●おかせん

自創業以來已逾二十餘年，無論何時
造訪，點什麼菜色都能享用到最棒的
烏龍麵，因此備好評。煮好後馬上用
水冰鎮的Q彈烏龍麵，和有剛炸好的天
婦羅的「天婦羅涼麵」組合更是別有一
番風味。

📞 0877-49-4422
🕐 11:00〜20:00　休 週一、二(逢假日則
營業)　🏠 宇多津町浜八番丁129-10
🅿 41輛
地圖P.107B-3

菜單
天婦羅涼麵……972日圓
打掛烏龍麵……389日圓
釜上烏龍麵……432日圓〜

㉒ 瀨戶大橋・五色台

手打うどん てっちゃん 自助餐廳

●てうちうどんてっちゃん

佇立在田園中的烏龍麵店，可
以享用到使用蔬菜滿滿的中式
勾芡湯汁等做成的獨創料理。
加了3種味噌的肉味噌充分拌
入粗麵的「肉味噌烏龍麵」很
受歡迎。也很推薦用讚岐烏龍
麵工法製作的拉麵「烏龍拉麵」
和當地美食「芡汁炒飯」。

📞 0877-45-2000
🕐 9:00〜18:00　休 週三
🏠 坂出市西庄町578-3
🅿 40輛　地圖P.107B-3

菜單
肉味噌溫玉烏龍麵 (小)
……480日圓
叉燒烏龍拉麵 (小)
……500日圓
中式芡汁烏龍麵 (小)
……480日圓

22 瀬戶大橋・五色台
たむらうどん

店家自豪的手桿麵條，是用店家自己條配的獨創麵粉製作的。風味純樸的麵條拌上口味稍重的高湯，交織出的滋味相當溫和。簡簡單單地淋上高湯品嘗，享受烏龍麵彈性十足的口感吧。在中午高峰時段時會大排長龍。

菜單	
烏龍麵（小）	200日圓
天婦羅	60日圓
豆皮	60日圓

☎ 087-876-0922
🕐 9:00～13:00左右（烏龍麵售完打烊）
休 週日、假日　所 綾川町陶1090-3
🅿 20輛　地圖P.107C-3

22 瀬戶大橋・五色台
なかむら

創業於昭和47(1972)年的自助式烏龍麵店。富有彈性且口感滑順的細麵，與清爽的柴魚高湯相當配。像倉庫般的店面與美味的烏龍麵吸引了許多粉絲，人潮絡繹不絕。

☎ 0877-98-4818
🕐 9:00～14:00　休 週二
所 丸龜市飯山町西坂元1373-3
🅿 30輛　地圖P.107B-3

菜單	
烏龍麵（小）	220日圓
釜玉烏龍麵（小）	270日圓
天婦羅	100日圓

23 屋島・高松
わら家
●わらや

店面改建自建於江戶時代末期的茅草屋頂農家，感覺很有風情。將10球釜揚烏龍麵裝進大木盆中的「家族烏龍麵」是這家店的知名料理。以海參為基底又香氣十足的高湯頗受好評，再加上高知縣產的奴蔥，Q彈的粗麵也能很順地滑進胃裡。

☎ 087-843-3115
🕐 10:00～18:30（12～2月～18:00）　休 無休
所 高松市屋島中町91
🅿 200輛　地圖P.108

菜單	
家族烏龍麵（約4人份）	2370日圓
釜揚烏龍麵	460日圓
生醬油烏龍麵	460日圓

裝在木盆裡的家族烏龍麵。高湯使用嚴選素材製作。

菜單	
醬油飯	220日圓
炸牡蠣	120日圓
烏龍湯麵（1球）	280日圓

滑順的麵條和脆脆的天婦羅味道很搭

氛圍像食堂的店內

23 屋島・高松
なかにし

創業於昭和25(1950)年的老店，可以品嘗到用腳踩、手揉的古老技法製作的手打烏龍麵。充滿彈性的微粗麵條，與僅用海參熬成的高湯相當搭。在常客之間，將烏龍麵和蕎麥麵混在一起吃的「Half&Half」也很受歡迎。

☎ 087-885-1568
🕐 7:00～15:00（週六、日、假日為9:00～15:00）售完打烊
休 不定休　所 高松市鹿角町899-3　🅿 30輛
地圖P.108

23 屋島・高松
竹清
●ちくせい

由老闆娘熟練地在店前油炸的熱騰騰又酥脆的天婦羅是烏龍麵的知名配菜。這兩樣都很快就被掃購一空了，所以最好早點來店裡購買。如果想嘗到麵的彈力與咬勁的話，麵不要燙過，直接淋上高湯品嘗。

菜單	
烏龍麵（半球）	140日圓
雞蛋天婦羅	100日圓
竹輪天婦羅	100日圓

☎ 087-834-7296
🕐 11:45～14:30
休 週一　所 高松市龜岡町2-23
🅿 7輛　地圖P.109

23 屋島・高松
手打ちうどん鶴丸
●てうちうどんつるまる

這家店營業至深夜，招牌菜為咖哩烏龍麵。咖哩醬充滿了特製辛香料的滋味又濃郁，與滑溜溜的手打麵充分融合，很好入口。菜色種類豐富，有烏龍乾麵、釜揚烏龍麵、天婦羅、黑輪等。

菜單	
涮牛肉片咖哩	950日圓
咖哩烏龍麵	700日圓
肉烏龍乾麵	800日圓

☎ 087-821-3780
🕐 20:00～翌日3:00　休 週日、假日（逢連休會變動）
所 高松市古馬場町9-34　🅿 無　地圖P.109

㉓ 屋島・高松
さか枝 [自助餐廳]
● さかえだ

菜單
烏龍湯麵（小）⋯⋯200日圓
烏龍湯麵（小）⋯⋯180日圓

位於高松市中心，每當中午都會大排長龍，是相當受歡迎的人氣餐廳。在充滿活力的店內，無論何時都能品嘗到現桿、現煮的烏龍麵。此外，還隨時提供約50種天婦羅配料可以選擇，品項相當豐富，還有把一整隻穴子魚下去炸的種類，分量十足。

☎ 087-834-6291
🕐 5:30~15:00（售完打烊）
休 週日、假日 所 高松市番町5-2-23 P 16輛 地圖P.109

㉓ 屋島・高松
松下製麵所 [製麵所]
● まつしたせいめんしょ

用昆布、柴魚、海參熬成的高湯滋味濃郁又深厚。細緻的天婦羅屑在湯中泡軟入味，增添甜味，變得更好吃。麵條是使用富有彈性的細麵。泡在烏龍麵高湯中享用的中華麵也很受歡迎。

菜單
冷烏龍麵（1球）⋯⋯200日圓
烏龍乾麵（1球）⋯⋯200日圓
烏龍湯麵（1球）⋯⋯200日圓

☎ 087-831-6279
🕐 7:00~17:30（售完打烊）
休 週日 所 高松市中野町2-2 P 6輛 地圖P.109

㉓ 屋島・高松
鄉屋敷 [一般店]
● ごうやしき

改建自江戶中期住宅的店面氣氛有如日式料亭一般。從室內看出來，可以一覽有200年歷史又風情萬種的枯山水庭園。相當有人氣的「和里子」套餐包括了烏龍麵、天婦羅、壽司、涼拌菜等，烏龍麵可以續碗。

菜單
和里子⋯⋯1620日圓
季節午餐（附咖啡）⋯⋯1317日圓
季節天婦羅烏龍乾麵（附散壽司、醬油豆）⋯⋯1134~1339日圓

☎ 087-845-9211
🕐 11:00~14:30、17:00~20:30（週六、日、假日為11:00~20:30）
休 無休 所 高松市牟禮町大町1987 P 60輛 地圖P.108

菜單
可樂餅⋯⋯100日圓
烏龍湯麵⋯⋯250日圓
烏龍涼麵⋯⋯250日圓

㉓ 屋島・高松
上原屋本店 [自助餐廳]
● うえはらやほんてん

位於中央通路旁的自助式餐廳。店家會依照不同的烏龍麵搭配不同的高湯，像是涼麵會搭配以發酵數年的醬油為基底的甜味高湯，烏龍湯麵則是使用以昆布和沙丁脂眼鯡熬成的高湯等。帶有光澤的烏龍麵有相當滑順的口感。

☎ 087-831-6779
🕐 9:00~16:00（售完打烊）休 週日
所 高松市栗林町1-18-8 P 18輛 地圖P.109

㉓ 屋島・高松
ぶっかけうどん 大円 [一般店]
● ぶっかけうどんだいえん

提供多達十幾種品項的烏龍乾麵專賣店。以發酵一整天的工法製作的光滑烏龍麵彈性十足，與又甜又辣的醬油高湯相當配。放上豪華配料的特製烏龍湯麵相當受歡迎。

☎ 087-835-5587
🕐 11:00~17:00 休 週二 所 高松市今里町1-28-27 アップルハウス1F
P 15輛 地圖P.109

菜單
特製烏龍乾麵⋯⋯610日圓
元氣烏龍乾麵⋯⋯610日圓
烏龍乾麵⋯⋯310日圓

㉔ 大串・白鳥
かめびし屋 [自助餐廳]
● かめびしや

仍保留有江戶時代街景的引田鎮上有一個相當引人注目的鐵紅色倉庫，就是這家醬油釀造廠かめびし屋。無論是烏龍麵或是副餐都堅持不加任何添加物。也很推薦可以從2種醬油中選一種來搭配的醬油烏龍麵，或是以熟成醬油醪代替醬油的醬油醪烏龍麵。

☎ 0879-33-2555
🕐 11:00~15:00（かめびし茶屋、醬油販售時間為10:00~17:00）休 無休
所 東かがわ市引田2174 P 14輛 地圖P.110

菜單
醬油醪烏龍麵⋯⋯420日圓
醬油烏龍麵⋯⋯420日圓

㉓ 屋島・高松
うどん本陣 山田家本店 [一般店]
● うどんほんじんやまだやほんてん

位於第85號札所八栗寺參道旁的老字號讚岐烏龍麵店。以獨創手法混合高品質小麥而成的粉做成的烏龍麵，既有黏性又彈牙。客人可以坐在能一覽庭園的座位上品嘗烏龍麵。釜烏龍乾麵定食有附天婦羅和醬油豆。

☎ 087-845-6522
🕐 10:00~20:00 休 無休 所 高松市牟禮町牟禮3186 P 160輛 地圖P.108

菜單
釜烏龍乾麵⋯⋯570日圓
釜烏龍乾麵定食⋯⋯1140日圓

㉔ 大串・白鳥
麵処 まはろ [一般店]
● めんどころまはろ

位於東讚岐地區綠意盎然的大自然中，實力派老闆曾數度獲得由香川縣主辦的「讚岐之夢」比賽的烏龍麵技術頭獎。對麵粉等細節都很講究的烏龍麵當然不用說，以嚴選小魚乾、香菇、昆布、柴魚片等熬成的高湯，以及用當季食材製作成的天婦羅也很受好評。

☎ 0879-23-2668
🕐 11:00~14:15（週六、日、假日為10:30~15:00）休 週三
所 さぬき市寒川町神前3970 P 20輛 地圖P.108・110

菜單
蝦穴子蘿蔔葡泥烏龍麵 950日圓
炸魚板烏龍麵⋯⋯880日圓
炸牡蠣烏龍乾麵 680日圓

25 鹽江・脇町

八十八庵
一般店
● やそばあん

建於四國巡禮結願的札所大窪寺的門前，店內擠滿了巡禮者和觀光客。「讚岐什錦烏龍麵」是在黑色鐵鍋中放進滿滿的白蘿蔔和芋頭、青蔥以及豬肉等配料的味噌口味烏龍麵。因為烏龍麵在放進去之前有先煮過，所以很好入口。蒟蒻關東煮也很好吃。

📞0879-56-2160
🕐8:00～17:00
休無休 所さぬき市多和兼割93-1
🅿80輛 地圖P.111

菜單	
讚岐什錦烏龍麵	850日圓
團藏烏龍麵	700日圓
豬肉鍋 (11～3月・2人～)	1人份3800日圓

25 鹽江・脇町

池上製麵所
製麵所
● いけがみせいめんじょ

老闆是當地人所熟知的「瑠美奶奶」池上瑠美子小姐。現在由她的孫子繼承她所做出來的味道，繼續經營這家麵店。提供的菜色只有烏龍麵，而且是用只撒上蔥花、淋上高湯醬油的簡易方式品嘗。有許多客人為了便宜又好吃的烏龍麵，或是體驗讚岐風情而來。

📞087-879-2204
🕐10:00～14:30 休週二 (逢假日則營業)
所高松市香川町川東下899-1 🅿60輛
地圖P.111

菜單	
天婦羅・每個	90～130日圓
雞蛋	51日圓
烏龍湯麵 (1球)	195日圓

25 鹽江・脇町

谷川製麵所
製麵所
● たにかわせいめんしょ

由於店面沒有掛上招牌或門簾，只要看到藍色的屋頂，就是這家店了。菜色只有提供烏龍湯麵。加入大量自家栽培的蔬菜與當季山菜熬煮而成的高湯做成的烏龍麵風格很像卓袱烏龍麵，彈力十足的麵條相當順口，味道令人愛不釋手。

📞087-849-1628
🕐11:00～14:00 休無休 所高松市東植田町2139-1 🅿30輛 地圖P.111

菜單	
湯麵 (大)	350日圓
湯麵 (小)	250日圓

25 鹽江・脇町

もり家
一般店
● もりや

這家店的烏龍麵堅持要用手桿方式製作，並以滑順又富有彈性的口感自豪。配料種類豐富，有快從碗裡滿出來的巨大嚴選炸牡蠣、瀨戶當地的鮮蝦和洋蔥、鴨兒芹等。此外也有提供適合邊走邊吃的小炸牡蠣。

菜單	
大碗烏龍麵	680日圓
烏龍乾麵 (小)	350日圓
炸牡蠣蘿蔔泥烏龍麵	780日圓

📞087-879-8815
🕐10:30～20:00 休週四 (逢假日則營業) 所高松市香川町川內原1575-1 🅿40輛 地圖P.111

放上綠辣椒滷菜的烏龍麵

稍微走遠一些
長田 in 香の香
一般店
● ながたいんかのか

據說在盛夏時節時，有8成客人會點釜揚烏龍麵來吃的釜揚烏龍麵專賣店。口感扎實的麵的表面明明煮軟了，裡面卻很有嚼勁，與充滿海參香氣的高湯形成絕妙的平衡。可以當作伴手禮帶回家的半生烏龍麵也很受歡迎。

菜單	
釜揚烏龍麵 (小)	250日圓
烏龍涼麵 (小)	250日圓
木盆烏龍麵 (4.5球)	1000日圓

📞0877-63-5921
🕐9:00～17:00
休週三、四 (逢假日則營業)
所善通寺市金藏寺町1180
🅿120輛
地圖P.160C-2

菜單	
熱、冷烏龍麵	各為150日圓
蕎麥麵 (冬季限定)	200日圓
雞蛋	50日圓

稍微走遠一些
谷川米穀店
製麵所
● たにかわべいこくてん

📞0877-84-2409
🕐10:30～13:30 (售完打烊)
休週日 所まんのう町東1490
🅿20輛
地圖P.161E-3

週六時也有可能才剛開店，店不只有在平日前往建議。實光到了，店所以週日前往。

粉絲從全國蜂擁而至的店。麵條是用手揉、腳踏麵糰等方式處理，一切都以手工方式完成。在點菜後拿到的就只有放入烏龍麵的器皿，並沒有提供高湯，要在麵上淋上醋或醬油來享用。從夏天到冬天還會提供自家栽培的綠辣椒滷菜，可依個人喜好將滷菜拌進麵裡吃，品嘗谷川流的風味。

稍微走遠一些
山下うどん
自助餐廳
● やましたうどん

位於善通寺，以烏龍乾麵創始店聞名的名店。老闆以自古以來的「只是確實踩踏再用手揉麵糰」的方式製作，做出極有嚼勁的烏龍麵條。若以烏龍冷乾麵方式品嘗，麵條的彈力真的是相當驚人。麵條與高湯也相當地搭。

菜單	
烏龍乾麵 (小)	280日圓
釜揚烏龍麵 (小)	280日圓
雞蛋烏龍乾麵 (小)	330日圓

📞0877-62-6882
🕐9:30～18:00
休週二 (逢假日則翌日休)
所善通寺市与北町284-1
🅿50輛 地圖P.160D-2

稍微走遠一些
山越うどん
自助餐廳
● やまごえうどん

據說一天販售約2500份烏龍麵的自助式烏龍麵店。招牌菜是讓山越在日本聲名遠播的釜玉烏龍麵。半熟蛋溫柔地包覆著麵條，讓麵得以滑順地溜進胃裡，其嚼勁留下了令人舒暢的餘韻。此外，在室外露台還有附設一家賣生烏龍麵的伴手禮商店。

菜單
釜玉（小）	250日圓
烏龍湯麵（小）	200日圓
山藥泥烏龍麵（小）	250日圓

☎ 087-878-0420
🕐 9:00〜13:30　休週日（1、5、8月有臨時休）
所綾川町羽床上602-2　P150輛　地圖P.160D-2

稍微走遠一些
山內うどん
自助餐廳
● やまうちうどん

悄悄地佇立在充滿綠意的山中烏龍麵店。店家使用堆積在店外的木材煮麵，再用冰水冰凍麵條。有獨特咬勁的烏龍麵與特製的海參高湯相當絕配。受到老闆夫婦的親切性格與美味的烏龍麵吸引，有許多常客每天都來造訪，週末還會大排長龍。

菜單
熱湯熱烏龍麵、熱湯冷烏龍麵、冷湯冷	
烏龍麵、醬油烏龍麵（小）	200日圓
熱水烏龍麵	200日圓
天婦羅	110・130日圓

☎ 0877-77-2916
🕐 9:00〜14:30（售完打烊）休週四
所まんのう町大口1010
P30輛　地圖P.160D-3

稍微走遠一些
SIRAKAWA
一般店
● しらかわ

擺盤講究、堅持配料要現做，還不斷研發新菜色，對一切都毫不妥協的烏龍麵店。像是淋上知名拉麵店老闆傳授的香蔥油烏龍麵等，以豐富的創意創造出的新菜色，也是造訪此店的樂趣之一。

☎ 0875-63-4602
🕐 11:00〜14:00（售完打烊）
休週一　所三豐市山本町大野2854-8
P30輛
地圖P.160C-3

菜單
蔥油醬油烏龍麵	500日圓
鮮蝦竹輪烏龍乾麵	500日圓
章魚竹輪烏龍乾麵	500日圓

稍微走遠一些
上戶
自助餐廳
● じょうと

位於JR箕浦站內的烏龍麵店。這家烏龍麵的特色是極有彈性的極粗麵。以用桿麵棍桿開麵糰後，就馬上將麵糰揉成原樣的手法做出的麵條咬勁十足，而且很容易就吸附用海參、柴魚片、昆布熬成的高湯，吃起來相當有飽足感。

菜單
天婦羅	100日圓〜
烏龍涼乾麵（小）	250日圓
烏龍湯麵（小）	220日圓

☎ 0875-52-2711
🕐 6:00〜14:00（售完打烊）
休週四　所觀音寺市豐浜町箕浦974-1　P20輛　地圖P.160B-3

明水亭
一般店
● めいすいてい

由原為割烹料理廚師的老闆想出來的隨季節變換的烏龍麵菜色相當受歡迎。用來搭配的食材有天然稻草納豆或鹽燒鴨肉等，這些意想不到的食材與烏龍麵很搭。無添加的高湯與100%使用國產小麥製作的麵條富有光澤，口感Q彈。

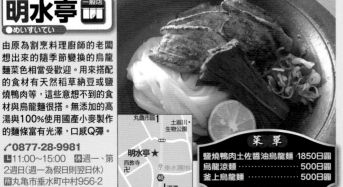

☎ 0877-28-9981　休週一、第2週日（週一為假日則翌日休）
所丸龜市垂水町中村956-2
P18輛　地圖P.160D-2

菜單
鹽燒鴨肉土佐醬油烏龍麵	1850日圓
烏龍涼麵	500日圓
釜上烏龍麵	500日圓

稍微走遠一些
おがわうどん
一般店
● おがわうどん

以前任老闆想到跟細麵線差不多細的細烏龍麵聞名。雖然麵條有讚岐烏龍麵特有的咬勁，但相當滑順，非常好入口。這種細烏龍麵條可以用清湯熱烏龍麵的方式，或是涼麵的方式享用。店內也有提供普通粗麵的麵條，可以依照自己的喜好選擇。

☎ 0877-75-1660
🕐 9:00〜17:00　休週三（逢假日則翌日休）
所琴平町旭町154　P5輛
地圖P.160D-2

菜單
釜揚烏龍細麵	500日圓
涼烏龍細麵	500日圓
鍋燒烏龍麵	750日圓

稍微走遠一些
小縣家
一般店
● おがたや

醬油烏龍麵的創始店。請客人自己用磨泥器把大白蘿蔔磨成泥已成了這家店的固定型態。搭配蘿蔔泥、青蔥、醋橘等辛香佐料，並淋上微甜的特製醬油品嘗的話，就可以品嘗到相當有震撼力的味道，令人不禁讚嘆：「這就是讚岐烏龍麵！」

菜單
醬油烏龍麵（小）	450日圓
醬油烏龍麵（大）	550日圓

☎ 0877-79-2262
🕐 9:30〜15:00
休週一、二（逢假日則營業）
所まんのう町吉野1271-1
P40輛　地圖P.160D-2

稍微走遠一些
かなくま餅
一般店
● かなくまもち

創業於昭和時代，當時為作為遍路茶屋經營的麻糬店。現在則是提供使用香川縣產的烏龍麵用小麥製作的烏龍麵，並獲認定為「讚岐之夢嚴選店舖」之一。最受歡迎的是加入了錢形米板和麻糬的富豪烏龍麵，還有豆沙餡餅天婦羅。

菜單
富豪烏龍麵	450日圓
豆沙餡餅天婦羅	100日圓
烏龍湯麵	230日圓

☎ 0875-25-3044
🕐 8:00〜16:30　休週日
所觀音寺市植田町35-2
P27輛　地圖P.160C-3

代代相傳的庶民派美食
盡情享用四國美饌吧

中華麵佐肉跟雞蛋700日圓〈標準口味的德島拉麵很受歡迎

自駕時一定要順道去品嘗
當地
美食
四國地區 篇

四國地區可以輕鬆品嘗的當地美食可不只有讚岐烏龍麵！像是市民憑著熱情讓已歇業的食堂菜色復活而成的元祖美味，或是原為老店的員工伙食，後來也列入菜色中的極品美食等，無論哪一道美食都融入當地人的熱情，都是相當受歡迎的味道。先知道那道美食的由來再品嘗的話，吃起來也會加倍美味。

個性派拉麵
無論外觀或味道都相當震撼
甜辣口味的濃郁系

27 鳴門 周邊 →P.114
德島拉麵

深咖啡色的豚骨醬油湯頭搭配入味的甜辣豬五花、生雞蛋而成的壽喜燒風味拉麵。在香川縣南部則有許多湯頭是黃白色的店，可以兩個都品嘗看看，比較一下差異。

中華そば いのたに

德島縣德島市 | 地圖 P.162A-2
德島道德島IC

●ちゅうかそばいのたに

又甜又濃郁的湯頭是這家店的特色

讓德島拉麵聲名遠播全日本的創始店。用魚類和蔬菜以及豚骨熬煮而成的湯不僅和較細的店家自製麵條很搭，與調味較重的豬五花肉也是絕配。

📞088-653-1482
🏠德島縣德島市西大工町4-25 ⏰10:30～17:00
🚫週一 🅿35輛

滿滿的章魚和高麗菜！
車輪餅大小的
章魚燒
分量與價格都很驚人

22 瀨戶大橋・五色台 周邊 →P.106
章魚車輪餅

有30年的歷史，已經在當地扎根的B級美食。起初是經常光顧的國中生要求店家將章魚燒做成車輪餅的大小，這道美食於是誕生。雖然價格實惠，但令人驚訝的是分量卻很十足。

包有高麗菜、章魚、天婦羅麵衣的基本型章魚車輪餅125日圓

たこ判小前

香川縣三豐市 | 地圖 高松道三豐鳥坂IC | P.160C2

●たこばんこまえ

懷舊滿分的大分量點心

調整成車輪餅大小的章魚燒「章魚車輪餅」創始店，提供了加入雞蛋或起司等約20種口味。由於煎熟章魚燒很費時，建議先預約。

📞0875-82-3189
🏠香川縣三豐市仁尾町仁尾辛33-9 ⏰9:00～18:00
🚫週一（逢假日則翌日休）
🅿10輛

28 從祖谷溪・大步危 精微走遠一些 →P.116
炸雞腿

把一整隻帶骨雞腿肉拿去炸好後，再用鹽、胡椒、大蒜粉調味而成的料理。據說起源是在昭和33年販售這種料理的攤販。現在四國中央市內約有30家餐廳可以品嘗到。

把一整隻雞腿拿去炸
無論外觀或味道
都十分豪邁

外皮散發香味及肉汁滿溢的帶骨雞腿700日圓

愛媛縣四國中央市 | 地圖
松山道三島川之江IC | P.160B-3

伊予万里

●いばんり

軟嫩又多汁的雞腿肉

將嚴選的愛媛縣產幼雞用店家自己混合的油去炸的「帶骨雞腿肉」頗受好評。使用富含礦物質的鹽與胡椒調味，雖然很簡易，但卻能品嘗到食材的美味。

📞0896-57-0755
🏠愛媛縣四國中央市金生町下分100-9 ⏰17:00～22:30
🚫週二 🅿25輛

雞骨湯頭滋味深厚的
須崎市庶民派美食

32 桂濱・土佐橫浪 →P.122
鍋燒拉麵

戰後在須崎市的谷口食堂誕生的鍋燒拉麵。熱呼呼的湯用土鍋燉煮雞肉跟蔬菜，重現了元祖的味道。現在有提供這道料理的35家店鋪中可以享受到各店鋪獨創的味道。

與有點重口味的調味飯很搭的鍋燒拉麵550日圓(中)

橋本食堂

高知縣須崎市 | 地圖
高知道須崎東IC | P.122

●はしもとしょくどう

市內唯一一家鍋燒拉麵專賣店

雞骨湯底加上醬油的湯頭雖然濃郁卻不會膩。很有嚼勁的細直麵雖然偏硬，但會隨著享用的過程變成最好食用的狀態。

📞0889-42-2201
🏠高知縣須崎市橫町4-19 ⏰11:00～15:00
🚫週日、假日 🅿13輛

雞蛋與煎豬肉是絕配
受到市民愛戴的
今治靈魂美食

自創業以來就一直重複補充的醬汁味道深厚，煎豬肉蛋飯750日圓(附湯)

1 島波海道 →P.32
煎豬肉蛋飯

在白飯上盛上煎豬肉薄片，淋上秘傳的醬汁，最後再放上半熟荷包蛋的蓋飯。約47年前，這道菜原本是中式餐廳的員工伙食，後來列入菜單中，市內還有多達60家店鋪有提供這道菜，可見其人氣。

白樂天 今治本店

愛媛縣今治市 | 地圖
今治小松道今治湯ノ浦IC | P.33A-4

●はくらくてんいまばりほんてん

「煎豬肉蛋飯」的先驅

當地知名的中式餐廳。煎豬肉蛋飯是以前的老闆於昭和45（1970）年獨自出來開店時開始提供的料理。不但分量十足，雞蛋與醬汁還有煎豬肉也很搭。

📞0898-23-7292
🏠愛媛縣今治市常盤町4-1-19 ⏰11:00～15:00、17:00～22:00
🚫週二 🅿14輛

尋訪**讚岐**美味，渡過壯觀的**海上大橋**前往**四國**

● せとおおはし・ごしきだい　書末地圖 P.160

22 COURSE ★ 瀬戶大橋・五色台

自駕重點：美食　海岸美　高原・溪谷　歷史探訪　夕陽

↑五色台是豐富大自然圍繞的景觀勝地

自駕路線概要

橫斷瀬戶內海的高大瀬戶大橋是由吊橋、斜張橋、桁架橋等6座橋梁構成，並將海面上的數座島嶼連接在一起。各式各樣的橋和大海以及群島景緻形成美麗的景色，無論是看的時候，還是渡過大橋的時候都有一番樂趣。在与島PA稍微休息後開下橋梁，經過坂出市區，往五色台方向前進。接著，開上森林中的直角彎道五色台Sky Line，從四國靈場第81號札所的白峯寺開往五色台。就在五色台欣賞瀬戶大橋的美景吧。路線途中有一座橘子田，在盛產季節，還會擺設無人販賣所。回程時，一定要在坂出或丸龜品嘗道地的讚岐烏龍麵。

自駕路線

推薦！ **當日來回**

路線行車距離	約 **80**km
路線行車時間	約 **2**小時 **11**分

START 瀬戶中央自動車道 **児島IC**

8km 6分／瀬戶中央自動車道(3600日圓)(到坂出北IC)

在通過大橋途中一定要來看看
1 与島PA

15km 20分／瀬戶中央自動車道 從坂出北IC (186)(192)一般道路

近在眼前的瀬戶大橋相當壯觀
2 瀬戶大橋紀念公園

18km 45分／一般道路 (192)(186)(16)(180)

《雨月物語》的背景寺廟
3 白峯寺

12km 20分／(180)(281)(五色台Sky Line)・一般道路

瀬戶大橋與讚岐平野的景觀拔群
4 五色台

7km 10分／一般道路 (281)(五色台Sky Line)

介紹瀬戶內海的生活與文化
5 瀬戶內海歷史民俗資料館

20km 30分／(281)(16)(186)

GOAL 瀬戶中央自動車道 **坂出北IC**

自駕 MEMO
● 在通行瀬戶大橋時，如果風勢較強，要小心駕駛
● 渡橋途中雖然可以看到美麗的景觀，但禁止停車
● 五色台Sky Line上有許多陡坡與彎道，需留意

↑連接瀬戶大橋的巨大主塔與主塔的纜線畫出美麗的弧線

1 ● よしまぱーきんぐえりあ 与島PA

✆0877-43-0226 (與島廣場)

大概位於瀬戶大橋的中央，從展望台看下去，可以看到壯觀的大橋景象。設有自助式烏龍麵店和餐廳、四國和岡山伴手禮等豐富種類的商店。
⏰餐廳、商店為8:00～21:00(週六、日、假日為7:30～21:30)，視店鋪而異 Ｐ336輛

2 ● せとおおはしきねんこうえん 瀬戶大橋紀念公園

✆0877-45-2344 (瀬戶大橋紀念館)

為紀念瀬戶大橋開通而設的公園，可以一望大橋的雄姿。裡面也有設紀念館，用模型、照片、影像等介紹世界聞名的大橋的一切。週六、日、假日時，咖啡廳也會營業。
⏰自由入園(瀬戶大橋紀念館為9:00～16:30) 休瀬戶大橋紀念館為週一休(逢假日則翌日休) Ｐ449輛

3 ● しろみねじ 白峯寺

✆0877-47-0305

四國靈場第81號札所。於弘仁6(815)年，由弘法大師所建立。在保元之亂中戰敗，遭流放到讚岐並在當地駕崩的崇德上皇，就埋葬於此處。這座寺廟也有出現在上田秋成所著的《雨月物語》中。
⏰7:00～17:00 Ｐ100輛

4 ● ごしきだい 五色台

✆0877-47-2479 (五色台旅客中心)
✆0877-47-0231 (度假村讚岐五色台)

突出瀬戶內海海拔400～500m高的熔岩台地，五色台Sky Line南北縱貫於這座台地的稜線上。旅客可以在設有商店或餐廳的度假村中，欣賞美麗的景色。
Ｐ200輛(使用度假村展望台停車場)

5 ● せとないかいれきしみんぞくしりょうかん 瀬戶內海歷史民俗資料館

✆087-881-4707

受五色台豐富大自然包圍的資料館，榮獲日本建築學會賞，獨特的外觀相當引人注目。館內展示有約1000種漁具和民俗相關的珍貴資料。
⏰9:00～16:30 休週一(逢假日則翌日休) Ｙ免費入館 Ｐ30輛

話題景點　品嘗當地才能吃到的醍醐味，極度幸福的讚岐烏龍麵巡禮之旅

在以「烏龍麵縣」之稱聞名的香川縣中，瀬戶大橋周邊區域也算是烏龍麵店特別集中的區域。除了眾多當地人喜愛的烏龍麵店、受閒靜的田園景色包圍的名店，還有1天只有營業1小時的烏龍麵製麵所等烏龍麵縣才會有的獨特店鋪。無論哪家都無法避免人潮，做好心理準備再造訪吧。

がもううどん 資料➡P.100

一邊欣賞田園與飯糰狀的山等四季風景，一邊吃烏龍麵

● ひのでせいめんしょ
日の出製麵所 資料➡P.100

僅在中午的製麵所時候有營業。候吸澤1又有彈性的麵條相當當光業。總是人潮滿滿

景點　香川縣立東山魁夷瀬戸內美術館

かがわけんりつひがしやまかいいせとうちびじゅつかん

0877-44-1333

充滿魅力的瀬戸內海與巨匠的畫作

主要收藏誕生於坂出市的日本畫家：東山魁夷的版畫作品。是一座建於海邊、前方就是一片瀬戸大橋景觀的小美術館。 ◐9:00～16:30(咖啡廳為9:30～16:00) ◑週一(逢假日則翌日休，有臨時休館) ◈入館費300日圓(收藏品展) Ⓟ300輛(瀬戸大橋紀念公園西停車場)

購物　名物かまど総本店

めいぶつかまどそうほんてん

0877-46-6600

可愛的爐灶造型和菓子

鹽業盛行的坂出地區名牌糕點。在用來炊煮鹽的爐灶造型麵皮中，包了用北海道的手亡豆製作的黃豆沙餡，樸素的味道和形狀都很受歡迎。 ◐9:00～19:00 ◑無休 ◈名產爐灶菓子(12個裝)1015日圓／爐灶派(10片裝)1080日圓 Ⓟ40輛

咖啡廳　八十八名物ところてん 清水屋

やそばめいぶつところてんきよみずや

0877-46-1505(3月中旬～11月營業)

在山頂的茶屋中品嘗涼粉

創業兩百餘年的老店，雖然是攤販，卻充滿了高雅的氛圍。以「八十八的涼粉」這個暱稱為當地人所熟知，主要是使用伊豆或四國產的國產洋菜製作。也有提供外帶。 ◐9:00～傍晚(夏季～18:00，春季、秋季～16:00) ◑期間中無休(10、11月為週日、假日休) ◈八十八名產洋菜(小)250日圓、(大)470日圓／浪速風洋菜(含黑蜜)小280日圓 Ⓟ30輛

107

23 COURSE 屋島・高松

やしま・たかまつ 書末地圖 **P.161**

自駕重點 [海岸美] [歷史探訪] [美食]

↑從屋島的談古嶺展望台看到的檀之浦
←鄰接瀨戶內海的Sunport高松

書末地圖 **P.161**

自駕路線

推薦！**當日來回**

- 路線行車距離 約**38**km
- 路線行車時間 約**1**小時**40**分

START 高松自動車道 高松中央IC

7km 20分／ (43) (272) (30) 一般道路

一邊感受季節景緻，一邊在古民宅中散步
1 「四國村」四國民家博物館・四國村畫廊

4km 10分／ 屋島ドライブウェイ

眼下是一片瀨戶內海的名勝地
2 屋島

19km 50分／ 屋島Drive Way (11)
(36) (150) (157) 一般道路 (30)

有景觀餐廳
3 高松地標塔

8km 20分／ (30) (11) 一般道路 (272) (43)

GOAL 高松自動車道 高松中央IC

自駕 MEMO
●屋島Drive Way上有看起來像下坡道的上坡道和展望台，夜間禁止通行，山上停車場需付費

↑從位於屋島北嶺北端的展望台（遊鶴亭）可以一覽瀨戶內海

自駕路線概要

以源平合戰古戰場聞名的屋島是瀨戶內海的景觀點。其周邊還有聚集從四國各地移建來的古民宅四國村等景點，讓旅客享受輕鬆的自駕之旅。回程時就去不斷出現話題景點的高松海灣地區或高松鎮，享用美食順便購物吧。

---

1 しこくむらしこくみんかはくぶつかんしこくむらぎゃらりー
「四國村」四國民家博物館・四國村畫廊
☎ 087-843-3111

在四季自然圍繞的村內，有33棟從四國各地移建過來的江戶～明治時期的民宅等建築林立。內有展示節慶裝飾和民間的日常用品，可以感受到古人的生活智慧與巧思。
⏰8:30～17:00（11～3月～16:30）
休無休 ¥入村費1000日圓 P200輛

2 やしま
屋島
☎ 087-841-9443（屋島山上觀光協會）

因為是源平合戰的背景舞台而廣為人知的名勝地。從海拔約290m高的台地看下去，可以一覽瀨戶內海和檀之浦古戰場，以及讚岐平原。山上還有屋島寺和商店街、水族館。
自由入園 P400輛

3 たかまつしんぼるたわー
高松地標塔
☎ 087-811-2111（マリタイムプラザ高松）

Sunport高松的核心設施。由有料理鐵人所開的景觀餐廳和觀光資訊中心進駐的30樓高塔樓，以及有烏龍麵店和海鮮料理餐廳、四國伴手禮店進駐的大廳樓兩棟大樓構成。
¥餐廳11:00～22:00，商店10:00～21:00（視店鋪而異）
休無休 ¥免費
P916輛（20分100日圓）

話題景點 前往歷史故事誕生的源平合戰舞台

環繞著屋島的相引川河口：檀之浦，是壽永4(1185)年發生的「屋島之戰」發生地。在能俯瞰源氏軍隊前去祈求武運與保佑的屋島寺及古戰場的展望台等景點，讓思緒馳騁在歷史之中吧。

●やしまじ
屋島寺
☎ 087-841-9418
⏰自由入境，寶物館為9:00～16:30
休週一～五（寶物館）
¥入館費500日圓
P400輛（300日圓）

展示合戰的遺物和寶物的寶物館

●ししのれいがんてんぼうだい
獅子靈巖展望台
☎ 087-841-9443
（屋島山上觀光協會）
自由參觀 P400輛

可以進行與源氏有淵源，並有開運消災作用的「丟陶器」（陶器在各個伴手禮店都有販售）

23 COURSE 屋島・高松

佇立在有舒爽海風吹過的港口的藝術品（大卷伸嗣《Liminal Air-core》）

高松 ●たかまつ

佇立於港邊的藝術作品等洗練的都會氛圍，與充滿歷史氛圍的庭園與史蹟融合在一起，一起在不負四國玄關口之名的魅力都市高松散步吧。

自駕 de 高松 MEMO

高松港或JR高松站附近有高松站前廣場地下停車場，☎087-821-0400／2小時以內20分100日圓、2~6小時為30分100日圓、6~12小時均為1400日圓/916輛，要去周邊散步時很方便。在閻藏和栗林公園內也有大型停車場，請根據自己的目的來選擇。

景點 特別名勝栗林公園
とくべつめいしょうりつりんこうえん

☎087-833-7411

四季各異的美麗花朵治癒心靈

位於紫雲山東麓的回遊式大名庭園。在腹地面積75萬m²的園內，有6座池塘及13座假山巧妙地配置在裡面，景色相當美麗。南湖周遊和船也頗受好評。

⏰7:00~17:00（視時期而異）
休無休 ¥入園費410日圓（1月1日和3月16日免費入園）
P62輛（25分100日圓）

建於江戶時代初期的回遊式大名庭園

景點 史跡高松城遺跡 玉藻公園
しせきたかまつじょうあとたまもこうえん

☎087-851-1521

日本數一數二的水城遺跡

將日本三大水城之一高松城作為公園開放給遊客參觀。城堡周圍三邊的護城河裡注滿了海水。月見櫓和舊東之丸的艮櫓、披雲閣為重要文化財。

監視出入船隻的月見櫓（著見櫓）

⏰7:00~18:00（10~3月為8:30~17:00，西門為日出~日落） 休無休
¥入園費200日圓 P57輛

景點 香川縣立博物館
かがわけんりつみゅーじあむ

☎087-822-0002

傳遞香川縣的歷史與文化

除了有介紹香川縣歷史的展示室外，常設展示室還有展示空海等與香川有關的主題美術收藏品。

在寬廣的展示室裡悠閒地觀賞美術品

⏰9:00~16:30
休週一（逢假日則翌日休）
¥參觀費410日圓，特展費用另計
P50輛（25分100日圓）

購物 IKUNAS g
いくなすぎゃらりー

☎087-833-1361

展示當地首創的全新產品

展示有讚岐收藏的手球、漆器、紡織品等香川縣民工藝品的藝廊，適合拿來送人的香川縣傳統工藝品琳瑯滿目。

⏰11:00~17:00
休不定休
P5輛

陳列著五花八門又有品味的作品

咖啡廳 Crêprie Kresalart
クレープリー クレサラート

☎087-821-6344

法國鄉村料理「法式薄餅」專賣店

可以享用到用蕎麥粉做的鹹食法式薄餅，以及用麵粉做的甜點可麗餅，菜色道地，連法國人都會來享用。也可以把這家店當作咖啡廳，來這裡品嘗甜點可麗餅。

季節限定的法式薄餅午餐1998日圓

⏰11:00~21:00 休週二（逢假日則翌日休） ¥法式薄餅972日圓~／使用當季水果製作的可麗餅1059日圓~ P使用附近的收費停車場

美食 一鶴 高松店
いっかくたかまつてん

☎087-823-3711

作為創始店人氣屹立不搖

帶骨烤雞肉和帶骨烤雞腿肉的調味辛辣，烤得又香又軟。有較有口感的成雞和較軟嫩的幼雞2種。

⏰16:00~22:45（週六、日、假日為11:00~） 休無休
P使用附近的收費停車場
骨付鳥…（おやどり）1008日圓（ひなどり）894円

美食 天勝
てんかつ

☎087-821-5380

使用活跳跳鮮魚製作的名產料理

可以享用到從店內的養魚池挑選出的海鮮。最推薦的是瀨戶內海穴子魚料理，可以用當地的名產壽喜燒方式品嘗，或是整隻下去炸來吃，還可以做成炙燒生魚片、整隻生魚片等，種類豐富任君選擇。

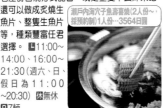

瀨戶內海穴子魚壽喜燒（2份~，採預約制）1人份~3564日圓

⏰11:00~14:00、16:00~21:30（週六、日、假日為11:00~20:30） 休無休
P7輛

知道賺到

時尚咖啡店雲集 漫步在海邊的復古倉庫街

翻新建於昭和初期的倉庫街而成的複合設施，因海風而生鏽的白鐵皮牆壁醞釀出港町獨特的氛圍。裡面聚集了咖啡廳和雜貨店、藝廊等獨特的店鋪，一邊吹著海邊的風一邊散步非常舒服。

有許多充滿獨創性的店進駐這個複合商店

北浜alley
きたはまあありー

☎087-811-5212（TSU MA MU）
⏰休視店鋪而異
P70輛

專賣鹹派和烘焙點心的店家也有提供外帶

高松 周邊圖 P.108
1:50,000
0 250 500m

探訪瀨戶內風情，前往變化豐富的**海岸線**

● おおくし・しろとり　書末地圖 **P.161**

24 COURSE 大串・白鳥

自駕重點：海岸美　玩樂　夕陽

↑津田位於津田松原的「許願橋、實現橋」

←位於讚州井筒屋敷內的手套工房

自駕路線概要

大串半島內有一座總面積廣達100万㎡的大串自然公園，可以一邊欣賞瀨戶內海風光明媚的景色，一邊在讚岐釀酒廠等豐富設施內遊玩。在大串自然公園玩完娛樂設施後，就沿著海岸往東走，順道前往白鳥神社等地，享受自駕的樂趣吧。

自駕路線

推薦！**當日來回**

路線行車距離	約**44**km
路線行車時間	約**1**小時**30**分

START 高松自動車道 **志度IC**

10km 20分 ⑭⑪ ⑱⑥ ⑬⑤

總面積100萬㎡的自然公園
1 大串自然公園

29km 1時間 ⑬⑤ ⑬⑦ ⑬⑥ ⑪ ⑫
⑫⑥

流傳日本武尊傳說的神社
2 白鳥神社

5km 10分 ⑫⑥ ⑫⑤ ⑪

GOAL 高松自動車道 **引田IC**

自駕MEMO
●縣道122、136、137號有些路段比較狹窄，而且彎彎曲曲的，行駛時需要小心留意

↑能一覽瀨戶內海的大串自然公園展望台

1 大串自然公園
おおくししぜんこうえん
☎087-894-1114 (讚岐市商工觀光課)

位於突出於瀨戶內海的大串半島上的自然公園，從園內各處都可以看到海。除了豐富的戶外設施外，還設有「讚岐釀酒廠」，野外音樂廣場也會舉行音樂活動。
自由入園　Ｐ400輛

2 白鳥神社
しろとりじんじゃ
☎0879-25-3922

據說日本武尊的靈魂曾化作白鳥降臨此神社，這個傳說也流傳至今。境內除了有日本最矮、海拔只有3.6m高的山，還有棵獲環境省選定為「香氣風景100選」的樟樹。神社所在之處，白砂青松相當美麗的名勝地。
6:00～20:00　Ｐ100輛

這裡也很推薦

景點 **白鳥動物園**
しろとりどうぶつえん
☎0879-25-0998

可以跟各式各樣的動物互動
不但可以餵食兔子或大象，還可以看到平常並不常見的白老虎或老虎的小嬰兒，是一座以與動物互動為主題的動物園。每天都會舉行「動物學習發表會」表演。
9:00～17:00 (視時期而異)
休無休　入園費1300日圓　Ｐ100輛

話題景點
在「讚州井筒屋敷」感受懷舊風情，小憩一會兒

曾因釀造醬油與酒而繁榮的引田鎮中，不但有巨大的商家和醬油釀造所，還有複雜的小巷，充滿了復古風情。而坐鎮引田中心地帶的舊屋宅邸，其中，改建自舊井筒屋（佐野家）宅邸而成的「讚州井筒屋敷」是人氣的觀光交流據點。在屋敷的正堂，可以一邊望著庭園一邊喝茶。附近的倉庫裡有商店和餐廳進駐，可以體驗製作和三盆糖等。在散步途中請一定要來逛逛。

●さんしゅういづつやしき
讚州井筒屋敷
☎0879-23-8550
10:00～16:00 (視設施而異)
休週三 (逢假日、活動期間開館)
免費入場「正堂入館費為300日圓 (可能會視展示內容變更費用)」和三盆糖體驗600日圓
Ｐ100輛

改裝自曾以釀造醬油繁榮一時的「井筒屋」宅邸

1:200,000　經典路線

P.102 かめびし屋
讚州井筒屋敷
播磨灘
大串岬　有美麗夕陽景色的海濱路線
海岸100選 白砂青松100選
道路狹窄，多拐彎
白鳥動物園
①大串自然公園　さぬきワイナリー
白鳥神社②　白砂青松100選
有許多狹窄的地方
鷹島　小田　クアタラソさぬき津田　沿海的開闊道路
鳴門市
道路狹窄
津田東　讚岐津田
下坡道　讚岐津田
道路寬廣很好行駛　津田黒田
津田の松原
志度灣　志度臨海站
志度寺　P.143　志度站
原站
高松自動車道
高松東IC
P.25 津田の松原SA
とらまる公園　白鳥大內
GOAL 引田IC
板野IC
東かがわ市
西山
START 志度IC
麵処 まはろ　うしおじさんの大山牧場
炸前龍鬚糖和青蔥還有柴魚片相當搭的「讚岐烏龍麵漢堡」
みろく P.29
有許多木盆烏龍麵店
土成IC
さぬき三木
三木町　さぬき市
香川縣　德島縣

ＳＴＡＲＴ 志度IC

COURSE 25 鹽江・脇町

自駕重點　街道散步　溫泉　紅葉

↑可以眺望夏子水壩的夏子休息處

自駕路線概要

從因卯建街道而廣為人知的脇町出發，經過鹽江溫泉鄉，往高松方向的國道193號是可以沿著有新綠或紅葉的美麗山中溪谷景色奔馳的合適自駕路線。如果時間上允許的話，推薦住宿於鹽江溫泉鄉，悠閒的去參觀阿波土柱或去大窪寺祈願等。

↑街道上防火用屋頂「卯建」的土牆家屋連綿

這裡也很推薦

みる　**阿波土柱**　あわどちゅう

☎0883-35-4211（阿波市觀光協會）

大自然的鬼斧神工令人看得入迷

因為受到風雨的侵蝕，能看到100萬年前的地層斷崖。由國有天然紀念物波濤嶽、橘嶽等5嶽構成，可以從阿波PA徒步到這裡。

Ｐ20輛

自駕路線

推薦！ **當日來回**

路線行車距離	約50km
路線行車時間	約1小時25分

START 德島自動車道 脇町IC

4km 10分／193　12

古色古香的吉野川邊街道
1 卯建街道

23km 35分／12　193

可以泡溫泉放鬆的地方
2 公路休息站 しおのえ

23km 40分／193　11

GOAL 高松自動車道 高松中央IC

自駕MEMO
●國道193號有許多彎道，對向車輛也很多，行駛時需要小心注意

1 卯建街道
うだつのまちなみ

☎0883-52-5610（美馬市觀光課）

位處於位於吉野川中游的美馬市脇町。脇町南通上保留了舊商家的本瓦葺屋頂住家，以及塗籠壁的住宅櫛比鱗次。每個住宅都有裝著「卯建」屋頂的土牆，這也成了這個景點的一大特色。Ｐ50輛（使用公路休息站藍ランドうだつ停車場）

2 公路休息站 しおのえ
みちのえきしおのえ

☎087-893-1378（觀光物產中心）

頂位於鹽江溫泉中心的行基之湯旁的公路休息站。附設的觀光物產中心しおのえ裡有販售鹽江茶和民工藝品、當地產的新鮮蔬菜等，也有許多外地的客人前來購買。
⏰8:00～19:00（11～2月～18:00）
休週二　Ｐ25輛

話題景點 充滿沉穩的旅遊情趣 漫步在卯建街道中

在位於脇町，入選「日本道路100選」的卯建街道上，有厚重的房屋林立，是一個刺激旅遊情懷的景點。脇町因曾是藍商之鎮而繁盛一時，在長達430m的脇南町通上，有許多富商為展示財力用的防火牆「卯建」住宅林立，入選重要傳統建築物群保存地區。在美馬市傳統工藝體驗館或是「脇町劇場オデオン座」等地，都充滿了城鎮的歷史。夜間點燈後的街景也相當有氣氛，推薦大家去看看。

●みましでんとうこうげいたいけんかん
美馬市傳統工藝體驗館
☎0883-53-8599（美馬市觀光協會）
⏰9:00～17:00 休無休（12月29日～1月3日休）❤免費入館
Ｐ50輛（使用公路休息站藍ランドうだつ的停車場）

●わきまちげきじょうオデオン座
脇町劇場オデオン座
☎0883-52-3807
⏰9:00～17:00 休週二
❤入館費200日圓 Ｐ10輛

充滿復古氛圍的脇町劇場オデオン座

在氣候溫暖的橄欖之島展開舒適的自駕之旅

● しょうどしま　書末地圖 P.155・161

COURSE 26 小豆島

自駕重點：海岸美　山岳景觀　美食　溫泉　夕陽

↑在一天2次的乾潮時段時，連接弁天島與中余島的「天使之路」

↑小豆島橄欖公園內有一座風車，種有約2000株的橄欖及香草

自駕路線概要

位於瀨戶內海上，有6座通往阪神、中國、四國方向港口的小豆島上，除了有聳立的群山外，還有構造複雜的海岸線，四處都有山海美景與奇景。另外，島上還種了約8萬多株橄欖樹，景觀更增添色彩。在此所介紹的自駕路線以土庄港為基點，行駛過觀光景點聚集的南海岸，再遊覽橄欖公園和二十四隻眼睛電影村、寒霞溪等經典景點，讓讀者能從Blue Line和小豆島Sky Line開始享受自駕旅程。但其實也很推薦環繞島嶼一周的行程，遊覽夕陽景色美麗的西、北海岸及面向播磨灘的東海岸。

自駕路線

推薦！ 2天1夜

路線行車距離　約69km
路線行車時間　約2小時35分

START　土庄港

8km 20分／436　26　436　250

1 面朝海灣的運動兼休閒設施
公路休息站 小豆島ふるさと村

4km 10分／250　町道ふるさと村丸山線　436

2 販售小豆島的特產品
公路休息站小豆島オリーブ公園

6km 15分／436　28

3 學習醬油釀造工程
丸金醬油紀念館

7km 15分／28　249

4 公開電影《二十四隻眼睛》的拍攝場景
二十四隻眼睛電影村

25km 45分／249　28　436　29　(Blue Line)

5 知名的紅葉名勝
寒霞溪

8km 20分／27　(小豆島Sky Line)

6 與猴子一起玩耍吧
銚子溪自然動物園猴子王國

11km 30分／27　26　436

GOAL　土庄港

自駕MEMO
● 踏青季節的車潮很擁擠
● 通往寒霞溪的Blue Line路上有些地方有連續彎道
● 小豆島Sky Line附近要小心猴子出沒

---

1 ● みちのえきしょうどしまふるさとむら
公路休息站 小豆島ふるさと村
☎0879-75-2266

認識、體驗小豆島的自然與文化的休閒設施。裡面設有小豆島町立美術館夢想館、手延素麵館等設施，還有舉辦手桿烏龍麵、獨木舟、陶藝等體驗教室(需預約)。
● 8:30～16:30(11～2月～16:00)
休無休　免費入園　P45輛

2 ● みちのえきしょうどしまおりーぶこうえん
公路休息站小豆島オリーブ公園
☎0879-82-2200

有橄欖田、香草花園、希臘氛圍的風車等如地中海沿岸景緻的公園。裡面還有將電影的場景移建過來的商店、可以享用橄欖油的咖啡廳等豐富設施。● 8:30～17:00(視設施而異)
休無休(溫泉週三休)　免費入園，泡湯費700日圓　P200輛

3 ● まるきんしょうゆきねんかん
丸金醬油紀念館
☎0879-82-0047

改裝自建於大正初期的醬油倉庫紀念館，裡面有資料或看板介紹製作醬油的道具以及方法、丸金醬油的歷史等。獨創的醬油霜淇淋相當受歡迎。
● 9:00～16:00(視時期而變動)　休10月15日、過年期間(其他還有臨時休業)　入館費210日圓　P25輛

4 ● にじゅうしのひとみえいがむら
二十四隻眼睛電影村
☎0879-82-2455

保存電影《二十四隻眼睛》的場景，並開放給遊客參觀。在充滿昭和氛圍的村內有木造學校建築以及日本國產電影藝廊、原作者壺井榮的文學館等設施可供參觀。
● 9:00～17:00(11月為8:30～)
休無休　入村費750日圓　P150輛

5 ● かんかけい
寒霞溪
☎0879-82-2171(寒霞溪空中纜車)

「日本三大溪谷美」之一的名聖地。搭乘空中纜車時，可以看到經歷了200萬年歲月的獨特美景。同時也是知名的紅葉景點。
● 自由散步，空中纜車為8:30～17:00(視時期而變動)　休無休　空中纜車(單程)810日圓、(來回)1470日圓　P300輛

6 ● ちょうけいしぜんどうぶつえんおさるのくに
銚子溪自然動物園猴子王國
☎0879-62-0768

銚子溪內有野生猿猴棲息，其中有約500隻成功以人工方式餵養的猴子聚集在這座自然動物園。表演小屋一天會舉行兩次猴子秀，相當受歡迎。
● 8:10～16:50　休無休　入園費380日圓　P100輛

話題景點　使用小豆島的特產醬油做成的醬蓋飯和醬甜點很受歡迎

自江戶時代起，醬油製造業在小豆島就很盛行。「醬蓋飯」使用「醬之鄉」所製作的醬油或醪、島上食材製作而成，附有特產橄欖和佃煮小菜，呈現滿滿的小豆島美味，島內有20家以上餐廳都有提供這道料理。也很推薦加了醬油的霜淇淋和烘焙點心等「醬甜點」。

● そうさくりょうりののか
創作料理 野の花
☎0879-75-2424
● 11:45～14:00、18:30～21:00(採預約制)　休週三、第3週二(有不定休)　野花遊醬蓋飯1280日圓　P8輛

盛上香料烤魚的西洋風醬蓋飯

● たけさんきねんかんいっとくあん
タケサン記念館 一德庵
☎0879-82-1000
● 9:00～17:00　休無休　小豆島醬油蜂蜜蛋糕(480g)1080日圓　P30輛

由醬油店所製作，味道鹹甜又濕潤的甜點。

醬油霜淇淋300日圓(丸金醬油紀念館)

景點資訊　賞花名勝　紅葉名勝　觀景點　有餐廳　有咖啡廳　有商店　有溫泉

景點 岬の分教場
みさきのぶんきょうじょう
☎0879-82-5711

重現電影場景的木造校舍

壺井榮所著的小說《二十四隻眼睛》的背景舞台。至昭和46 (1971)年為止曾為苗羽小學苗浦分校，校舍仍保持著當時的樣貌，可以參觀排有12張小桌椅的教室。🕐9:00～17:00 (11月為8:30～) 🈺無休 ¥入場費220日圓 🅿20輛

景點 小豆島橄欖園
しょうどしまおりーぶえん
☎0879-82-4260

保留了約100年前的橄欖樹原木

從栽培橄欖到榨油工程都有在進行的廣大橄欖農園。5月下旬到6月上旬會有可愛的白色花朵綻放。從園內各處都可以看到瀨戶內的美麗風景，散步起來很有樂趣。🕐8:30～17:00 🈺無休 ¥免費入園／食用橄欖油980日圓～／化妝用橄欖油540日圓～ 🅿50輛

購物 土庄港観光センター
とのしょうこうかんこうせんたー
☎0879-62-1666
由於正在進行翻新工程，以臨時店鋪方式營業

小豆島伴手禮應有盡有

就在土庄港旁，小豆島伴手禮的品項是島內數一數二的豐富。除了有提供自行車出租和行李寄送等服務外，還有附設可以品嘗到名產麵線的食堂。🕐8:00～18:00 (12月～2月最後一天～17:00，輕食～16:00) 🈺無休 ¥小豆島麵線島之光380日圓～／橄欖油1080日圓～ 🅿30輛

購物 井上誠耕園 ザ・スタイルショップ マザーズ
いのうえせいこうえんざ・すたいるしょっぷまざーず
☎0879-75-1133

橄欖魅力滿載的專賣店

為一家橄欖專賣店，店家有在陽光充足的山斜坡上設置自家經營的農園，並販售在農園內種植出的橄欖和橘子等農產加工品。2樓還有設可以品嘗到橄欖料理的咖啡廳。🕐9:00～17:00 (7、8月為18:00) 🈺無休 ¥冷壓初榨完熟橄欖油(箱裝) 180g1296日圓／芝麻醬200ml648日圓 🅿70輛

美食 こまめ食堂
こまめしょくどう
☎080-2984-9391

可以一覽中山千枚田的梯田熟食咖啡廳

改裝自碾米所的食堂。用入選名水百選的「湯船之水」煮成的梯田米而做成的飯糰有母親的味道。店內也有販售島上的特產品。🕐11:00～L.O.15:00 (也會有不定休)、週三(每月2次) ¥梯田飯糰定食1280日圓／小豆島橄欖牛肉漢堡套餐950日圓 🅿使用附近的免費停車場

美食 フォレスト酒蔵森國ギャラリー
ふぉれすとさかぐらもりくにぎゃらりー
☎0879-61-2077

島內唯一一家由酒窖經營的咖啡廳兼酒吧

除了有使用日本酒釀成的料理和甜點外，還提供像是重現釀酒人的早餐定食等釀酒設施獨有的品項。裡面也有附設烘焙坊。🕐11:00～17:00 🈺週四(逢假日需確認) ¥釀酒人的員工餐1000日圓／評酒套餐1500日圓 🅿20輛

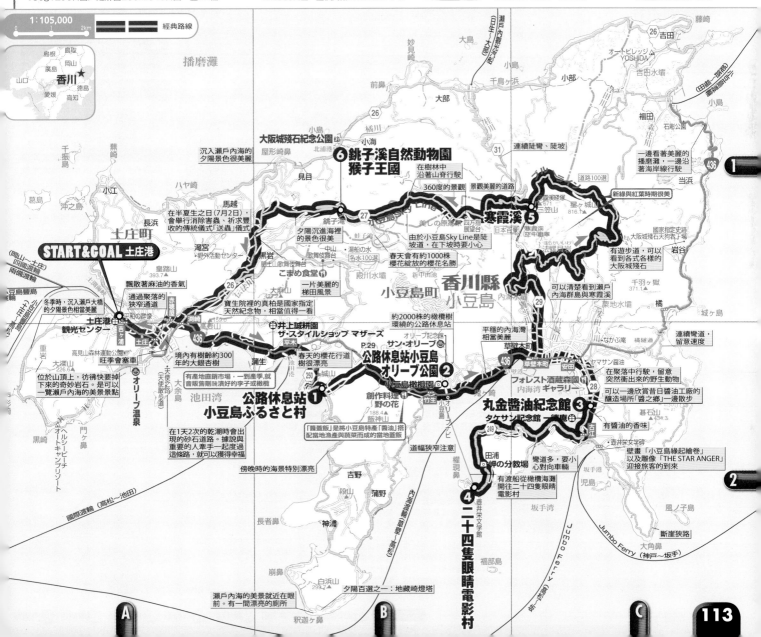

海峽大橋, 壯觀的漩渦, 舒爽的海洋景色

なると 書末地圖 P.161·162

COURSE 27 鳴門

自駕重點：海岸美 玩樂 美食 夕陽 歷史探訪

↑從水中觀潮船上也可以看到海中的漩渦

↑横跨在以漩渦聞名的鳴門海峽上的大鳴門橋

自駕路線概要

要前往面朝鳴門海峽、觀光設施聚集的鳴門公園，從鳴門北IC過去最快。在渦之道參觀完漩渦，並在公園附近待一陣子後，就開始享受在鳴門Sky Line自駕的樂趣吧。鳴門公園入口附近的大塚國際美術館是一定要去的景點。從在有高低起伏山丘上的Sky Line看出去，不但能看到大鳴門橋，還可以俯瞰播磨灘和內海，看到變化萬千的景色。夕陽映照在內海上的景色很漂亮，因此建議在傍晚時自駕，此外，鳴門近郊也有四國八十八所靈場第一番札所靈山寺，以及德國村公園等景點，特地繞去那些景點去看看也是一個方案。

自駕路線

推薦！ 2天1夜

路線行車距離	約23km
路線行車時間	約37分

START 神戶淡路鳴門自動車道 鳴門北IC

4km 8分／⑪

① 近距離觀賞鳴門漩渦
渦之道

2km 5分／⑪

② 名畫齊聚一堂的陶板名畫美術館
大塚國際美術館

5km 8分／183（鳴門Sky Line）

③ 可以一覽寧靜的內海
四方見展望台

12km 16分／183（鳴門Sky Line）⑪

GOAL 高松自動車道 鳴門IC

自駕MEMO ●鳴門Sky Line是有高低起伏的道路

---

① うずのみち 渦之道

☎088-683-6262

利用大鳴門橋的橋梁空間建造出來的450m長海上遊步道。從玻璃製的瞭望地板看出去，可以看到充滿魄力的漩渦。步道前端為回遊式展望室，正下方就是漩渦捲起的景象。
🕐9:00~17:30（10~2月~16:30，黃金週、暑假~18:30）
🚫3、6、9、12月的第2週一
¥入場費510日圓（與大鳴門橋架橋紀念館的折價套票900日圓）
P200輛（使用鳴門公園停車場／1次500日圓）

② おおつかこくさいびじゅつかん 大塚國際美術館

☎088-687-3737

展現用陶板重現出的約1000幅原尺寸西洋名畫，讓人有環遊全世界美術館的感覺。以整個空間環境體驗古代遺跡及展示禮拜堂等壁畫，相當寫實又壯觀。
🕐9:30~16:00（持預售券者~17:00）
🚫週一（逢假日則翌日休，8月無休，另外也有特別休館）
¥入館費3240日圓
P340輛

③ よもみてんぼうだい 四方見展望台

☎088-684-1157（鳴門市觀光振興課）

位於可以享受舒適自駕之旅的鳴門Sky Line上的展望台。可以俯瞰到受群島環繞，且有小船熙來攘往的沉穩內海景色。特別是夕陽景色相當美麗。
P10輛

這裡也很推薦

景點 ESCAHILL·鳴門
えすかひるなると
☎088-687-0222

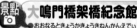

從山頂看到的鳴門海峽堪稱美景。可以從全長68m、高低差34m的渡海手扶梯欣賞景觀。從位於屋頂的鳴門山展望台看下去，連位於鳴門海峽對面的淡路島都看得到。
🕐8:30~16:45
🚫不定休 ¥手扶梯使用費400日圓
P200輛（使用鳴門公園停車場／1次500日圓）

景點 大鳴門橋架橋紀念館
おおなるときょうかきょうきねんかんえてい
☎088-687-1330

有關漩渦與橋梁的有趣博物館。有可以體驗在水中捲起的漩渦以及春季大潮的劇院以及釣魚遊戲等。屋頂展望台的景色實在是絕景。於2018年4月翻新開幕。🕐9:00~16:30（視時期而異）🚫無休 ¥入館費610日圓（與渦之道的套票900日圓）／冒險模擬設施（渦丸）200日圓 P200輛（使用鳴門公園停車場／1次500日圓）

話題景點

坐上觀潮船近距離體驗！前往驚險刺激的漩渦之海

鳴門漩渦在春季和秋季大潮時，會捲起直徑超過20m以上的巨大漩渦。若想要近距離感受漩渦的魄力的話，最好的方法就是坐上觀潮船，這樣就可以體驗發出轟隆聲響、彷彿就要把人捲進去般的逆捲潮流。有各種各樣的漩渦觀潮船，如果是坐在水中觀測船，就可以從船內看到海中的漩渦。無論是哪種觀潮船，都會受到天候或潮汐漲退，或是每天漩渦形成的時間影響，在出發前記得先確認一下。

おおがたかんちょうせんわんだーなると
大型觀潮船WONDER NARUTO
すいちゅうかんちょうせんあくあえでぃ
水中觀潮船AQUA EDDY
☎088-687-0101（鳴門觀光汽船）

🕐9:00~16:20 🚫無休
¥大型觀潮船1800日圓，水中觀潮船（需預約）2400日圓／從龜浦觀光港出航
P200輛

近距離看時充滿了魄力

景點資訊 ☆賞花名勝 🍁紅葉名勝 📷觀景點 🍴有餐廳 ☕有咖啡廳 🏪有商店 ♨有溫泉

這裡也很推薦

購物 豐田商店
とよたしょうてん

☎ 088-687-0856

販售種類豐富的鳴門四季美味

販售有鳴門產的海帶或手工製乾貨、鳴門金時、醋橘等，集聚了當地食材的商店。此外也有提供洋菜或乾貨製作體驗（採預約制）。店家就位於鳴門北IC附近，很便於造訪。 ⏰7:00～19:00（體驗為10:00～14:00，需預約）
休無休 ¥天然鳴門鯛魚乾500日圓～／竹筴魚乾300日圓～／洋菜製作體驗1080日圓／乾貨製作體驗1080日圓 P20輛

美食 味処あらし
あじどころあらし

☎ 088-686-0005

品嘗鮮度超群的鳴門鯛

提供用在鳴門的大海或瀨戶內海捕獲的新鮮魚產製作的日本料理。平常提供的菜色就有超過30種，像是生魚片、天婦羅、燉煮魚肉、烤魚、單品料理等，會依照當天進貨的魚貨改變內容。 ⏰11:00～21:00 休週三（逢假日則營業） ¥鯛魚全吃膳食3240日圓／海鮮蓋飯1944日圓／特選生魚片定食1620日圓 P15輛

美食 うづ乃家
うづのや

☎ 088-687-0150

品嘗招牌美食名產鯛魚蓋飯

最有名的就是將富有彈性的厚切鯛魚生魚片放在飯上，並搭配有芝麻和芥末味的特製醬油醬汁享用的鯛魚蓋飯。 ⏰9:00～16:30 休無休 ¥鯛魚蓋飯1950日圓／金時蓋飯800日圓 P無（使用鳴門公園收費停車場）

115

流傳**平家落人傳說**的**秘境山里**、西日本數一數二的**大溪谷**

●いやけい・おおぼけ 書末地圖 **P.160・166**

28 COURSE 祖谷溪・大步危

自駕重點：山岳景觀 溪谷美 紅葉 歷史探訪 溫泉

↑開下大步危溪谷的遊覽船

↑祖谷的藤蔓橋就保留在流傳著平家落人傳說的山村中

自駕路線概要

祖谷溪與飛驒的白川鄉（岐阜縣）、日向的椎葉村（宮崎縣）併列為日本三大秘境。受森林包覆的深邃山谷流傳著平家的落人傳說。藤蔓橋與錦帶橋（山口縣）、猿橋（山梨縣）併稱為日本三奇橋，不分四季總是擠滿了遊客。通過祖谷溫泉，沿著祖谷川邊往下延伸的祖谷街道（縣道32號）由於道路狹窄到很難會車，又有很多彎彎曲曲的地方，所以開過去很費時。雖然通行車輛不多，但穿過深至谷底、超過200m的深邃峽谷山腹時所看的斷崖絕壁令人嘆為觀止。特別是紅葉或夏季新綠時期時，有鮮豔奪目的美景在等著你。

自駕路線

推薦！**2天1夜**

路線行車距離 約**70km**
路線行車時間 約**2小時3分**

START 德島自動車道 井川池田IC
24km 30分／32

欣賞自然打造出的溪谷美
1 大步危・小步危
5km 8分／32 45

能認識到昔時生活樣貌的資料館
2 平家屋敷民俗資料館
8km 15分／45 32

橫跨在有美麗紅葉的山谷上的橋
3 祖谷的藤蔓橋
9km 20分／32

在斷崖絕壁下連綿的溪谷
4 祖谷溪
24km 50分／32 32

GOAL 德島自動車道 井川池田IC

自駕 MEMO
●國道192號在傍晚時段的車流量會變多
●國道32號、縣道32號都是彎道很多的道路，要小心對向車輛
●縣道32號上可能有許多路段在進行道路加寬工程
●冬季時可能會下雪，或是發生路面結凍的狀況，所以要事先確認道路狀況

1 大步危・小步危
●おおぼけこぼけ
☎0120-404-344（三好市觀光服務處）

結晶片岩遭到橫切四國山地的吉野川急流切割而成的溪谷。大自然打造出的奇岩景觀，大概廣達約8km。可以搭乘遊覽船眺望那壯觀又美麗的景觀。
P使用設施內設置的停車場

2 平家屋敷民俗資料館
●へいけやしきみんぞくしりょうかん
☎0883-84-1408
展示源自平家的寶物、生活用具等民俗資料的設施。資料館建築是保留當時樣貌的合掌屋宅邸，鋪有茅草屋頂的建築物據說是建於江戶時代，同時列入三好市有形文化財。
⏰9:00～17:00 休無休 ¥入館費500日圓 P30輛

3 祖谷的藤蔓橋
●いやのかずらばし
☎0120-404-344（三好市觀光服務處）
用軟質獼猴桃的藤蔓編成，長約45m的橋。橫跨在深邃的山谷中的這座橋梁是日本三奇橋之一。一踏上去橋就會搖搖晃晃的，相當刺激。是國家指定重要有形民俗文化財。
⏰日出～日落 休無休 ¥渡橋費550日圓 P300輛（使用藤蔓橋夢舞台停車場，1次510日圓）

4 祖谷溪
●いやけい
☎0120-404-344（三好市觀光服務處）

在流過海拔1955m高的劍山的祖谷川下游處，有一座連綿約15km的溪谷。溪谷橫斷四國山地，將兩岸切成了V字型，形成了約數十m到數百m的壯觀斷崖絕壁。P無

這裡也很推薦
美食 そば道場 ●そばどうじょう
☎0883-88-2577
品嘗現煮的名產祖谷蕎麥麵
可以輕鬆體驗製作手桿祖谷蕎麥麵。在這裡可以用東祖谷特產的喬蕎麥粉製作、品嘗蕎麥麵，也可以只來這裡吃飯。
⏰11:00～18:00（冬季～17:00）休週四（逢假日則營業）¥蕎麥涼麵800日圓／蕎麥麵製作體驗（採預約制）2500日圓 P3輛 **MAP 118**

話題景點 在位於大溪谷谷底的知名露天溫泉享受充滿秘境氛圍的溫泉
●なのやどほてるいやおんせん
和之宿飯店祖谷溫泉
☎0883-75-2311
⏰7:30～17:00 休不定休 ¥不住宿溫泉1700日圓 P37輛
從祖谷溪谷底湧出的祖谷溫泉。建在斷崖上的獨棟旅館「和之宿飯店組谷溫泉」是充滿秘境氛圍的飯店。遊客可以從飯店搭乘空中纜車前往知名的露天溫泉，泡在溫泉裡欣賞祖谷溪谷的大全景景色。也可以當日來回，時間允許的話一定要來看看。

搭乘空中纜車前往露天溫泉

建在谷底的露天溫泉

116 四國方向

景點資訊 ☆賞花名勝 ✿紅葉名勝 ◎觀景點 ♨有餐廳 有咖啡廳 有商店 ♨有溫泉

玩樂 RiverStation West-West
りばーすてーしょんうえすとうえすと

☎0883-84-1117

可以欣賞到峽谷之美的多功能景點
大步危的泛舟與觀光據點設施，裡面有伴手禮店、祖谷蕎麥麵店、拉麵店等設施。夏季還有泛舟體驗、烤肉、林間漫步等可以享受。

🕙10:00~17:00(週六、日、假日可能會延長營業時間，視店鋪、季節變動) 🈺無休(12~6月有些店家會有定休日) 🅿120輛

稍微走遠一些

位於劍山山麓上的奧祖谷 另一座「藤蔓橋」

從祖谷的藤蔓橋再往上游一點的位置，有座約42m的男橋與約20m的女橋並列在一起。可以看到原生林包圍著清流的大自然美麗景色。

奧祖谷二重藤蔓橋
☎0120-404-344(三好市觀光服務處) 🈺12~3月 💴通行費550日圓 🅿30輛 MAP 118

女橋旁邊有一個用人力纜車渡過溪谷的設施「野猿」

據說是在800年前，由平家一族架設的

地圖標示

START&GOAL 井川池田IC

1:100,000

經典路線

- **① 大步危·小步危** 日本百景
- **② 平家屋敷 民俗資料館** 足湯在3~11月的週六、日、假日僅於10:00~16:00開放
- **③ 祖谷的藤蔓橋**
- **④ 祖谷溪** 日本百選

德島縣 香川縣

德島自動車道

伊予街道

三好市

RiverStation West-West

太陽河大步危酒店

「下影之梯田」小小的梯田彷彿貼在山壁上

有連續狹窄隧道，請小心行駛

紅葉時期一定要來，絕壁聳立的秘境

俯瞰深谷可見到小便小僧的立像

行走在峽谷的斷崖上，道路狹窄請留意

祖谷溪谷的「U型溪谷」為絕景景點

連續降雨量達150mm以上就禁止通行

販售特色是麵條又粗又短的「祖谷蕎麥麵」的「もみじ亭」

祖谷特產「祖谷蕎麥麵」的特色就是完全使用蕎麥粉製作，且麵條長度很短

祖谷祕境之湯

新祖谷溫泉 ホテルかずら橋

和之宿飯店祖谷溫泉

蕎麥麵店「祖谷美人」

抬頭就能看到山坡上有許多民宅

眼前都是深遂的山與溪谷，天候不穩定，需要留意

妖怪屋敷·石之博物館

行駛在翡綠森林環繞的山谷間，前往劍山

つるぎさん　書末地圖 P.161・167

29 COURSE 劍山

自駕重點：山岳景觀・街頭散步・溪谷美

↑劍山山頂看到的景色

自駕路線概要

有一條車道直通四國第2高峰劍山山頂正下方，可以從停車場搭乘纜車輕鬆前往。沿著貞光川邊的國道438號雖然是深遂樹林環繞的谷間路線，但道路彎彎曲曲的，要小心駕駛。回程可以照原路走，或是經由國道439號前往祖谷溪方向。

←劍山為「日本百名山」之一

自駕路線

推薦！ 2天1夜

路線行車距離　約90km
路線行車時間　約2小時50分

START 德島自動車道 美馬IC
↓ 45km 1小時25分／438
1 日本百名山之一 劍山
↓ 41km 1小時15分／438
2 一覽吉野川和劍山 公路休息站 貞光ゆうゆう館
↓ 4km 10分／438
GOAL 德島自動車道 美馬IC

自駕MEMO
●國道438號等周邊道路不僅道路狹窄也多彎道，需留意

1 劍山
つるぎさん
☎0883-67-5277（劍山觀光登山纜車）

海拔1955m高的劍山是西日本第二高峰。只要搭乘登山纜車，就可以輕鬆享受登山樂趣。⏰4月下旬～11月下旬9:00～16:30（登山纜車和夏季期間為8:00～17:30）❌期間中無休　💴來回1860日圓　Ｐ200輛（使用見之越站停車場）※12月～4月中旬請洽☎0120-404-344（三好市觀光服務處）

2 公路休息站 貞光ゆうゆう館
みちのえきさだみつゆうゆうかん
☎0883-62-5000

位於國道192號邊，是介紹駕駛所需要知道的資訊總站。裡面有餐廳、物產中心、景色良好的地標塔等設施，獨創的手工義式冰淇淋頗受好評。⏰9:00～18:30（11～3月～17:30）❌第3週三（逢假日則翌日休），餐廳為週三休　Ｐ98輛

這裡也很推薦

景點 劍峽
つるぎきょう
☎0883-52-5610（美馬市觀光課）

在深山溪谷裡的紅葉名勝
位於國道492號邊的峽谷，因為穴吹川大幅改變流向所形成的陡峻峽谷。是知名的紅葉名勝，每到秋天，一整面山就會染成紅色或黃色，讓訪客深受感動。Ｐ多處有停車空間

話題景點
在日本全國也相當少見的二層卯建街道

貞光地區保留了相當少見的二層卯建街道。貞光的卯建建築特色為呈雙層構造，而且還裝飾有祈求福壽的花紋（鏝繪），一間又一間地連綿下去。由於每間卯建建築的外型和裝飾都不一樣，一邊欣賞一邊比較不同建築的差異也相當有樂趣。附近有販售鎮內特產品和新鮮蔬菜的公路休息站、製造與販售鳴門金時的栗尾商店等，很適合來這裡買伴手禮。

●にそうのうだつのまちなみ
二層卯建街道
☎0883-62-3114（劍町商工觀光課）
自由參觀　Ｐ9輛（使用舊永井家庄屋屋敷、織本屋停車場）

●くりおしょうてん
栗尾商店
☎0120-38-48-58
⏰9:00～17:00（週六、日） 💴鳴門烏頭番薯（250g）648日圓／炙燒金時（180g）540日圓／柚子番薯（180g）540日圓　Ｐ5輛

可以窺見往日繁榮景象的二層卯建街道

1:250,000
經典路線

溺灣海岸與蔚藍大海譜出壯大的**協奏曲**

● みなみあわかいがん 書末地圖 P.161・162・167

COURSE 30 南阿波海岸

自駕路線 推薦！
2天1夜

路線行車距離	約**155km**
路線行車時間	約**5小時25分**

START 德島自動車道 德島IC

54km 1小時50分 ⑪ 55 (阿南道路) 26 200 一般道路

1 在四國最東邊，充滿邊境風情的海岬
蒲生田岬

34km 55分 一般道路 200 26 55 25 一般道路

2 赤蠵龜會游過來
大濱海岸

7km 20分 一般道路 25 55 147 (南阿波Sun Line)

3 壯闊的海岸線
千羽海崖

60km 2小時20分 147 (南阿波Sun Line) 55 ⑪

GOAL 德島自動車道 德島IC

自駕MEMO
● 蒲生田岬附近的道路有些狹窄，要小心對向車輛

↑複雜的海岸線以及閃閃發光的海洋構成的壯麗風景(潮吹展望台)

自駕重點 海岸美 歷史探訪 溫泉

↑有許多人玩水上運動的南阿波海岸
←道路沿著又細又險峻的海岸線一路延伸至蒲生田岬

自駕路線概要
從四國最東邊的蒲生田岬到宍喰附近，有複雜的溺灣海岸連綿，形成一片壯麗的海岸景色。連接美波町的日和佐和牟岐的南阿波Sun Line是可以破風馳騁的舒適自駕路線。如果再將那賀川的鷲敷Line排進行程中，就可以享受到更加有變化的假日自駕之旅。

---

1 ● かもだみさき
蒲生田岬
📞0884-22-3290 (阿南市商工觀光勞政課)

位於突出紀伊水道的半島尖端，是四國最東邊的海岬。遊步道的入口設有觀光紀念碑，從監看大海原的燈塔看到的景色極為美麗。每年5～7月，赤蠵龜會為了產卵而在此上陸。
🅿20輛

2 ● おおはまかいがん
大濱海岸
📞0884-77-3617 (美波町產業振興課)

「日本海岸百選」之一，以赤蠵龜的產卵地聞名。南北廣達500m、呈弓狀的海岸充滿了南國風情。
5月中旬～8月中旬為保護海龜有出入限制，19:30～翌日4:00禁止入內 🅿50輛

3 ● せんばかいがい
千羽海崖
📞0884-77-3617 (美波町產業振興課)

國高約250m的險峻斷崖絕壁沿著海岸連綿2km之長，從南阿波Sun Line的展望台看下去，可以看到相當震撼的景觀。也有設置起點為日和佐的沿海遊步道。
🅿150輛

1:300,000

119

海洋與天空構成的**大全景**，充滿**旅遊**情趣的**絕景海岬**

● むろとみさき 書末地圖 **P.162・166・167**

COURSE 31 室戶岬

⬆位於最御崎寺南邊的室戶岬燈塔

自駕路線概要

位於四國東南邊的室戶岬，是有一片大平洋全景的絕景聖地，獲認定為世界地質公園。國道55號是可以一邊觀賞藍天碧海，一邊行駛的舒適自駕路線。沿著海岸朝海岬開過去，就到了研究海洋深層水之運用的參觀設施，在這裡停下車來休息一下吧。接著從海岬出發，經由縣道203號(室戶Sky Line)前往最御崎寺或室戶岬燈塔。途中有一座展望台，可以看到360度的大全景。另外，回程路的吉良川街道為重要傳統建築物群保存地區，一定要順道去看看。雖然各個路段行駛起來都很通暢，但要留意走在路上的「巡禮者」，小心開車。

⬆從縣道203號(室戶Sky Line)俯瞰下去，可以看到一片太平洋

自駕重點：海岸美・四季花卉・歷史探訪・街頭散步・夕陽

自駕路線

推薦！ **2天1夜**

路線行車距離	約216km
路線行車時間	約5小時28分

START 德島自動車道 **德島IC**

93km 2小時25分／⑪ 55（阿南道路）⑳⑨

近距離觀賞海中景色

1 海底觀光船Blue Marine

39km 45分／⑳⑨ 55

了解海洋深層水的相關知識

2 室戶海洋深層水產養殖場

3km 3分／55

也設有環遊海岬的遊步道

3 室戶岬

2km 5分／55 ⑳③

建在室戶岬的高地上，由空海開創的寺廟

4 最御崎寺（東寺）

12km 20分／⑳③（室戶Sky Line）55

可以品嘗鯨魚料理的公路休息站

5 公路休息站 キラメッセ室戶

28km 40分／55

可以欣賞到太平洋的壯觀景色

6 公路休息站大山

39km 1時間10分／55 ㉜

GOAL 高知自動車道 **南國IC**

自駕MEMO
● 路上有時也會有路線巴士或來巡禮的人，開車時要多加留意
● 通往室戶燈塔的室戶Sky Line上有很多陡坡和陡彎
● 野市町附近一到傍晚，車潮預計會很擁擠

---

1 ● かいちゅうかんこうせんぶるーまりん 海底觀光船Blue Marine

✆0884-76-3100

環繞海水透明度高的竹之島海中公園一圈的海底觀光船。可以透過船底的窗戶近距離觀看海中的珊瑚礁以及鮮豔的熱帶魚。一起來享受夢幻般的海中散布吧。⏰9:00～16:00（每1小時一班）㊡週二（逢假日則翌日休）、黃金週、暑假期間無休，天候不佳時休 ¥乘船費1800日圓 P70輛（使用海陽町海洋自然博物館Marine Jam停車場）

2 ● むろとかいようしんそうすいあくあふぁーむ 室戶海洋深層水產養殖場

✆0887-24-2822

汲取、供給室戶岬海洋內海洋深層水的設施。館內展示有內徑27cm的取水管實物，並以看板或立體模型介紹海洋深層水。也可以在這裡買到用海洋深層水做成的商品。⏰9:00～17:00 ㊡需洽詢 ¥免費入館 P14輛

3 ● むろとみさき 室戶岬

✆0887-22-0574（室戶市觀光協會）

V字形的海岸往太平洋突出，大浪拍打岩石海岸、激起浪花的壯觀景色相當值得一看。裡面的景點有弘法大師曾在此修行過的知名場所御廚人窟，還有可以在震撼的海岸線上散步的亂礁遊步道等。P50輛 ※由於有落石，御廚人窟禁止入內

4 ● ほつみさきじひがしでら 最御崎寺（東寺）

✆0887-23-0024

相對於西邊的金剛頂寺，也有東寺之稱。是四國靈場第24號札所。寺內收藏了重要文化財如意輪觀音半伽像和藥師如來像等，僅在11月初旬燈塔祭當天開放給遊客參觀。自由入境 P50輛（到停車場步行10分鐘）

5 ● みちのえききらめっせむろと 公路休息站 キラメッセ室戶

✆0887-25-3500（食遊）
✆0887-25-3377（鯨館）

設有學習自古以來與鯨魚共存的室戶歷史與文化，以及可以了解鯨魚生態的「鯨館」、可以品嘗到鯨魚料理的「食遊」、農產品直銷所「樂市」等的公路休息站。⏰鯨館9:00～17:00、食遊10:00～19:30（11～2月～19:00）、樂市8:30～17:00 ㊡週一（逢假日則翌日休）、8月無休 ¥鯨館入館費500日圓 P40輛

6 ● みちのえきおおやま 公路休息站大山

✆0887-32-0506

建在大山岬附近舊國道55號邊的木造公路休息站。設有販售安藝特產品和當地產品的直銷所，以及可以得到道路資訊的道路交通資訊樓。此外還有很漂亮的太平洋景色可以看，最適合在自駕途中來這裡稍微休息一下。⏰8:30～17:00 ㊡無休 P18輛

話題景點 接觸獲認定為聯合國教科文組織世界地質公園的室戶大地的遺產

● むろとせかいじおぱーくせんたー 室戶世界地質公園中心

✆0887-23-1610 ㊡無休 ¥免費入館，地質導覽900日圓～（需預約）P53輛

地質公園是能感受到人與大地之間連結的自然公園。室戶有許多能接觸到因大自然而誕生的歷史與文化場所，其中地質公園中心介紹了室戶大地的歷史以及其與之間的關聯，還有保育、活用大自然的活動。

介紹室戶地質與地形的展示區

也有附設咖啡廳和商店，接受各類地質導覽（需付費）

景點資訊：☆賞花名勝 🍁紅葉名勝 📷觀景點 🍴有餐廳 ☕有咖啡廳 ⊞有商店 ♨有溫泉

玩樂 室戶海洋深層水SPA searest
むろとかいようしんそうすいすぱしれすとむろと

☎0887-22-6610

海洋深層水讓你元氣滿滿

設有100%海洋深層水的溫水游泳池，以及德式Aufguss三溫暖。在寬敞的游泳池中，可以做水中運動，或是享受水流按摩來消除疲勞。館內的餐廳則有提供高知當季的美味料理。

🕙10:00～21:00　休第2週三（逢假日則營業，2月上旬有不定休）　¥入館費1300日圓／純泡湯450日圓　Ｐ60輛

玩樂 室戶海豚中心
むろとどるふぃんせんたー

☎0887-22-1245

能近距離地與海豚互動

除了有能與海豚一起游泳的「與海豚共游」之外，還有「哈囉海豚」與「觸摸海豚」等5種互動體驗。

🕙10:00～16:00（視時期而異）　休視天候、海豚身體狀況會臨時休館　¥與海豚共游0040日圓／觸摸海豚700日圓　Ｐ50輛（使用TOSA*KUROSHIO HAPPY SQUARE[TOROM]停車場）

景點 吉良川街道
きらがわのまちなみ

☎0887-25-3670（吉良川街道館）

在有美麗傳統建築的街道中散步

保留了裝有防止房屋遭到颱風等自然災害破壞的石牆圍籬、水切瓦等等明治時期到昭和初期的建築。於1997年獲選為重要傳統建築物群保存地區。

自由參觀　導覽旅遊1200日圓（最多5名，需預約）　Ｐ32輛

美食 釜めし初音
かまめしはつね

☎0887-22-0290

放入滿滿當季食材的釜飯很受歡迎

可以一邊坐在和式座位上休息，一邊品嘗釜飯或當地新鮮漁產。除了有綜合口味的釜飯之外，還有鯨魚釜飯、夏季的常節貝釜飯，冬季還有提供牡蠣釜飯。金目鯛釜飯也頗受好評。

🕙11:30～13:00（週六、週日，假日至11:00～13:30）、17:00～20:30　休不定休　¥釜飯1150日圓／釜飯定食1950日圓　Ｐ7輛

景點 北川村「莫內庭園」馬摩丹
きたがわむらもねのにわまるもったん

☎0887-32-1233

重現莫內深愛的庭園

以法國印象派畫家：克勞德．莫內所深愛的吉維尼自家庭園為原型建造的花園。由有睡蓮綻放的「水之庭」與「花之庭」、「光之庭」構成。

🕙9:00～16:30　休週二（冬季會為維護休園，需洽詢）　¥入園費700日圓　Ｐ100輛

美食 キッチンカフェ海土
きっちんかふぇかいど

☎0887-22-4535

可以充分享受地質公園氛圍的咖啡廳兼餐廳

位於面對大海的絕佳地點，能品嘗到用在室戶捕獲到的新鮮漁產及蔬菜製作的料理。最推薦的是地質公園相關的午餐菜色及甜點。

🕙7:00～14:20、17:00～20:00　休週二（逢假日則翌日休）　¥地質公園便當1000日圓／名樣鰹魚生魚片定食1480日圓　Ｐ12輛

かつらはま・とさよこなみ 書末地圖 **P.165・166**

32 COURSE 桂濱・土佐橫浪

看海景行駛在橫浪黑潮 Line 上

有龍王宮坐鎮的「龍王岬」

自駕路線概要

造訪高知具代表性的景勝地桂濱後，就沿著土佐灣往西邊行駛，一邊欣賞壯觀的海岸美一邊自駕至橫浪三里吧。橫浪黑潮Line是有平穩的浦之內灣和太平洋海景相伴的美景自駕道路。一路上彎彎曲曲的，要小心駕駛。

自駕路線

推薦！ 2天1夜

路線行車距離 約**56**km
路線行車時間 約**1**小時**40**分

START 高知自動車道 **高知IC**

13km 30分 / ④④ ③⑦⑥ ①④ ③⑤

立有望著土佐灣的坂本龍馬像名勝地
1 **桂濱**

19km 35分 / ③⑤ ①④ ②③ ④⑦

位於橫浪黑潮Line途中的四國靈場札所
2 **青龍寺**

24km 35分 / ④⑦ ②③ ⑤⑥ (須崎道路)

GOAL 高知自動車道 **須崎東IC**

自駕MEMO
●橫浪黑潮Line有許多陡彎道，嚴格禁止過度加速

自駕重點 海岸美 歷史探訪 美食

↑沙灘與綠樹非常美麗的桂濱與龍王岬

1 かつらはま 桂濱
☎ 088-823-9457（高知市觀光振興課）

位於高知市南邊、面朝太平洋的浦戶地區景勝地，立一座坂本龍馬人像，不但入選「日本海岸百選」之一，也是知名的月亮景點。這一帶有桂濱公園，還有桂濱水族館、坂本龍馬紀念館等值得一看的景點。
🅿500輛（1次400日圓）

2 しょうりゅうじ 青龍寺
☎ 088-856-3010

位於橫浪黑潮Line附近的四國靈場第36號札所。通往本堂的170層長階梯上，有前來巡禮的人們的身影交錯。石階途中有一座紅色的三重塔，周圍的綠意更襯托出塔的美麗。
自由入境 🅿20輛

這裡也很推薦

景點 高知縣立高知城歷史博物館
こうちけんりつこうちじょうれきしはくぶつかん
☎ 088-871-1600

介紹土佐幕末維新的歷史以及豪華絢麗的大名道具

展示並收藏有國寶和重要文化財等，從土佐藩主山內家傳來的歷史資料博物館。不可錯過能看到高知城的展望大廳。 ⏰9:00～18:00（週日為8:00～） 🈑無休 💴企劃展展期間為700日圓，其他期間為500日圓 🅿使用附近的收費停車場 **MAP 123**

1:250,000 經典路線

32 桂濱‧土佐橫浪

停下車來 街頭散步

高知 ‧こうち

曾因為是土佐藩24萬石的中心地而繁榮的城下町是「龍馬的故鄉」。在播磨屋橋、高知城，還有能品嘗到鄉土料理的餐廳等享受南國氣氛吧。

在追手筋舉行高知知名的日曜市。

自駕 de 高知 MEMO

高知市區中，有高知著名的路面電車行駛過大馬路。所以在開車時，特別是右轉時需要小心有沒有電車通過。如果想在市區中心停車，播磨屋橋附近的高知市中央公園地下停車場（☎088-872-7450／1小時200日圓，之後每30分100日圓／325輛）是方便的選擇。

景點 高知城 ‧こうちじょう
☎088-824-5701（高知城管理事務所）

展現築城400多年風格的名城

佇立於高知市中央，屬於典型的平山城。起源於慶長6（1601）年，山內一豐來到土佐，並在大高坂山築城，演變成現在的高知城。天守閣為3層6樓構造，與追手門等15個建築物一同列入重要文化財。

從追守門眺望天守閣

⌚9:00～17:00　休12月26日~1月1日
¥天守閣（懷德館）入場費420日圓　P65輛（1小時360日圓，之後每30分鐘100日圓）

景點 播磨屋橋 ‧はりまやばし
☎088-823-9457（高知市觀光振興評）

因《夜來節》而為人所知的地方

在《夜來節》中有歌詠到這座橋，由江戶初期的富商：播磨屋宗德與櫃屋道清為了來往兩家所建造的。現在這一帶都整理成播磨屋橋公園，並重現了紅色的太鼓橋。

位於高知市中心

自由參觀　P325輛（使用高知市中央公園地下停車場）

景點 高知市龍馬生地紀念館 ‧こうちしりつりょうまのうまれたまちきねんかん
☎088-820-1115

介紹幕末英雄龍馬的家族與故鄉

位於龍馬誕生地附近的紀念館，有能親身體驗龍馬所生活的時代的「虛擬4面劇場」等設施可以遊玩。館內一隅設有以坂本龍之雕屋為原型的休息區，另外也有附設的博物館商店。

用CG再現昔時街景樣貌與居民的劇場外觀

⌚8:00～18:30　休無休
¥入館費300日圓　P10輛

購物 浜幸本店 ‧はまこうほんてん
☎088-875-8151

以高知名牌糕點「簪」聞名

取名自《夜來節》的西式和菓子「簪」很有名，柔軟的外皮裡包著有淡淡柚子香氣的白豆沙餡。「白花梅檀」的紅豆餡是以海洋深層水炊煮紅豆而成，有相當優雅的甜味。

外皮柔軟的簪

⌚9:00～20:30　休無休　¥簪540日圓（5個裝）、1080日圓（11個裝）
P30輛（使用契約停車場／1小時300日圓，之後每30分100日圓）

知道賺到

在觀光據點幕末廣場穿越時空進入幕末的世界

經過對當時歷史徹底考證後所重現的老家佈景

在JR高知站前的「高知旅廣場」中，重現了曾在大河劇《龍馬傳》中使用過的龍馬老家的佈景，可以親身體驗到龍馬體驗的變化劇烈的幕末時代。而且廣場就在提供高知觀光資訊的高知觀光資訊傳播館「土佐Terrace」旁，一定要順道去看看。

高知旅廣場
‧こうちたびひろば
☎088-879-6400（高知觀光資訊傳播館土佐Terrace）
⌚8:30～18:00
休無休
P33輛（1小時200日圓，在館內的伴手禮店土佐屋消費滿1000日圓可以免費停車2小時）

美食 土佐料理 司高知本店 ‧とさりょうりつかさこうちほんてん
☎088-873-4351

大啖土佐的名產料理

迎向創業100週年的老字號鄉土料理餐廳。除了有鰹魚料理和皿鉢料理等，提供各式各樣使用山珍海味製作的菜色。每月替換菜色的夜來套餐讓客人得以品嘗高知當季的美味。

⌚11:30～21:15（週日、假日為11:00～21:00）　休無休　P使用契約停車場（消費滿3000日圓以上可享停車費用折扣優惠）

夜來套餐…3024日圓

美食 醉鯨亭 高知店 ‧すいげいていこうちてん
☎088-882-6577

10種以上鯨魚料理與高知美味一字排開

從經典料理到山珍海味都有，可以以單品料理或定食方式輕鬆品嘗鰹魚、薯鰻等四萬十的海鮮，享用土佐的美味佳餚。醉鯨定食裡有炙燒鯨魚生魚片、炸鯨魚、花鯨等菜色，相當受歡迎。

⌚11:30～14:00，17:00～21:30（週日、假日僅17:00～）　休週一　P使用附近的收費停車場

炸鯨魚…1080日圓

美食 うなぎ屋せいろ ‧うなぎやせいろ
☎088-825-3292

用炭火慢烤的極品鰻魚料理

鰻魚料理專賣店。由於是用炭火一口氣烤熟嚴選鰻魚，因此得以去除多餘的油脂，烤出蓬鬆軟嫩的口感。在鋪滿鰻魚的白飯上灑上蔥花，再搭上芥末的鰻魚片蓋飯頗受好評。

⌚11:00～19:00（週日、一、二～14:00）　休週三　P使用附近的收費停車場

鰻魚片蓋飯…1600日圓、竹籠鰻魚…1500日圓

美食 藁燒き鰹たたき 明神丸 ‧わらやきかつおたたきみょうじんまる
☎088-820-5101

道地的稻草炙燒鰹魚人氣店家

位於弘人市場內的稻草炙燒鰹魚專賣店。店內只使用釣魚線釣到的鰹魚，相當新鮮。店前有實際示範用稻草炙燒鰹魚的流程，魄力十足的景象在市場中也相當引人矚目。

⌚11:00～21:00（週日10:00～20:00）　休不定休（準同弘人市場）　P使用弘人市場的收費停車場

鹽味炙燒鰹魚生魚片（中）…900日圓

高知　周邊圖 P.122
1:30,000

行駛在**平穩風景**環繞的**四萬十川**畔

しまんとがわ　書末地圖 P.165·169

33 COURSE 四萬十川

↑人氣的拍照景點岩間沉下橋

自駕重點：溪谷美／海岸美／四季花卉／紅葉／溫泉

↑四萬十川和沉下橋的景觀算是相當閑靜的日本原始風景

自駕路線概要

有「日本最後的清流」之稱的四萬十川不但保留了豐富的自然環境，甚至還入選了「日本的自然100選」和「名水百選」。總長196km的四萬十川的豐沛河水流經四國山地間，至今仍可在此看到投網捕魚等傳統捕魚法。另外還有隨處可見的復古沉下橋。在四萬十川獨有的風情景色中治癒身心，沿著平穩的河川悠閒地自駕吧。四萬十特有的景觀當然不用說，但這裡同時也是能體感大自然的區域。建議在觀察大自然時，有時間的話還可以去四萬十·川之站獨木舟館挑戰划獨木舟，盡情度過悠閒的時光。

自駕路線

推薦！ **2天1夜**

路線行車距離	約147.4km
路線行車時間	約3小時20分

START 高知自動車道 四万十町中央IC

52km 1小時10分／⑤⑥ ㉞⑥ 一般道路

1 可以觀察蜻蜓
蜻蜓自然公園

39km 55分／㉞⑥ ㊺① 一般道路

2 可以輕鬆體驗划獨木舟
四萬十·川之站 獨木舟館

31km 40分／㊺① ㊳①

3 有巨大的石造風車
轟公園

25km 30分／㊳① ⑤⑥

4 肉包等當地產名產齊聚
公路休息站あぐり窪川

0.4km 5分／⑤⑥

GOAL 高知自動車道 四万十町中央IC

自駕MEMO
● 沿著四萬十川延綿的國道441號既狹窄又有很多彎道，駕駛時請互相禮讓
● 四萬十川邊的山路要小心山崩
● 河邊的路線途中有許多展望台和廁所兼休息站

1 とんぼしぜんこうえん **蜻蜓自然公園**

☎0880-37-4110 (蜻蜓王國)

世界第一座蜻蜓保護區。公園內目前可以確認的蜻蜓有77種。四季各有不同的水邊花草可以欣賞，相當美麗。園內還設有遊步道，以及飼育、展示蜻蜓及四萬十川魚類的四萬十川學遊館「AKITSUIO」。

⏱自由入園，AKITSUIO為9:00～17:00
🚫AKITSUIO為週一休（逢假日則翌日休）
💴AKITSUIO入館費860日圓 🅿100輛

2 しまんとかわのえき かぬーかん **四萬十·川之站 獨木舟館**

☎0880-52-2121

位於四萬十川中流流域的體驗設施，提供獨木舟、遊艇、屋形船、出租自行車、露營場等設施。此外，這裡也有小木屋、平房、獨棟房屋等可供住宿，可以在此盡情享受四萬十川的樂趣。

⏱8:30～17:30 🚫無休 💴免費入館 🅿70輛

3 とどろきこうえん **轟公園**

☎0880-27-0111
(四萬十町役場大正地域振興局地域振興課)

位於視野開闊山丘上的公園。公園的象徵是一座高約5m、重達約18噸的巨大石造風車。腹地內有綠地廣場及多功能廣場、戶外遊樂設施等設施。

自由入園 🅿50輛

4 みちのえきあぐりくぼかわ **公路休息站あぐり窪川**

☎0880-22-8848

簡倉般的建築物內售有當地採摘到的蔬菜、仁井田米、味噌、國產鹽等。巨大尺寸的肉包，還有使用生乳製作的14種冰淇淋相當受歡迎。

⏱8:00～20:00(冬季～19:00)，餐廳為8:00～16:00(週五～日、假日～20:00，冬季～19:00) 🚫奇數月的第3週三，僅3月是休最後一天 💴仁井田米1100日圓(2kg)／生乳冰淇淋200日圓～／四萬十鰻魚2592日圓～／肉包200日圓 🅿93輛

這裡也很推薦

景點
海洋堂HOBBY館 四萬十
かいようどうほびーかんしまんと

☎0880-29-3355

陳列著令粉絲垂涎的收藏品
模型製造商海洋堂監製的博物館。展示有世界第一的塑膠模型收藏品、模型師們的作品等各種興趣收藏。也一定要順便去看看附近的河童館。

⏱10:00～17:30(11～2月為16:30) 🚫週二 💴AKITSUIO入館費800日圓 🅿50輛

複合設施
四万十いやしの里
しまんといやしのさと

☎0880-33-1600 (四萬十之宿)

在河川與海洋的懷抱中悠閒地度過
位於四萬十川河口，這家位處於土佐西南方的大公園內、面朝露營場的複合設施，是以療癒為主題的複合景點。裡面有設有海水露天溫泉的溫泉設施、餐廳，以及飯店。

⏱視設施而異 🚫無休 💴視設施而異 🅿80輛

話題景點　按下快門收藏令人懷念的景色！融入四萬十川景觀的沉下橋

沿著四萬十川自駕時，四處都可以看到可以說是日本原始風景的景色。四萬十川風情中的重點景點就是沉下橋。由於橋沒有設置欄杆，因此形成與周遭自然協調的景色。另外還有一個特色，就是河川水位因高漲，導致橋沉入水面下時，橋也不容易損壞。在四萬十川主流有22座沉下橋，支流則有26座，也是值得推薦的拍照景點。

さだちんかばし
佐田沉下橋

☎0880-35-4171
(四萬十川觀光協會)

🅿40輛 ｍ

いわまちんかばし
岩間沉下橋

☎0880-35-4171
(四萬十川觀光協會)

🅿15輛

昭和41(1966)年架設的岩間沉下橋

景點資訊 ☆賞花名勝 🍁紅葉名勝 📷觀景點 🍴有餐廳 ☕有咖啡廳 🏪有商店 ♨有溫泉

景點 砂浜美術館
すなはまびじゅつかん

☎0880-43-4915（NPO砂浜美術館）

整片美麗沙灘都是美術館

總長達4km的入野海岸沙灘是一個沒有建築物的美術館。除了大自然的常設展之外，還有舉辦T恤展、漂流物展、織布展等五花八門的企劃展。🕐自由參觀（視企劃展而異）🈂無休 🈯免費參觀（企劃展費用可能會另計）🅿50輛

玩樂 黑潮一番館
くろしおいちばんかん

☎0880-55-3680

在當地體驗製作炙燒鰹魚生魚片

引進前面的佐賀漁港所捕獲的新鮮鰹魚的餐廳兼體驗設施。自己在漁夫的指導下製作的燒鰹魚生魚片感覺特別美味。🕐11:00~15:00（炙燒鰹魚生魚片製作體驗為3月中旬~11月中旬）🈂週二（體驗期間中無休）🈯炙燒鰹魚生魚片製作體驗1人3200日圓~（最晚3天前預約制，3人以上~）／炙燒鰹魚生魚片定食1300~1500日圓 🅿17輛

美食 四万十屋
しまんとや

☎0880-36-2828

可以品嘗到四萬十的鄉土料理

建造在四萬十川邊，可以一邊瀏覽河川景色一邊吃飯。定食大量使用了漁夫們捕獲的河川漁產，相當美味。附設的伴手禮店則售有青海苔佃煮等產品。🕐10:00~16:00（商店為9:00~17:00）🈂無休 🈯四萬十川天然鰻魚蓋魚蓋飯3980日圓／泥鰍蓋飯810日圓 🅿10輛

COURSE 34 足摺岬 龍串

あしずりみさき・たつくし　書末地圖 P.168・169

⬆可望著太平洋行駛的足摺Sunny Road

自駕路線概要

位於四國最南端，斷崖絕壁連綿不斷的足摺岬。雖然一般對這裡有「邊境海岬」的印象，但現在高知自動車道有通往四万十町中央IC，交通變得比較方便了。從足摺岬展望台可以看到一片極美景色，聳立在斷崖上的燈塔與藍海互相映襯的景象相當美麗。沿著海岸線開在足摺Sunny Road（國道321號）上，享受被包圍在南國土佐的明朗氛圍中。先到龍串海域公園乘坐玻璃船，觀察海底受到海水侵蝕的奇岩以及珊瑚礁群落。接著再往西走，前往有西海觀光船的愛南町方向。石垣之里的風情也很值得一看。

自駕重點：海岸美／街頭散步／美食／溫泉／夕陽

⬆從足摺岬展望台可以看見白色的燈塔

自駕路線

推薦！ **2天1夜**

路線行車距離　約**216km**
路線行車時間　約**4小時55分**

START 高知自動車道 四万十町中央IC
↓ 91km 2小時 56 321 27 348（椿之道）

欣賞震撼的斷崖美
1 足摺岬
↓ 17km 25分 27 321

附設觀光協會
2 海之站あしずり
↓ 9km 15分 321（足摺Sunny Road）

受海水侵蝕形成的藝術美感
3 龍串海域公園
↓ 35km 45分 321

位於海邊的休息處
4 公路休息站すくもサニーサイドパーク
↓ 31km 45分 321 56 34

搭乘海底景觀船享受巡航之旅
5 西海觀光船
↓ 33km 45分 34 56

GOAL 宇和島道路 津島岩松IC

1 足摺岬
あしずりみさき

☎0880-82-3155（土佐清水市觀光協会）

四國最南端的海岬。從這裡可以一覽太平洋，這一帶還有受指定為足摺宇和海國家公園。周邊有於大正3（1914）年點燈的白牆燈塔、與弘法大師有淵源的金剛福寺、白山洞門等值得一看的景點。
P20輛

2 海之站あしずり
うみのえきあしずり

☎0880-82-3155（土佐清水市觀光協会）

位於能看到太平洋的足摺港公園內。裡面設有觀光協會，可以獲得附近的觀光資訊。設施內還有附設約翰萬次郎博物館→P.127。也有舉辦體驗、交流活動。
8:30～17:00 無休 P150輛

3 龍串海域公園
たつくしかいいきこうえん

☎0880-82-3155（土佐清水市觀光協會）

有優美海底景觀的龍串，是全日本第一個獲指定為海底公園的地方，可以搭乘玻璃船或從海底展望塔輕鬆觀賞海底景色。周邊海裡是一片大自然打造出的奇岩美景。
P70輛

4 公路休息站すくもサニーサイドパーク
みちのえきすくもにーさいどぱーく

☎0880-63-0801（宿毛市觀光協會）

在國道321號邊，位於海邊的公路休息站，販售宿毛市特產柑橘或珊瑚等的加工製品。從11月到2月可以欣賞到入選「日本夕陽百選」的達摩夕陽。
7:30～18:00（視店鋪而異）視店鋪而異 P55輛

5 西海觀光船
にしうみかんこうせん

☎0895-82-0280

能觀賞海底景象的船上設有沉進海水中的展望室，遊客可以在此隔著玻璃窗欣賞「珊瑚之森」，以及受指定為國家公園的「海底花田」。9:00～16:00（每個整點出航，每隔1小時開一班，全程約為40分。運行狀況公布在官網上）無休 GAIYANA 2000日圓／YUMEKAINA 2200日圓 P180輛

話題景點 前往大海看看鯨魚和海豚！順道盡情觀賞足摺岬的海岸之美

有黑潮流過的高知縣遠海是可以見到鯨魚的知名景點。高知縣內的土佐清水市等地都有賞鯨船出航，能觀看到一邊噴出水柱，一邊悠悠在大海中前進的鯨魚身影。特別是高知縣西南部廣達約10km的遠海海域有許多布氏鯨，還有可能看到偽虎鯨、花紋海豚等海豚群聚的景象。若是搭乘足摺黑潮市場旁從岩壁出航的觀鯨船的話，還可以從船上看到足摺岬的海岸之美，這也是樂趣之一。

約翰萬次郎賞鯨豚之旅
☎090-1005-7167（竹本）
8:30、13:00出航（採預約制）不定休 乘船費5000日圓 P50輛（使用足摺黑潮市場停車場）

窪津賞鯨之旅
☎0880-82-7111（窪津漁會）

8:00、13:00出航（採預約制）不定休 乘船費5000日圓（4人船費用）P50輛

也許能看到鯨魚壯觀的身影
※最低需滿20000日圓才曾出航

景點資訊 ☆賞花名勝 🍁紅葉名勝 ⓘ觀景點 🍴有餐廳 ☕有咖啡廳 🎁有商店 ♨有溫泉

景點 約翰萬次郎博物館
じょんまんじろうしりょうかん

☎0880-82-3155（土佐清水市觀光協會）

展示活躍於國際的幕末名士相關資料的展示館

位於海之站あしずり內，展示在幕末時期，致力於日美友好交流的約翰萬次郎相關資料。館內透過照片與模型介紹約翰萬次郎波瀾壯丈的人生，並於2018年4月翻新開幕。⏰8:30～17:00 休無休 ¥入場費400日圓 P150輛

景點 石垣之里「外泊」
いしがきのさとそとどまり

☎0895-82-1111（愛南町西海支所）

瀰漫異國氣氛的石牆聚落

外泊地區在狹小山坡上層層堆疊的石牆是先人為了防範颱風與寒冬季風侵襲住家而建，帶有獨特的美感。

自由參觀 P15輛

景點 宇和海展望塔
うわかいてんぼうたわー

☎0895-72-3212（Nanreku南宇和管理事務所）

溺灣海岸與藍海構成的大全景

位於馬瀨山頂上，從宇和海到九州都一覽無遺的迴轉升降式展望塔。從緩緩轉動的展望室看出去，眼前就是一片360度大全景。⏰9:20～16:40 休無休 ¥搭乘費440日圓 P40輛

購物 足摺黑潮市場
あしずりくろしおいちば

☎0880-83-0151

陳列著從港口直送的現撈海產

市場前面就是清水漁港，可以在此享受購買伴手禮、品嘗美食的樂趣。除了有販售種類豐富的高知縣名產海產與名產品外，裡面還設有提供鄉土料理的餐廳。⏰8:00～16:30（有時期性變動，餐廳為11:00～14:00）休無休 ¥煮鮪魚頭980日圓／柚子茶680日圓／半乾燥鰹魚980日圓 P50輛

美食 黑潮海閣
くろしおかいこう

☎0895-72-6091

大啖新鮮度超群的天然鰹魚

將當天捕獲的鰹魚做成蓋飯、定食、宴席等料理以供享用。推薦的菜色包括淋上特製醬料的鰹魚蓋飯、生魚片、炙燒生魚片、天婦羅等菜色的一本釣定食。⏰11:00～14:00，17:00～20:30 休週三 ¥鰹魚蓋飯（附湯）1058日圓／一本釣定食2052日圓 P20輛

美食 和ダイニング ふかみ
わだいにんぐふかみ

☎0880-82-0267

就在魚市場旁邊的土佐料理餐廳

用早上捕獲的當季漁產製作的料理相當受歡迎，提供用極新鮮的清水活鯖魚做成的生魚片與熟魚壽司、炙燒生魚片、鰹魚料理等。想品嘗清水鯖魚料理的話，最晚要在前一天預約。⏰17:00～22:00 休不定休 ¥熱騰騰的海鮮勾芡鍋巴734日圓／清水活鯖魚壽司842日圓／熟魚壽司734日圓 P6輛

充滿**海**、**山**、**溪谷自然**景象以及**日本文化**氛圍的**街道**

●うわじましゅうへん 書末地圖 P.164•168

35 COURSE 宇和島周邊

自駕重點：海岸美 溪谷美 四季花卉 歷史探訪 街頭散步

↑位於西予市，保留了從江戶中期到昭和初期建築的卯之町街道（重要傳統建築物群保存地區）

↑宇和島是著名的鬥牛之鎮

自駕路線概要 城下町宇和島內除了宇和島城外，還有其他與伊達家有關的景點遍布其中。其周邊的宇和海沿岸則有純樸的漁村、橘子田還有石堆梯田，閑靜的風景連綿不絕。不但有歷史街景、明亮的海岸風景，還有綠意盎然的森林與溪流，是一個充滿樂趣的區域。在路線一開始，先前往明治時代的小學開明學校，好好沉浸在歷史氛圍後，再朝四季有不同花卉可以欣賞的南樂園前進。接下來再走遠一些，探訪位於四萬十川支流源流流域的滑床溪谷吧。用在宇和海捕獲的漁產製作的鄉土料理也不可錯過。

自駕路線 推薦！ 2天1夜

路線行車距離 約**126**km

路線行車時間 約**3**小時**20**分

START 松山自動車道 西予宇和IC

2km 10分／ 29 56

復古摩登風的小學校舍
1 開明學校

21km 35分／ 56

保留天守閣昔日原有的樣貌
2 宇和島城

20km 30分／ 56（宇和島道路）37

四國規模最大的日本庭園
3 南樂園

40km 55分／ 37 56（宇和島道路）320 381

可以體驗多種活動的河川公園
4 公路休息站虹の森公園まつの

14km 25分／ 381 8 270

一邊散步一邊欣賞溪谷美
5 滑床溪谷

29km 45分／ 270 8 381 57

GOAL 松山自動車道 三間IC

自駕MEMO

●滑床溪谷旁的山路路幅狹窄，細窄彎道連綿

●通往滑床溪谷的縣道8號與其他道路間的交叉口不太明顯，駕駛時需多加留意

●景點聚集的滑床溪谷內禁止一般車輛入內

●宇和島市區在早、晚通勤時段時車潮可能較擁擠

1 開明學校
●かいめいがっこう

☎0894-62-4292

建於明治15（1882）年，是西日本現存最古老的小學校舍。校舍上圓拱型窗戶與白牆等充滿了擬西洋風的新潮樣式。如果有事先預約，還可以體驗明治時期的模擬授課。這間校舍也被列為重要文化財。

🕒9:00～16:30 休週一（逢假日則翌日休） ¥入館費500日圓（含申義堂、歷史民俗資料館、民具館入館費） P88輛（使用街道廣場停車場）

2 宇和島城
●うわじまじょう

☎0895-22-2832

融入山海中的優美城堡。是宇和島伊達家9代的居城。廣達10ha大的城山是國家歷史遺跡，目前已確認有許多石牆以及數百種植物存在於此。城內的天守閣更是日本現存的12座天守閣之一，並有列入重要文化財。 🕒天守閣為9:00～17:00（11～2月～16:00） 休無休 ¥天守參觀費200日圓 P45輛（1小時100日圓）

3 南樂園
●なんらくえん

☎0895-32-3344

總面積15萬3000㎡，是四國數一數二的日本庭園。春天有杜鵑花，初夏則有30000株之多的菖蒲綻放，一年四季都有美麗的花卉可以觀賞。獲選定為「日本都市公園100選」。

🕒9:00～17:00 休無休 ¥入園費310日圓 P500輛

4 公路休息站虹の森公園まつの
●みちのえきにじのもりこうえんまつの

☎0895-20-5006

位於四萬十川支流廣見川沿岸的公路休息站。除主要設施「魚類館」外，還有玻璃工房等豐富的設施。另外也有舉辦多種體驗教室（需確認），無論大人、小孩都能玩得盡興。

🕒10:00～17:00 休週三（逢春假、7、8月、寒假、假日則開園） ¥免費入園／魚類館900日圓 P147輛

5 滑床溪谷
●なめとこけいこく

☎0895-43-0331（森之國酒店）

位於四萬十川支流目黑川上游，受鬼城山群環繞的12km長大溪谷。裡面寬約20m、高低差80m的「雪輪瀑布」流經巨大的一枚岩，是「日本瀑布百選」之一。

P100輛

話題景點 在留有在鄉町、宿場町面貌的街道中散步

距離JR卯之町站約8分徒步路程的卯之町，是宇和島藩數一數二的在鄉町、宿場町。街道上有旅館和釀酒商等建於江戶中期到昭和初期的商家林立。一邊感受當時的樣貌，一邊漫步在街道中也是不錯的選擇。獲選為重要傳統建造物群保存地區。

●うのまちのまちなみ
卯之町街道

☎0894-62-6700（宇和先哲紀念館）
P15輛（使用宇和先哲紀念館停車場）

留有白牆、卯建、半部、出格子等傳統建築樣式

景點資訊 賞花名勝 紅葉名勝 觀景點 有餐廳 有咖啡廳 有商店 有溫泉

℡0895-22-7776

從伊達家相關的物品學習歷史

一年會替換兩次展示內容,展出伊達家代代相傳的武器、書畫、婚禮嫁妝等。豐臣秀吉肖像畫僅於5月連休時特別公開展示(需洽詢)。

🕐9:00～16:30 休週一(逢假日則翌日休) ¥入館費500日圓 P20輛

℡0894-62-6222

熟悉愛媛的歷史與文化、民俗

展示愛媛縣歷史與民俗相關資料的博物館。歷史展示室劃分為原始、古代、中世、近世、近現代這幾個區域,以原尺寸復原並展示象徵各個時代的建築物。

🕐9:00～17:00 休週一(逢第1週一、假日則開館,翌平日) ¥入館費510日圓 P156輛

℡0895-25-6590

使用宇和海的海鮮製作的鄉土料理頗受好評

是能品嘗到使用鯛魚、白帶魚等在宇和海捕獲的海產製作的鄉土料理、單品料理。人氣菜色宇和島鯛魚生魚飯是在飯上放上鯛魚生魚片,再拌入醬汁與蛋黃享用的當地美食。

🕐11:00～13:30、17:00～21:30 休週日(逢連假則連假最後一天休) ¥宇和島鯛魚飯1026日圓／白帶魚吻仔魚蓋飯1188日圓 P30輛

しこくかるすと　書末地圖 P.164·165

36 COURSE 四國喀斯特

自駕重點
高原·牧場　四季花卉　紅葉

↑位於天狗高原健行路線上的展望台

自駕路線概要

四國喀斯地東西長約25km、南北約3km，是位於海拔1000~1500m高的山上的世外桃源。開闊的視野加上吃著青草的牛隻，構成一幅療癒的風景。連接東西邊的縣道是通往四國喀斯特的舒適通道。另外，國道440號的山頂附近的路段狹窄，需要小心。

↑在五段高原，可以看到放牧的土佐褐毛牛

自駕路線

推薦！ 2天1夜

| 路線行車距離 | 約152km |
| 路線行車時間 | 約4小時15分 |

START 高知自動車道 須崎東IC

↓ 61km 1小時25分 56（須崎道路）197 東津 野城川林道 48

在高原的健行路線散步
1 天狗高原

↓ 15km 30分 一般道路 383 36

可以與動物玩耍的觀光牧場
2 ポニー牧場

↓ 76km 2小時20分 36 東津野城川林道 197 56

GOAL 松山自動車道 大洲IC

自駕MEMO

○縱斷四國喀斯特公園的縣道383號有美麗的景色，但要注意不要看著別的地方開車，也小心車速不要過快

1 天狗高原 てんぐこうげん

☎0889-62-3188
（高原ふれあいの家 天狗荘）

天狗高原位於四國喀斯特東邊，與山口縣的秋吉台、福岡縣的平尾台並列為日本三大喀斯特地形。形狀獨特的石灰岩與放牧牛隻吃草的景象相當閑靜。
Ｐ200輛（使用天狗莊停車場）

2 ポニー牧場 ぽにーぼくじょう

☎0894-76-0230（もみの木）

位於四國喀斯特西邊的丘陵地大野之原的觀光牧場，在附設的咖啡廳もみの木中，可以品嘗到頗受歡迎的冰淇淋和起司蛋糕。
🕘9:30~17:00
休12~2月為冬季休 入場費100日圓 Ｐ20輛

這裡也很推薦

咖啡廳 **ミルク園** みるくえん

☎0894-76-0739

荷蘭登牛的牛奶有清爽的甜味

位於四國喀斯特西邊大野之原的咖啡廳。使用自家牧場擠出的牛奶製作成牛奶布丁、義式冰淇淋、起司蛋糕等甜點，種類也很豐富。🕘10:00~17:00 休不定休，12~3月的平日（週六、日、假日預計會營業）現擠牛奶250日圓／牛奶霜淇淋350日圓 Ｐ20輛

話題景點 在有廣闊群山青空景色的四國喀斯特健行

寬廣的四國喀斯特上有許多值得一看的景點。在喀斯特地形特有的窪地大野之原上，有人氣森林浴景點山毛櫸原生林。而有許多石灰岩地形「岩溝原」的五段高原是可以一覽四國連山的緩傾斜地。從五段高原可以看到壯觀的姬鶴平、獲指定為森林療癒基地的天狗高原等，難得來造訪，當然想慢慢地在這裡散步。天狗高原上的公共住宿設施「高原ふれあいの家天狗莊」有提供介紹遊步道的地圖，遊客可以配合自己的滯留時間選擇要走的路線。

☎0889-62-3188（高原ふれあいの家 天狗荘）
☎0892-21-1111（久萬高原町ふるさと創生課）
☎0894-72-1115（西予市野村支所產業建設課）
☎0889-55-2021（津野町產業課）

Ｐ各個景點都有

被視野開闊的高原大自然景色療癒

1:250,000

四國方向

いしづちさん・おもごけい　書末地圖 P.165

37 COURSE 石鎚山・面河溪

自駕
重點　山岳景觀　溪谷美　紅葉

⤒從土小屋通往寒風山的UFO LINE(町道瓶森西線、町道瓶森線)

⤒神秘面河溪裡的「蓬萊溪」

自駕路線概要

石鎚山海拔高1982m，為西日本最高峰。雖然也可以從東側經由UFO LINE沿著稜線抵達石鎚山，但一般來說若是用自駕方式前往，多是從南側出發。先經由有紅葉Line之稱的縣道12號開到面河溪，在開上彎坡道連綿的石鎚Sky Line，一口氣往稜線駛去。途中遍布許多美景觀景點。

自駕路線

推薦！
2天1夜

- 路線行車距離　約**157**km
- 路線行車時間　約**3**小時**50**分

START 松山自動車道 **松山IC**

61km 1小時30分 ③③ ⑫ ④⑨④ ⑫ 一般道路

① 瀑布與奇岩連綿的神秘景觀
面河溪

20km 40分 一般道路 ⑫

② 堪稱西日本最高峰的靈山
石鎚山（土小屋）

76km 1小時40分 ⑫ ④⑨④ ⑫ ③③

GOAL 松山自動車道 **松山IC**

自駕
MEMO ●石鎚Sky Line（免費通行）可能會在12～3月時關閉。

---

① 面河溪
☎0892-21-1111（久万高原町ふるさと創生課）

おもごけい

位於石鎚山南麓的大溪谷。設有本流路線與鐵炮石川路線兩條遊步道，斷崖、瀑布、奇岩等壯麗的溪谷美在大樹林中擴展開來。秋天有美麗的紅葉可以欣賞。
Ⓟ30輛

② 石鎚山
☎0892-21-1111（久万高原町ふるさと創生課）

いしづちさん

西日本最高峰石鎚山是日本七靈山之一，是受到人們信仰的山峰。若是從北麓出發，可以搭乘纜車上去。以自駕方式上山的遊客，則要從南麓的面河溪出發。一邊欣賞美景，一邊沿著石鎚Sky Line爬上海拔約1500m高的終點土小屋吧。Ⓟ土小屋100輛※石鎚Sky Line在晚間和12～3月期間會關閉。

這裡也很推薦

購物 **おもごふるさとの駅**
おもごふるさとのえき
☎0892-58-2440（面河特產品開發中心）

面河的特產品齊聚一堂

裡面設有販售鹽烤川魚的おもごふるさと市場，面河特產品開發中心有提供自行車出租服務。
🕐8:30～15:00（有季節性變動）　週二，12～3月　¥艾草粉650日圓～／手工蒟蒻260日圓～　Ⓟ100輛

話題景點 以溪降活動親身體驗翠綠的溪流

面河溪裡有花崗岩遭到侵蝕形成的奇岩，以及從石鎚山流下的溪流構成美麗的景觀，相當有魅力。季節限定的溪降活動讓遊客能以滑過岩面、跳河、潛水的方式體驗與大自然融為一體的感覺。在刺激的歷險中享受面河的大自然吧。

●おもごけいきゃにおにんぐ

面河溪溪降
☎0895-30-2250（Good River）
🕐7月～10月初旬的9:30～12:30，13:30～16:30
休期間中無休　¥7000日圓～（含裝備出租費、保險費）
Ⓟ50輛（使用面河戶外中心停車場）

在滑床溪谷進行的河邊戶外活動

1:200,000　經典路線

穿過**細長的半島**，邁向**遙遠的海岬**

さだみさき　書末地圖 **P.164**

38 佐田岬

COURSE

自駕
重點　海岸美　夕陽　街頭散步

↑ふたみシーサイド公園的夕陽景色入選日本夕陽百選

自駕路線概要

朝遠方的佐田岬前進，行駛在全長50km的細長半島，馳騁在美麗的海濱道路Yuyake Koyake Line後再回去吧。也推薦大家去看看充滿傳統歷史與文化氛圍的內子街道，還有瀰漫城下町風情的「伊予小京都」大洲，沉浸在懷舊的氣氛當中。

自駕路線

推薦！
2天1夜

路線行車距離	約**167**km
路線行車距離	約**3**小時**51**分

START 松山自動車道 **大洲IC**

73km 1小時46分／56 (大洲道路) 197 256

佇立在日本第一細長的半島上的燈塔

1 佐田岬燈塔

84km 1小時50分／256 197 378

夕陽景色美麗的海邊公園

2 ふたみシーサイド公園

10km 15分／378 一般道路

GOAL 松山自動車道 **伊予IC**

自駕MEMO
●有許多通過海岸線的快速道路，其中佐田岬尖端附近的道路比較狹窄，需要留意

1 佐田岬燈塔

📞 0894-38-0211
(伊萬町產業課觀光商工室)

全長約有50km的日本第一細長半島佐田岬半島，其尖端的斷崖上佇立著一座高18m的佐田岬燈塔，一直守護著海上的安全。隔著豐予海峽，僅14km外的對岸就是九州。

僅外觀可以自由參觀　**P**40輛

2 ふたみシーサイド公園

📞 089-986-0522 (シーサイドふたみ)

以國道378號邊的夕陽為主題的公園。是相當受歡迎的「戀人的聖地」，也設有特產品中心等公路休息站會有的設施。坐在沙灘旁的「夕陽觀景席」上，觀賞夕陽吧。

自由入園(特產品中心為9:00～18:00)
休無休(鮮魚區週二休)　**P**136輛

這裡也很推薦

景點 **せと風の丘パーク**

📞 0894-52-0113 (伊方町瀨戶支所地域住民室)

可以看到風車林立景象的景點
位於伊方町內的自然公園。從展望台看出去，可以看到佇立在山脊旁的風車和伊予灘、宇和海。風車約80m高，是仍在運作中的風力發電設施。

自由入園　**P**25輛

話題景點 **在保留明治時期的風景的內子街頭散步**

內子町的街上可以看到弁柄出格子、蟲籠窗、海鼠牆、懸魚等日式建築構造，每個建築物都有古時候的建築形式，讓人有穿越時空的感覺。這個地方入選重要傳統建築物群保存地區，其中八日市、護國地區有從江戶時代到大正時代的商家與民宅、土藏等建築連綿約600m。走約1km，就可以看到建於大5(1916)年的小劇場「內子座」等景點。

●ようかいちごこくのまちなみ

八日市・護國街區
📞 0893-44-5212 (八日市・護國街區保存中心)
P65輛 (使用街道停車場／1天300日圓)

內子街道留有當時木蠟產業曾盛行的樣貌

↑沿海的道路是景色絕佳的地點

1 佐田岬燈塔　1:330,000　經典路線

ふたみシーサイド2公園　**GOAL 伊予IC**　1:330,000　經典路線

前往充滿歷史氛圍的溫泉與陶器之鄉

まつやま・とべ　書末地圖 P.159・165

39 COURSE
松山・砥部

自駕重點
歷史探訪　街頭散步　溫泉

⬆整建成復古氛圍的松山城空中纜車街

自駕路線概要

以名湯道後溫泉聞名的松山，其附近還有陶器之鄉砥部，所以如果有機會來到松山，建議一定要繞去看一看。而在道後溫泉最不可錯過的，就是仍留有古老美好時代風情的道後溫泉本館。享受溫泉巡禮與城下町的樂趣後，再買一個喜歡的陶器當伴手禮帶回家吧。

⬆松山城是擁有21棟重要文化財的名城

自駕路線

推薦！
2天1夜

路線行車距離	約33km
路線行車時間	約1小時20分

START 松山自動車道 松山IC

8km 25分／ (33) 一般道路

泡日本最古老的名湯
1 道後溫泉

17km 40分／ (187)(40)(23)(33)

展示並販售窯戶所做的作品
2 砥部燒觀光中心 炎之里

8km 15分／ (33)

GOAL 松山自動車道 松山IC

自駕MEMO
●松山的中心街道的道路複雜，有些地方也不太好找。早晚的通勤時段可能會塞車

1 道後溫泉
どうごおんせん

📞089-921-3708 (道後觀光服務處)

流傳著白鷺傳說的日本最古老名湯。與有馬溫泉、白濱溫泉並列為日本三古湯，也曾出現在《日本書紀》和《萬葉集》，自古以來就受到文人墨客的喜愛。溫泉街內以公共溫泉道後溫泉本館為中心，有許多旅館和飯店林立。
🅿100輛 (30分100日圓)

2 砥部燒觀光中心 炎之里
とべやきかんこうせんたーえんのさと

📞089-962-2070

大型砥部燒製造兼直銷商。展示並販售町內窯戶所製作的作品，有筷架和茶杯等，種類相當豐富。也可以在此體驗上色和手拉坯。附設咖啡廳兼餐廳。
🕐8:30~18:00 (上色體驗~16:00)
休 無休　免費參觀／茶杯540日圓～／盤子540日圓～ 🅿70輛

這裡也很推薦

景點 **梅野精陶所(梅山窯)**
うめのせいとうしょばいざんがま

📞089-962-2311

創造出唐草花紋的歷史性窯戶

為少數開放給觀光客入內參觀的窯戶，可以參觀砥部最大的九連室大登窯，和陶工們以昔日手法製作陶器的過程。砥部燒販售所與資料館相連。
🕐8:05~16:50　休 週一 (有不定休，需洽詢)　免費參觀 🅿30輛

話題景點　**在陶器之里找到自己喜歡的商品**

白瓷搭配藍色花紋的砥部燒看起來相當清爽，也很受女性歡迎。砥部町附近有約100間窯戶，作品風格也多彩多姿。只要走到有「元晴窯」「清窯」等工房兼藝廊林立的「陶里之丘」附近的話，或許能有機會參觀製陶的作業過程。此外，也有能體驗手拉坯或上色的砥部町陶藝創作館。

●きよしがま
きよし窯
📞089-962-2168
🕐9:00~17:00　休 週日、假日
迷你馬用杯1080日圓～ 🅿5輛

和紙染嘉德里亞蘭橢圓盤 4320日圓 (清窯)

●とべちょうとうげいそうさくかん
砥部町陶藝創作館
📞089-962-6145
🕐9:00~16:00 (手拉坯、轆轤體驗需先預約)
休 週四 (逢假日則翌日休)
上色體驗300日圓～／手拉坯、轆轤體驗1500日圓，兩者運費都另計 🅿20輛

●げんせいがま
元晴窯
📞089-962-3028
🕐11:00左右~17:00左右 休 不定休
杯子1800日圓～ 🅿3輛

青瓷線刻7吋平盤 3800日圓 (元晴窯)

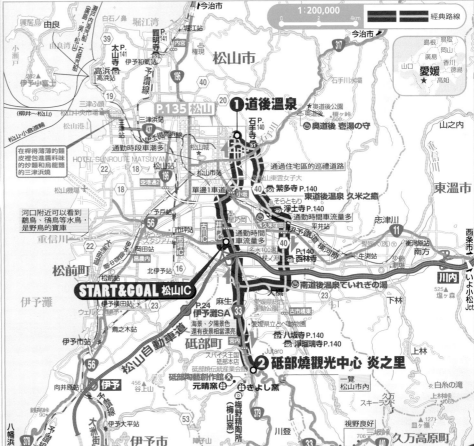

比例尺 1:200,000

P.135 松山
❶道後溫泉
奧道後 壹湯之守
石手寺 P.140
繁多寺 P.140
淨土寺 P.140
東道後溫泉 久米之癒 P.140
西林寺 P.140
南道後溫泉 ていれぎの湯
伊予灘SA P.24
八坂寺 P.140
淨瑠璃寺 P.140

START&GOAL 松山IC

砥部町
砥部燒傳統産業會館
砥部町陶藝創作館
元晴窯　きよし窯
梅野精陶所
❷砥部燒觀光中心 炎之里

停下車來 街頭散步

松山

●まつやま

松山所在的松山公園也是知名的賞花景點

伊予松山藩15萬石的城下町松山，也因為是跟正岡子規及夏目漱石有關的文學之町而聞名。一起來這裡遊覽史蹟、品嚐當地美食吧！

擠滿許多觀光客的道後溫泉本館

自駕 de 松山 MEMO

松山市區不但有設置完善的道路，各處也有許多停車場，是相當便利的地區。但是難得來到這裡，就來搭乘柴油機車少爺列車繞城鎮一圈，增添旅遊風情。如果要去松山城附近，松山城停車場（☎089-921-4873／松山城綜合事務所／2小時410日圓／20輛）是很方便的選擇。

松山城
●まつやまじょう

☎089-921-4873（松山城綜合事務所）

從天守閣一覽松山市區

松山城是加藤嘉明從慶長7(1602)年開始花上四個半世紀建造完成的城堡。城內有現存12座天守閣之一、櫓、城門、天守閣等21棟列入重要文化財的建築物。從本丸可以一覽市區和瀨戶內海。
🕐9:00～16:30（8月～17:00，12、1月～16:00）🚫12月第3週三 ¥入場費510日圓
Ⓟ20輛（2小時410日圓）

從天守閣看到的壯觀景色

子規堂
●しきどう

☎089-945-0400

復原正岡子規的故居

在松山出生的近代俳句之父正岡子規。此地復原了正岡子規在17歲前往東京前曾居住過的正宗寺境內故居。屋內除了有3個榻榻米大的讀書房外，還有展示子規的紀行文與寫生畫本等遺墨、遺品。
🕐8:30～16:40
🚫8月8日 ¥入館費50日圓 Ⓟ15輛

展示正岡子規常用的書桌等珍貴資料

松山市立子規紀念博物館
●まつやましりつしききねんはくぶつかん

☎089-931-5566

了解正岡子規的生涯

建於道後公園一角的文學系博物館。展示內容以在松山出生的文學學者正岡子規為中心，將焦點放在風土、交際、人性上，展示了多項親筆原稿及著作、書信等。
🕐9:00～16:30（5～10月～17:30）
🚫週二、假日翌日（需洽詢）¥入館費400日圓 Ⓟ22輛（30分100日圓）

坂上之雲博物館
●さかのうえのくもみゅーじあむ

☎089-915-2600

建在小說中的主角誕生的城鎮中的博物館

以司馬遼太郎的小說《坂上之雲》為主題的博物館。由安藤忠雄所設計的時髦館內，展示有小說主角秋山好古、真之兄弟，還有正岡子規的相關資料。
🕐9:00～18:00
🚫週一（逢假日則開館，也有臨時開館，需確認）¥參觀費400日圓
Ⓟ使用附近的收費停車場

迴廊環繞的三角形建築物

秋山兄弟出生地
●あきやまきょうだいせいたんち

☎089-943-2747

好古、真之兄弟的出生老家

在秋山家的老家舊址重現4間房間、土間、廚房的質樸家屋。區域內設有銅像，並展示相關資料，常駐的志工人員會為參觀者進行說明。
🕐10:00～16:30 🚫週一（逢假日則翌日休）¥參觀費300日圓 Ⓟ使用附近的收費停車場

在當時原為鋪有稻草屋頂的木造平房

伊予のご馳走おいでん家
●いよのごちそうおんでんか

☎089-931-6161

用早晨捕獲的鮮魚製作的定食相當受歡迎

賣點是用瀨戶內的新鮮漁產製作的料理。還可以享用到鯛魚茶泡飯的「松山炙燒鯛魚蓋飯」，以及附道後溫泉本館入浴券的出浴午間御膳都頗受好評。
🕐11:30～13:30、17:30～22:00（週六、日、假日為11:30～14:30、17:00～22:00）
🚫無休 Ⓟ使用附近的收費停車場

宇和島風鯛魚蓋飯…1188日圓

アサヒ
●あさひ

☎089-921-6470

享用偏甜的高湯與柔軟的麵條，小憩一會兒

由第4代老闆掌管的鍋燒烏龍麵創始店，特色是用當地產的海參和岩手縣產的昆布熬煮成的偏甜高湯，還有柔軟的烏龍麵。也有提供豆皮壽司等小菜。
🕐10:00～17:00（售完打烊）
🚫週三、第2週二
Ⓟ使用附近的收費停車場

鍋燒烏龍麵…550日圓

鄉土料理 五志喜
●きょうどりょうりごしき

☎089-933-3838

品嚐松山傳統的五色素麵

與松山名產五色素麵的製造商合作的店家。除了有使用天然小鯛魚製作的鯛魚素麵外，還可以品嚐到使用當季食材製作的單品料理。也有提供多種愛媛縣當地名酒。
🕐午餐時間11:00～15:00，晚餐時間17:00～22:30 🚫不定休
Ⓟ使用附近的收費停車場

鯛魚素麵…1680日圓

レストラン門田
●せとうちふうぶらんすりょうりれすとらんかどた

瀨戶內風仏蘭西料理

☎089-931-3511

使用瀨戶內食材的高級法餐

由屢獲多個國際料理大賽的主廚掌廚的法國料理餐廳。店內提供多種使用瀨戶內的山珍海味製作的豐富菜色，其中瀨戶內風馬賽魚湯是松山的新「名產料理」。
🕐11:00～15:00、17:00～21:00（晚餐需預約）🚫週三（8月下旬會不定期連休兩天）Ⓟ使用契約停車場（若消費滿5000日圓以上，2小時內免費）

瀨戶內風馬賽魚湯全餐…12960日圓

購物 つぼや菓子舗
つぼやかしほ

☎089-921-2227

成為小說原型的老店糰子

建於明治16(1883)年的糰子店。這家店就是在夏目漱石的小說《少爺》中出現的糰子店的原型。少爺糰子是以3種顏色的豆沙餡包覆求肥麻糬而成的甜點。⏰9:30～18:00、20:00～21:30 🈺週二(逢假日則翌日休) 💴少爺糰子(5根)540日圓/醬油麻糬(5根)670日圓 🅿使用附近的收費停車場

購物 一六本舖勝山本店
いちろくほんぽかつやまほんてん

☎089-941-0016

當地人熟悉的名牌糕點「甜塔」的老店

創業於明治時期，販售愛媛具代表性名牌糕點「甜塔」的老店。蛋糕外皮烤得很鬆軟，捲進加入愛媛縣產的柚子的清爽紅豆餡，切成一片一片的大小很方便食用。⏰8:30～21:00 🈺無休 💴一六甜塔680日圓、972日圓(大) 🅿6輛

♨ 在溫泉放鬆

在傳統之湯道後溫泉享受日本最古老的名湯

湯釜刻有萬葉歌人山部赤人所寫的歌

據說為日本最古老的名湯：道後溫泉。也有出現在小說《少爺》中的道後溫泉本館是於明治27(1894)年改建成的木造三層樓公共溫泉，也是第一座現在仍在經營的重要文化財。前往獲得米其林指南三星評，泡在夏目漱石等文人也曾泡過的溫泉中任自己的思緒馳騁，慢慢地放鬆享受吧。另外在夕陽西下後，道後溫泉會點起燈火，附近一帶充滿了溫泉街風情，很推薦大家在泡完湯後出來溫泉街散步。

道後溫泉本館
どうごおんせんほんかん

☎089-921-5141

⏰神之湯(樓下)6:00～22:30、神之湯・靈之湯(2樓座位)，又新殿6:00～21:00、靈之湯(3樓包廂)6:00～20:40 🈺無休(12月有1天臨時休) 💴神之湯(樓下)410日圓/神之湯(2樓座位)840日圓/靈之湯(2樓座位)1250日圓/靈之湯(3樓包廂)1550日圓，又新殿參觀費260日圓 🅿100輛 使用道後溫泉停車場/本館客人1小時內免費，之後每30分100日圓

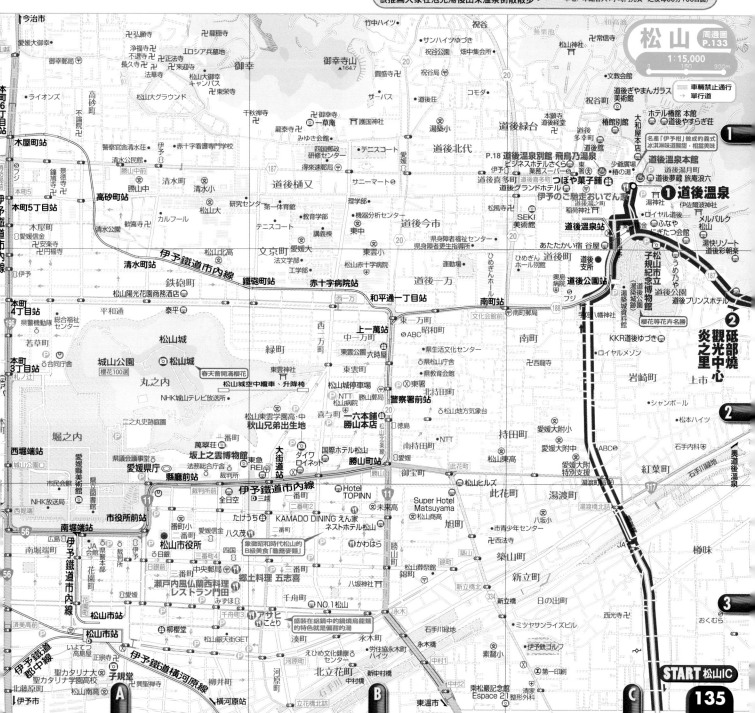

約 1 4 0 0 km 的 巡 禮 之 旅
四國八十八札所

札所巡禮之旅從德島起程！有些札所之間的距離很緊密，但也有札所之間距離很遠的區域，所以在出發之前，先了解各個札所之間的位置與距離吧。

德島

從第1號 靈山寺 到 第23號 藥王寺

27 鳴門 鳴門市 地圖P.115A-2

第1號 靈山寺
巡禮之旅，就從這座寺廟開始

* じくわざんいちじょういん　りょうぜんじ
☎088-689-1111
所鳴門市大麻町板東塚鼻126　P100輛（免費／鄰接）　車▶從板野IC經縣道12號往鳴門方向。約3km（10分）

約1km（5分）　經由縣道12號

27 鳴門 鳴門市 地圖P.115A-2

第2號 極樂寺
有據傳是由弘法大師栽種的長命杉

* にっしょうざんむりょうじゅいん　ごくらくじ
☎088-689-1112
所鳴門市大麻町檜段の12　P50輛（免費／鄰接）　車▶從板野IC經縣道12號往鳴門方向。約2km（5分）

約3km（10分）　經由縣道12號

27 鳴門 板野町 地圖P.115A-2

第3號 金泉寺
保留有由弘法大師挖出來的水井

* きこうざんしゃかいん　こんせんじ
☎088-672-1087
所板野町大寺亀山下66　P14輛（免費／鄰接）　車▶下板野IC後右轉。約1km（5分）

約7km（15分）　經由縣道1號、一般道路

板野町 地圖P.161H-3

第4號 大日寺
* こくがんざんへんじょういん　だいにちじ
☎088-672-1225
所板野町黑谷居內5　P20輛（免費／步行1分）　車▶從板野IC經縣道12號往池田方向。在與縣道34號的交叉路口右轉。約7km（20分）

並不確定是在哪一年建立的，但寺號是取自本尊大日如來之名，取作大日寺，並定為第4號札所。元祿年間（1688～1704年）期間受到阿波藩主蜂須賀家的照護。

約2km（5分）　一般道路

板野町 地圖P.161H-3

第5號 地藏寺
本尊為一寸八分高的胎內佛

* むじんざんしょうごんいん　じぞうじ
☎088-672-4111
所板野町羅漢林東5　P50輛（免費／鄰接）　車▶從板野IC經縣道12號往池田方向。在與縣道34號的交叉路口右轉。約5km（10分）

巡禮加分景點 水琴窟是將大大的陶瓶倒過來埋進土中，並讓從竹筒流出來的水滴在瓶子上發出聲響的景點。一定要在境內靜靜地聆聽水滴的聲響。

約5km（15分）　經由縣道12、139號

上板町 地圖P.161G-3

第6號 安樂寺
弘法大師傳說中的溫泉很有名

* おんせんざんるりこういん　あんらくじ
☎088-694-2046
所上板町引野寺西北8　P40輛（免費／步行1分）　車▶從土成IC經縣道139號往上板方向。約4km（10分）

約1km（5分）　經由縣道139號

阿波市 地圖P.161G-3

第7號 十樂寺
祈求十個光明閃耀的願望

* こうみょうざんれんげいん　じゅうらくじ
☎088-695-2150
所阿波市土成町高尾法教田58　P30輛（志納／步行5分）　車▶下土成IC後，沿著高速道路經縣道139號往板野方向。約3km（10分）

約4km（10分）　經由縣道139號

阿波市 地圖P.161G-3

第8號 熊谷寺
厚重的山門迎接巡禮者的到來

* ふみょうざんしんこういん　くまだにじ
☎088-695-2065
所阿波市土成町土成前田185　P20輛（志納／步行3分）　車▶從土成IC經縣道139號往西。約2km（5分）

據說熊谷寺的起源是當初大師在山中修行時，熊野權現出現在他面前，並授予他一寸八分的金色觀音像。之後大師建立寺廟，刻了一尊等身大的千手觀音作為廟宇本尊，並將這尊金色觀音像奉納在胎內佛中。雖然寺廟曾在昭和2年時因火災而燃燒殆盡，但現在仍保留有重建後的本堂。境內有四國最古老、最大規模的多寶塔。

約3km（10分）　一般道路

阿波市 地圖P.161G-3

第9號 法輪寺
祈求雙腳健壯的寺廟

* しょうがくざんぼたいいん　ほうりんじ
☎088-695-2080
所阿波市土成町土成田中198-2　P50輛（免費／鄰接）　車▶從土成IC經縣道318號往鴨島方向，右轉。再經縣道12號往脇町方向。約4km（10分）

約5km（15分）　經由縣道139號

阿波市 地圖P.161G-3

第10號 切幡寺
女人成佛之寺

* とくどざんかんじょういん　きりはたじ
☎0883-36-3010
所阿波市市場町切幡觀音129　P20輛（免費／距離本堂步行10分）　車▶從土成IC經縣道318號往鴨島方向，右轉。再經縣道12號往脇町方向。約7km（15分）

巡禮加分景點 境內的大塔原是大阪的住吉大社神宮寺內的西塔，於明治6（1873）年開始花費10年時間移建至現址。獲指定為重要文化財。

約12km（35分）　經由縣道12號、國道318號

吉野川市 地圖P.161G-3

第11號 藤井寺
種有5種紫藤花的架子

* こんごうざんいちじょういん　ふじいでら
☎0883-24-2384
所吉野川市鴨島町飯尾1525　P使用附近的收費停車場　車▶從土成IC經縣道318號往鴨島，開到國道192號的盡頭後左轉。最後在鴨島郵局前的紅綠燈右轉。約9km（15分）

約43km（1小時30分）　經由國道192號、縣道20號、國道438號、縣道43號

神山町 地圖P.161G-4

第12號 摩盧山正壽院 燒山寺　險峻的地點之一

＊まろざんしょうじゅいん　しょうさんじ
☎088-677-0112
所 神山町下分地中318　P 100輛(1天300日圓／步行10分)　車▶從土成IC經國道318、192號、縣道20、123、21號、國道438號、縣道43與町道往燒山寺山方向。約40km(1小時23分)

約27km(1小時)　經由縣道43號、國道438號、縣道21號

德島市 地圖P.161H-3

第13號 大栗山花藏院 大日寺　由行基與弘法大師雕刻的兩尊佛像

＊おおぐりざんけぞういん　だいにちじ
☎088-644-0069
所 德島市一宮町西丁263　P 15輛(免費／步行2分)　車▶從藍住IC經縣道1號往德島市內,通過國道192號,再經過縣道21號往鮎喰川前進。約13km(35分)

約3km(10分)　經由縣道21、207號

德島市 地圖P.161H-3

第14號 盛壽山延命院 常樂寺　祭祀靈場中唯一的彌勒菩薩

＊せいじゅざんえんめいいん　じょうらくじ
☎088-642-0471
所 德島市國府町延命606　P 10輛(免費／步行3分)　車▶從藍住IC經縣道1號往德島市內,經國道192號往石井方向。從觀音寺西經國道129號bypass南下。約12km(40分)

約1km(5分)　一般道路

德島市 地圖P.161H-3

第15號 藥王山金色院 國分寺　殘留在境內的繁榮遺跡

＊やくおうざんこんじきいん　こくぶんじ
☎088-642-0525
所 德島市國府町矢野718-1　P 10輛(免費／鄰接)　車▶從藍住IC經縣道1號往德島市內。從觀音寺西經國道192號bypass南下。約11km(25分)

約2km(10分)　經由國道192號、縣道123號

德島市 地圖P.161H-3

第16號 光耀山千手院 觀音寺　町內的人們也會在此休憩的閒靜風情

＊こうようざんせんじゅいん　かんおんじ
☎088-642-2375
所 德島市國府町觀音寺49-2　P 6輛(免費／鄰接)　車▶從藍住IC經縣道1號往德島市內前進,經國道192號往石井方向。約10km(20分)

約4km(20分)　經由國道192號、縣道29號

27 鳴門 德島市 地圖P.115A-3

第17號 瑠璃山真福院 井戶寺　本尊為七佛藥師如來

＊るりざんしんぷくいん　いどじ
☎088-642-1324
所 德島市國府町井戶北屋敷80-1　P 30輛(免費／鄰接)　車▶從藍住IC經縣道1號往德島市內,在NTT德島西營業所南的交叉入口右轉。經縣道30號往石井方面。約8.5km(15分)

約20km(40分)　經由國道192、55號、縣道136號

小松島市 地圖P.162A-3

第18號 母養山寶樹院 恩山寺　與弘法大師之母有淵源的寺廟

＊ぼようざんほうじゅいん　おんざんじ
☎0885-33-1218
所 小松島市田野町恩山寺谷40　P 30輛(免費／步行5分)　車▶從德島IC經國道11、55號往小松島方向。約15km(30分)

約5km(15分)　經由縣道136號

30 南阿波海岸 小松島市 地圖P.119

第19號 橋池山摩尼院 立江寺　流傳著白鷺傳說

＊きょうちざんまにいん　たつえじ
☎0885-37-1019
所 小松島市立江町若松13　P 30輛(1天300日圓／步行1分)　車▶從德島IC經國道11、55號往小松島方向,穿過赤石隧道並渡橋後,在交叉路口右轉。約19km(30分)

約16km(30分)　經由縣道28、22、16號

30 南阿波海岸 勝浦町 地圖P.119

第20號 靈鷲山寶珠院 鶴林寺　佇立在深山中的寺廟

＊りょうじゅざんほうじゅいん　かくりんじ
☎0885-42-3020
所 勝浦町生名鷲ヶ尾14　P 20輛(300日圓／鄰接)　車▶從德島IC經國道11、55號往小松川方向。經縣道16號往勝浦川邊前進。約30km(1小時)

約16km(30分)　經由縣道283、19號

30 南阿波海岸 阿南市 地圖P.119

第21號 舍心山常住院 太龍寺　建在山頂上的大寺院

＊しゃしんざんじょうじゅういん　たいりゅうじ
☎0884-62-2021
所 阿南市加茂町龍山2　P 50輛(參道維持費500日圓／大型車不可進入／步行30分)　車▶從德島IC經國道55號往阿南方向。在與國道195號的交叉路口右轉往那賀方向。約45km(1小時35分)

太龍寺空中纜車 ☎0884-62-3100
3～11月為7:20～17:00、12～2月為8:00～17:00／無休／乘車時間約10分,步行5分／來回票2470日圓

約12km(25分)　經由國道195、縣道284號

30 南阿波海岸 阿南市 地圖P.119

第22號 白水山醫王院 平等寺　有據說能治百病的靈水湧出

＊はくすいざんいおういん　びょうどうじ
☎0884-36-3522
所 阿南市新野町秋山177　P 30輛(免費／鄰接)　車▶從德島IC經國道55號往阿南方向,與國道195號的交叉路口右轉,與縣道284號的交叉路口左轉。約38km(1小時30分)

約19km(30分)　經由縣道35、24號、國道55號

30 南阿波海岸 美波町 地圖P.119

第23號 醫王山無量壽院 藥王寺　以消災解厄聞名的寺廟

＊いおうざんむりょうじゅいん　やくおうじ
☎0884-77-0023
所 美波町奧河內寺前285-1　P 350輛(免費／步行2分)　車▶從德島IC經國道55號往美波方向。約52km(1小時30分)

約75km(2小時)　經由國道55號

高知

修行的道場

從第24號 最御崎寺 到 第39號 延光寺

31 室戶岬 室戶市 地圖P.121B-2

第24號 室戶山 明星院 最御崎寺（東寺） 弘法大師在此開悟的海岬寺廟

＊むろとざんみょうじょういん ほつみさきじ（ひがしでら）

☎0887-23-0024

室戶市室戶岬町4058-1　P 50輛（免費／步行10分）　車▶從南國IC經國道32、55號往室戶方向。約80km（2小時）

位於突出太平洋的室戶岬尖銳的中腹上。這裡是與空海的名字有關的地點，據說空海當初一看到室戶寬闊的海洋與天空，便改掉原本的名字教海，稱自己為空海。之後空海在此開悟，刻了一尊虛空藏菩薩像便渡唐了。待他歸朝後，便在嵯峨天皇的發願下建立了寺廟。從這座寺廟稍微往下走，就會看到室戶岬燈塔。

御廚人窟
※因為山崩，現在只有外面部分開放參觀

約6km（15分）　經由室戶Sky Line、國道55號

31 室戶岬 室戶市 地圖P.121B-2

第25號 寶珠山 真言院 津照寺（津寺） 俯瞰大海祈求航海安全的寺廟

＊ほうしゅざんしんごんいん しんしょうじ（つでら）

☎0887-23-0025

室戶市室津2652-イ　P 20輛（免費／使用寶津漁港的停車場／步行8分）　車▶從南國IC經國道32、55號往室戶方向。約70km（2小時）

位處於室戶市內的小山上，一爬上石階梯，就會看到讓人聯想到龍宮城的鐘樓門。大同2(807)年，弘法大師巡錫四國時來到此處，覺得這座山就像一座寶珠，同時也感受到地藏的存在，於是便以每刻一刀便禮佛三次的一刀三禮形式雕刻一尊延命地藏，並興建了佛堂。

約6km（15分）　經由國道55號

31 室戶岬 室戶市 地圖P.121B-2

第26號 龍頭山 光明院 金剛頂寺（西寺） 擁有許多重要文化財

＊りゅうずざんこうみょういん こんごうちょうじ（にしでら）

☎0887-23-0026

室戶市元乙523　P 20輛（1次200日圓／步行3分）　車▶從南國IC經國道32、55號往室戶方向。約70km（2小時）

在嵯峨天皇的發願下，在大同2(807)年由弘法大師所建立的寺廟。之後這座寺廟便成了淳和天皇的祈願所，也因此繁榮起來。境內的寶靈殿除了有收藏秘法道具「旅壇具」之外，還有百濟時代的朝鮮觀音菩薩像、平安時代末期的阿彌陀如來像等許多重要文化財。

巡禮加分景點 靈場中的一山與最御崎寺、津照寺合稱為室戶三山。一般稱最御崎寺為「東寺」；津照寺為「津寺」；金剛頂寺為「西寺」。在境內自然生長的奴草是縣內的天然紀念物。

約35km（1小時）　經由國道55號

31 室戶岬 安田町 地圖P.121A-1

第27號 竹林山 地藏院 神峯寺 曾讓許多巡禮者擲筊的險峻寺廟

＊ちくりんざんじぞういん こうのみねじ

☎0887-38-5495

安田町唐浜2594　P 30輛（付費／步行10分）　車▶從南國IC經國道32、55號往室戶方向。約50km（1小時20分）

建於神峯山半山腰附近的神峯寺位於幾乎要用攀登方式爬上去的險峻山路末尾，是巡禮道路中較險峻的地方。但現在只要開車的方式，就可以輕鬆爬上去。據說寺廟的起源是神功皇后為了祈求戰勝而建寺祭拜天照大神，之後行基還刻了十一面觀世音菩薩像，因此成了神道與佛教合一的寺廟。

巡禮加分景點 在鐘樓後方湧出的清水叫做「神峯之水」，據說有一名病入膏肓的女性夢見了弘法大師，喝下他在夢中給他的水後，病痛便馬上痊癒了。

約38km（1小時）　經由國道55號、縣道22號

32 桂濱・土佐橫浪 香南市 地圖P.122

第28號 法界山 高照院 大日寺 曾以土佐藩的祈願寺之姿繁榮一時

＊ほうかいざんこうしょういん だいにちじ

☎0887-56-0638

香南市野市町母代寺476-1　P 30輛（免費／鄰接）　車▶從南國IC經國道32、55號往室戶方向。經縣道22號往龍河洞方向。約15km（30分）

天平年間（729～749年）在聖武天皇的祈願下，由行基所建立。之後在弘仁6(815)年，由空海再度重建了這座寺廟。據說寺內的本尊大日如來像是由行基所製作，約145cm的座像是中國、四國地區最大規模的佛像，與其旁邊的聖觀音菩薩立像同為國家重要文化財。

巡禮加分景點 據說祭祀在奧之院中的弘法大師爪雕藥師如來對治療頸部以上的疾病相當靈驗。一般習俗是在靈驗後，要奉上一顆開了洞的石頭。

約12km（20分）　經由國道55、195號、縣道45號

32 桂濱・土佐橫浪 南國市 地圖P.122

第29號 摩尼山 寶藏院 國分寺 境內的一切都是國家史蹟

＊まにざんほうぞういん こくぶんじ

☎088-862-0055

南国市国分546　P 45輛（免費／步行3分）　車▶從南國IC經國道32往後免方向。往縣道45號前進，最後在國分寺通巴士站右轉。約2km（10分）

為在聖武天皇的請願下建在各國的國分寺之一，在天平13(741)年由行基所建立。之後，弘法大師將這座寺廟當作真言宗的寺廟。全境內都受指定為國家史蹟。其中有美麗木瓦屋頂的金堂還是國家重要文化財。

巡禮プラス 收藏在金堂（本堂）內的梵鐘為創建當時所製作，口徑為47cm，高80.6cm。可以在梵鐘上看到平安前期的特色。

約8km（30分）　經由縣道256、384號

32 桂濱・土佐橫浪 高知市 地圖P.122

第30號 百々山 東明院 善樂寺 受到歷史浪潮的影響並再度復興

＊どどざんとうみょういん ぜんらくじ

☎088-846-4141

高知市一宮しなね2-23-11　P 20輛（免費／鄰接）　車▶從高知IC經縣道384號往南國方向。約3km（10分）

作為土佐國一之宮以及總鎮守高鴨大明神（現土佐神社）的別當寺而建的寺廟，在大同年間（806～810年）由弘法大師所建立。雖然曾因明治時期的廢佛毀釋政策中遭到廢寺，但後來在昭和4(1929)年又再度重建。本堂是在昭和58(1983)年改建而成的。大師堂則以厄除大師之名聞名。

巡禮加分景點 因為子安地藏旁的地藏呈現吭頭看梅花樹的姿勢，因此有了梅見地藏之稱。梅見地藏製作於文化13年，據說對治療頸部以上的疾病相當靈驗。

約8km（20分）　經由縣道384、44、359號

第31號 五台山 金色院 竹林寺　收藏許多寺寶

32 桂濱・土佐橫浪　高知市　地圖 P.122

* ごだいさんこんじきいん　ちくりんじ
☎ 088-882-3085
所 高知市五台山3577　P 70輛（免費／鄰接）　車▶ 從高知IC經縣道44號往五台山方向，在國道32號右轉，在新葛橋前左轉，往縣道359號。約7km（20分）

巡礼プラス 寶物館內安置有15尊有列入重要文化財的佛像，這些佛像就占了縣內重要文化財的4分之1。

約10km（20分）　經由縣道359、32、35、14號

第32號 八葉山 求聞持院 禪師峰寺　祈求航海安全

32 桂濱・土佐橫浪　南國市　地圖 P.122

* はちようざんぐもんじいん　ぜんじぶじ
☎ 088-865-8430
所 南國市十市3084　P 20輛（免費／鄰接）　車▶ 從高知IC經縣道44號往五台山方向。經國道32號、縣道35號，開進縣道14號。在峰寺隧道前右轉。約12km（30分）

巡禮加分景點 境內的鐘樓後面有一顆「潮之干滿岩」，據說岩石上的凹洞裡積水的水位會隨潮汐漲退而產生變化。

約10km（30分）　經由縣道14、34號

第33號 高福山 雪蹊寺　為數不多的禪宗札所

32 桂濱・土佐橫浪　高知市　地圖 P.122

* こうふくざん　せっけいじ
☎ 088-837-2233
所 高知市長浜857-3　P 20輛（志納／鄰接）　車▶ 從高知IC經縣道44號、一般道路、國道56號南下。經縣道34號往桂濱方向。約15km（30分）

延曆年間（782～806年）由弘法大師所建。本尊藥師如來以及隨侍在兩側的日光月菩薩像是由運慶所做。毘沙門天與隨侍其兩側的佛像則是由湛慶所做。為長宗我部元親家的菩提寺，若想參觀需先預約。

約8km（20分）　經由縣道278號、一般道路

第34號 本尾山 朱雀院 種間寺　祈願安產的寺廟

32 桂濱・土佐橫浪　高知市　地圖 P.122

* もとおざんすざくいん　たねまじ
☎ 088-894-2234
所 高知市春野町秋山72　P 70輛（免費／鄰接）　車▶ 從土佐IC經國道56號、縣道279號往春野方向。約8km（30分）

約10km（30分）　經由縣道279號、國道56號

第35號 醫王山 鏡池院 清瀧寺　起源自清水湧出傳說的寺廟

32 桂濱・土佐橫浪　土佐市　地圖 P.122

* いおうざんきょうちいん　きよたきじ
☎ 088-852-0316
所 土佐市高岡町丁568-1　P 無（境內可以停約20輛）　車▶ 從土佐IC經國道56號後右轉，在第一個紅綠燈右轉開往一般道路。最後約有1km的山路既狹窄又險峻（大型車禁止通行）。約3km（10分）

約15km（40分）　經由國道56號，縣道39、23、47號

第36號 獨鈷山 伊舍那院 青龍寺　本尊為波切不動明王

32 桂濱・土佐橫浪　土佐市　地圖 P.122

* とっこうざんいしゃないいん　しょうりゅうじ
☎ 088-856-3010
所 土佐市宇佐町竜163　P 20輛（免費／鄰接）　車▶ 從土佐IC經國道56號，經縣道39號往宇佐方向。渡過宇佐大橋後，再沿著海邊在縣道47號上前進。約12km（20分）

約55km（1小時30分）　經由縣道47號、國道56號

第37號 藤井山 五智院 岩本寺　5體的本尊與天花板彩繪很有名

33 四萬十川　四萬十町　地圖 P.125C-2

* ふじいさんごちいん　いわもとじ
☎ 0880-22-0376
所 四万十町茂串町3-13　P 20輛（需付協力金／步行即到）　車▶ 從四万十町中央IC經國道56號往四万十市方向。穿過窪川隧道後，再右轉進國道381號。約2km（6分）

約87km（2小時30分）　經由國道56、321號，縣道27號

第38號 蹉跎山 補陀洛院 金剛福寺　土佐數一數二的大寺院

34 足摺岬・龍串　土佐清水市　地圖 P.127C-2

* さださんふだらくいん　こんごうふくじ
☎ 0880-88-0038
所 土佐清水市足摺岬214-1　P 40輛（免費／使用縣營停車場／步行3分）　車▶ 從四万十市中央IC經國道56、321號、縣道27號往足摺岬方向。約92km（2小時12分）

約62km（2小時）　經由縣道27號、國道321、56號

第39號 赤龜山 寺山院 延光寺　流傳有背著梵鐘的烏龜的傳說

34 足摺岬・龍串　宿毛市　地圖 P.125A-3・P.127B-1

* しゃっきざんじさんいん　えんこうじ
☎ 0880-66-0225
所 宿毛市平田町中山390　P 50輛（免費／步行2分）　車▶ 從四万十市中央IC經國道56號往宿毛方向。約65km（1小時22分）

約30km（40分）　經由國道56號

菩提之道場

愛媛

從第**40**號 觀自在寺到第**65**號 三角寺

35 宇和島周邊　西予市　地圖P.129B-1

第**43**號　源光山　圓手院　**明石寺**　以「明石大人」之名為當地人所熟知

* げんこうざんえんじゅいん　めいせきじ
📞 **0894-62-0032**
所 西予市宇和町明石205
P 200輛（需洽詢／步行2分）
車▶從西予市宇和IC經縣道29號往卯之町方向。第一個紅綠燈右轉後，北上縣道237號。約3km（5分）

約77km（2小時）　經由松山道、國道379、380、33號、縣道12號

37 石鎚山·面河溪　久萬高原町　地圖P.131

第**44**號　菅生山　大寶院　**大寶寺**　山門處供奉有一雙巨大的草鞋

* すごうざんだいかくいん　だいほうじ
📞 **0892-21-0044**
所 久萬高原町菅生二番耕地1173
P 20輛（免費／步行15分）
車▶從松山IC經國道33號往久萬高原方向。接下來再開往縣道12號。約30km（45分）

約11km（20分）　經由縣道12號

37 石鎚山·面河溪　久萬高原町　地圖P.131

第**45**號　海岸山　**岩屋寺**　建在斷崖名勝上的深山靈場

* かいがんざん　いわやじ
📞 **0892-57-0417**
所 久萬高原町七鳥1468　P 100輛（使用附近的收費停車場／步行15分）　車▶從松山IC經國道33號往久萬高原方向。接下來再開往縣道12號。約40km（1小時）

約34km（1小時20分）　經由縣道12號、國道33號、一般道路、縣道194號

39 松山·砥部　松山市　地圖P.133

第**46**號　醫王山　養珠院　**淨瑠璃寺**　能保佑許多事情深受人們喜愛

* いおうざんようじゅいん　じょうるりじ
📞 **089-963-0279**
所 松山市淨瑠璃町282　P 10輛（免費／步行1分）　車▶從松山IC經國道33號往砥部方向。左轉進大友山隧道內，再經一般道路通過縣道194號往久谷方向。約8km（25分）

約1km（5分）　經由縣道194號

39 松山·砥部　松山市　地圖P.133

第**47**號　熊野山　妙見院　**八坂寺**　巡禮者祖衛門三郎就是由此座寺院出發的

* くまのざんみょうけんいん　やさかじ
📞 **089-963-0271**
所 松山市淨瑠璃町八坂773
P 40輛（免費／步行1分）
車▶從松山IC經國道33號往砥部方向前進。再從縣道194號，經縣道23、207號及一般道路，往久萬高原方向。約8km（20分）

約5km（10分）　經由一般道路、縣道207、40號

34 足摺岬·龍串　愛南町　地圖P.127A-1

第**40**號　平城山　藥師院　**觀自在寺**　深受天皇家信仰的伊予第一寺廟

* へいじょうざんやくしいん　かんじざいじ
📞 **0895-72-0416**
所 愛南町御莊平城2253-1
P 10輛（免費／鄰接）
車▶從津島岩松IC經國道56號往宿毛方向。約26km（35分）

約50km（1小時30分）　經由國道56號，縣道57、31號

35 宇和島周邊　宇和島市　地圖P.129B-1

第**41**號　稻荷山　護國院　**龍光寺**　穿過鳥居前往祈求商業繁榮的寺院

* いなりざんごこくいん　りゅうこうじ
📞 **0895-58-2186**
所 宇和島市三間町戶雁173　P 15輛（免費／步行1分）
車▶從三間IC經縣道31號往宇和町方向。行駛約300km後右轉進縣道283號。約2km（5分）

約4km（10分）　經由縣道31號

35 宇和島周邊　宇和島市　地圖P.129B-1

第**42**號　一果山　毘盧舍那院　**佛木寺**　弘法大師在牛的牽引下抵達的靈地

* いっかざんびるしゃないん　ぶつもくじ
📞 **0895-58-2216**
所 宇和島市三間町則1683　P 20輛（免費／步行2分）
車▶從三間IC經縣道31號往宇和町方向。約3km（20分）

約15km（30分）　經由縣道31、29、237號

39 松山·砥部　松山市　地圖P.133

第**48**號　清瀧山　安養院　**西林寺**　湧出救濟之清水的名剎

* せいりゅうざんあんよういん　さいりんじ
📞 **089-975-0319**
所 松山市高井町1007
P 30輛（免費／步行2分）
車▶從松山IC經國道33號往砥部方向。左轉進縣道193號往東溫方向。約5km（15分）

約3km（10分）　經由縣道40號

39 松山·砥部　松山市　地圖P.133

第**49**號　西林山　三藏院　**淨土寺**　與空也上人有關的古剎

* さいりんざんさんぞういん　じょうどじ
📞 **089-975-1730**
所 松山市鷹子町1198
P 24輛（付費／鄰接）
車▶從松山IC經國道33號北上。直走進入國道11號的交叉路口，經縣道334號往東溫方向。約7km（15分）

約2km（10分）　經由縣道40號

39 松山·砥部　松山市　地圖P.133

第**50**號　東山　瑠璃光院　**繁多寺**　有許多高僧在此擔任住持

* ひがしやまるりこういん　はんたじ
📞 **089-975-0910**
所 松山市畑寺町32　P 5輛（免費／鄰接）　車▶從松山IC經國道33號往松山市區方向。直走進小坂交叉路口，經過一般道路後，再從松山東雲短期大學南邊進入縣道40號。約7km（15分）

約3km（10分）　經由縣道40號

39 松山·砥部　松山市　地圖P.133

第**51**號　熊野山　虛空藏院　**石手寺**　祭祀有衛門三郎再來的名剎

* くまのざんこくぞういん　いしてじ
📞 **089-977-0870**
所 松山市石手2-9-21
P 200輛（部分付費／步行3分）　車▶從松山IC經國道33、11號往松山市區方向。接下來再通過國道317號往奧道後方向。約8km（20分）

從出土的瓦片可以推測出這座寺廟是在670年，以法隆寺系列的莊園基盤建立而成的，現在則是弘法大師信仰的聖地。這裡流傳著巡禮創始人元祖衛門三郎的轉生傳說。此外，寺名「石手寺」是從小嬰兒誕生時，手裡握著寫有「衛門三郎再來」6字的石頭的故事而來的。

位於參道上的石手寺知名美食「やきもち」

約13km（30分）　經由國道317、196、437號、縣道19號

第52號 39 松山·砥部 松山市 地圖P.133

瀧雲山 護持院 **太山寺** 歷代天皇歸依的寺廟

＊りゅううんざんごじいん　たいさんじ
📞089-978-0329
所松山市太山寺町1730
Ｐ50輛（免費／步行5分）
車▶從松山IC經國道33號往松山市區方向。從松山環狀線往國道196、437號前進。約15km（40分）

約2km（10分）　經由縣道183號

第53號 39 松山·砥部 松山市 地圖P.133

須賀山 正智院 **圓明寺** 以「和氣的圓明大人」之名為人們所熟悉

＊すがさんしょうちいん　えんみょうじ
📞089-978-1129
所松山市和氣町1-182
Ｐ10輛（免費／步行2分）
車▶從松山IC經國道33號往松山市區方向。從松山環狀線往國道196號前進。約15km（30分）

約36km（1時間）　經由國道196號

第54號 1 島波海道 今治市 地圖P.33A-4

近見山 寶鐘院 **延命寺** 用欅木建成的山門迎接巡禮者的到來

＊ちかみざんほうしょういん　えんめいじ
📞0898-22-5696
所今治市阿方甲636　Ｐ20輛（志納／鄰接）　車▶從今治IC經國道196號往大西方向。在乃萬高爾夫球場前的紅綠燈右轉，馬上在縣道38號左轉。在延命寺的招牌右轉。約3km（10分）

巡遊加分景點 受指定為今治市文化財的梵鐘叫做「近見二郎」，是在寶永元（1704）年，由住持自費鑄造而成的。

約4km（15分）　經由縣道38號

第55號 1 島波海道 今治市 地圖P.33A-4

別宮山 金剛院 **南光坊** 有1300年歷史的真言宗御室派寺院

＊べっくざんこんごういん　なんこうぼう
📞0898-22-2916
所今治市別宮町3-1　Ｐ20輛（免費／步行1分）　車▶從今治IC直開進一般道路，往縣道38號方向。約4km（7分）

約3km（10分）　經由國道317號

第56號 1 島波海道 今治市 地圖P.33A-4

金輪山 勅王院 **泰山寺** 建在石牆上的寧靜札所

＊きんりんざんちょくおういん　たいさんじ
📞0898-22-5959
所今治市小泉1-9-18　Ｐ40輛（200日圓／步行2分）　車▶從今治IC經國道196號往西条方向。約1km（3分）

約3km（10分）　經由國道317號、縣道155號

第57號 今治市 地圖P.159F-3

府頭山 無量壽院 **榮福寺** 祈求海陸安全、長壽、足部與腰部健康的寺廟

＊ふとうざんむりょうじゅいん　えいふくじ
📞0898-55-2432
所今治市玉川町八幡甲200
Ｐ13台輛（志納／步行1分）
車▶從今治IC經國道196、317號往玉川方向。約4km（10分）

約3km（15分）　一般道路

第58號 今治市 地圖P.159F-3

作禮山 千光院 **仙遊寺** 傳說中曾有仙人住在這裡

＊されいざんせんこういん　せんゆうじ
📞0898-55-2141
所今治市玉川町別所甲483　Ｐ30輛（400日圓／步行1分）　車▶今治IC經國道196、317號往玉川方向。約8km（20分）

本尊是據說由來自龍宮的宮女所做的千手觀音菩薩。本來是當作秘佛祭祀，但從2007年後，便開放給大眾祭拜。壇信徒會曾設有宿坊及天然溫泉，還可以進行修行體驗（需確認）。

約13km（30分）　經由國道317號、縣道156號

第59號 今治市 地圖P.159G-3

金光山 最勝院 **國分寺** 經歷過無數次戰禍的國分寺

＊こんこうざんさいしょういん　こくぶんじ
📞0898-48-0533
所今治市國分4-1-33　Ｐ50輛（200日圓／步行2分）　車▶從今治IC經國道196號直開，左轉後經縣道156號往西条方向。約7km（20分）

約35km（1小時30分）　國道196、11號、縣道142、12號、平野林道

第60號 西条市 地圖P.159G-4

石鐵山 福智院 **橫峰寺** 險峻的巡禮道路綿延的險要之地

＊いしづちさんふくちいん　よこみねじ
📞0897-59-0142
所西条市小松町石鎚2253
Ｐ50輛（含通行費1850日圓／使用林業工會停車場／步行10分）
車▶從小松IC經國道11號往西条方向。再開進縣道142號。約18km（1小時）

※有時會因積雪等道路狀況而禁止通行

約15km（1小時）　經由平野林道，縣道12、142號、國道11號

第61號 西条市 地圖P.159G-4

梅檀山 教王院 **香園寺** 瀰漫現代氛圍的札所

＊せんだんざんきょうおういん　こうおんじ
📞0898-72-3861
所西条市小松町南川甲19　Ｐ100輛（免費／步行1分）　車▶從小松IC經國道11號往西条方向。約3km（5分）

混凝土建築外觀相當搶眼的香園寺俗稱為「褐色的大聖堂」。自寺廟建立以來已有相當悠久的歷史，據說起初是聖德太子為祈求用明天皇（585年～587年在位）病癒所建的。

約2km（5分）　經由國道11號

第62號 西条市 地圖P.159G-4

天養山 觀音院 **寶壽寺** 原為一之宮的法樂所

＊てんようざんかんのんいん　ほうじゅじ
📞0898-72-2210
所西条市小松町新屋敷甲428
Ｐ5輛（免費／鄰接）　車▶從小松IC經國道11號往西条方向。約4km（8分）

約1km（5分）　經由國道11號

第63號 西条市 地圖P.159G-4

密教山 胎藏院 **吉祥寺** 四國靈場中唯一一座以毘沙門天為本尊的札所

＊みっきょうざんたいぞういん　きちじょうじ
📞0897-57-8863
所西条市氷見乙1048　Ｐ15輛（200日圓／使用指定收費停車場／步行2分）
車▶從小松IC經國道11號往西条方向前進。約5km（15分）

約3km（10分）　經由國道11號

第64號 西条市 地圖P.159G-4

石鐵山 金色院 **前神寺** 眾多歷代天皇歸依的寺廟

＊いしづちさんこんじきいん　まえがみじ
📞0897-56-6995
所西条市洲之内甲1426　Ｐ30輛（免費／步行2分）　車▶從小松IC經國道11號往西条方向。或是從西条IC經國道11號往松山方向。約10km（20分）

約49km（1小時）　經由國道11號、松山自動車道（いよ西条IC～三島川之江IC）、國道192號

第65號 四國中央市 地圖P.160B-4

由靈山 慈尊院 **三角寺** 對求子相當靈驗，聚集眾多信徒的寺廟

＊ゆれいざんじそんいん　さんかくじ
📞0896-56-3065
所四國中央市金田町三角寺甲75　Ｐ30輛（200日圓／步行3分）
車▶從三島川之江IC經國道11、192號往德島方向。前進約1km左右後，在高速公路下方右轉。約5km（10分）

位於海拔450m高的三角寺山半山腰上。據說弘法大師曾在此建造護摩壇，花了21天的時間在此修習降伏護摩之法。而傳說位於本坊的三角形池塘就是那時所建的護摩壇遺跡，寺號也是源自於護摩壇。另外，境內的山櫻也曾讓造訪此寺的小林一茶深受感動。這棵山櫻就在本堂前，直到現在每到盛開時期，都令許多人大飽眼福。

約25km（30分）　經由國道11、377號，縣道8號

香川

涅槃之道場

從第66號 雲邊寺 到第88號 大窪寺

28 祖谷溪・大步危 三好市 地圖P.117A-1 ·160C-3

第66號 巨鼇山 千手院 **雲邊寺** 四國靈場中 高度最高的札所

＊きょうざんせんじゅいん　うんぺんじ
☎0883-74-0066
所 徳島縣三好市池田町白地／ロウチ763　P 500輛（免費／鄰接雲邊寺空中纜車山麓站）　車▶從大野原IC經國道11號往三豐方向。接下來再沿著空中纜車的招牌繼續前行。約10km（15分）

據說是弘法大師受到深山風情吸引，因此而建的寺廟。由於廟宇所在位置有海拔927m之高，對步行前來的巡禮者來說是難以抵達的札所之一。但因為現在有空中纜車來往香川縣那側，只要7分鐘就可以抵達，所以有許多人用這種方式前來。

雲邊寺空中纜車
☎0875-54-4968　3～11月為7:20～17:00，12～2月為8:00～17:00／無休／搭乘時間約7分，到寺廟步行3分／來回2060日圓

約10km（15分）　經由縣道8、241號、國道377號

第67號 小松尾山 不動光院 **大興寺** 陳列著祈願用的蠟燭

＊こまつおざんふどうこういん　だいこうじ
☎0875-63-2341
所 三豐市山本町辻4209　P 15輛（免費／步行3分）　車▶從大野原IC經國道11號、縣道240號、國道377號往三豐方向。約8km（20分）

在天平14（742）年作為東大寺所屬之寺院而建的寺廟，並在弘仁13（822）年，在嵯峨天皇的請願下由弘法大師再度重建。本尊為藥師如來，境內有大師堂、天台大師堂，可以想見當時兩流派的修驗者曾並排在一起修行。陳列在本堂內的紅色蠟燭叫做「七日燈明」，只要把願望寫在蠟燭上供奉在寺廟裡，廟方便會連續7天點燃蠟燭，為許願者祈禱。

約10km（20分）　經由國道377號、縣道6號

第68號 七寶山 **神惠院** 本尊為由弘法大師所畫的阿彌陀如來像

＊しっぽうざん　じんねいん
☎0875-25-3871（觀音寺）
所 觀音寺市八幡町1-2-7　P 20輛（免費／步行2分）　車▶從大野原IC經國道11號、縣道8號往觀音寺市區。約6km（15分）

步行即到

第69號 七寶山 **觀音寺** 弘法大師曾在此擔任住持的寺廟 觀音寺市 地圖P.160C-3

＊しっぽうざん　かんのんじ
☎0875-25-3871
所 觀音寺市八幡町1-2-7　P 20輛（免費／步行1分）　車▶從大野原IC經國道11號、縣道8號往觀音寺市區。約6km（15分）

約5km（10分）　經由縣道5號、國道11號

第70號 七寶山 持寶院 **本山寺** 據說是弘法大師花了一晚時間所建的 三豐市 地圖P.160C-3

＊しっぽうざんじほういん　もとやまじ
☎0875-62-2007
所 三豐市豐中町本山甲1445　P 20輛（免費／鄰接）　車▶從さぬき豐中IC經國道11號往觀音寺市區。約2km（5分）

約13km（30分）　經由國道11號、縣道48號

第71號 劍五山 千手院 **彌谷寺** 日本三大靈場之一弘法大師的御學問所 三豐市 地圖P.160C-2

＊けんござんせんじゅいん　いやだにじ
☎0875-72-3446
所 三豐市三野町大見乙70　P 50輛（免費／步行25分）　車▶從さぬき豐中IC經國道11號往善通寺方向。在鳥坂交叉路口左轉，往縣道48號。約11km（20分）

據說弘法大師曾在境內的獅子之岩屋刻苦學習。而獅子之岩屋據說有可以吃掉煩惱與疾病的功效，也因此而聞名。由行基開創的這座寺廟到大師堂之前總共有400層石階，之後到本堂之前還有140層石階。如果搭乘山上巴士（500日圓）的話，只要爬140層石階就可以到達本堂。

約5km（10分）　經由縣道48號、國道11號

第72號 我拜師山 延命院 **曼荼羅寺** 祭祀弘法大師的祖先 善通寺市 地圖P.160C-2

＊がはいしざんえんめいいん　まんだらじ
☎0877-63-0072
所 善通寺市吉原町1380-1　P 20輛（需付費／鄰接）　車▶從善通寺IC經國道319號往琴平方向，右轉進縣道24、48號。約7km（15分）

步行即到

第73號 我拜師山 求聞持院 **出釋迦寺** 空海在7歲時曾在此捨身誓願 善通寺市 地圖P.160C-2

＊がはいしざんぐもんじいん　しゅつしゃかじ
☎0877-63-0073
所 善通寺市吉原町1091　P 30輛（免費／步行2分）　車▶從善通寺IC右轉後，經縣道48號往三豐方向。約7km（15分）

約3km（5分）　經由縣道48號

第74號 醫王山 多寶院 **甲山寺** 在不可思議的老翁靈示下建立的寺廟 善通寺市 地圖P.160C-2

＊いおうざんたほういん　こうやまじ
☎0877-63-0074
所 善通寺市弘田町1765-1　P 70輛（免費／步行1分）　車▶從善通寺IC經國道319號往琴平方向。右轉後往縣道48號。約5km（10分）

約2km（5分）　經由縣道48號

第75號 五岳山 誕生院 **善通寺** 建於弘法大師出生地的廣大寺院 善通寺市 地圖P.160C-2

＊ごがくさんたんじょういん　ぜんつうじ
☎0877-62-0111
所 善通寺市善通寺町3-3-1　P 200輛（200日圓／鄰接）　車▶從善通寺IC經國道319號往琴平方向前進。右轉後往縣道48號。約3km（10分）

約4km（10分）　經由縣道24、25號

第76號 雞足山 寶幢院 **金倉寺** 祭祀弘法、智証兩位大師 善通寺市 地圖P.160C-2

＊けいそくざんほうどういん　こんぞうじ
☎0877-62-0845
所 善通寺市金蔵寺町1160　P 50輛（200日圓／鄰接）　車▶從善通寺IC經國道319號往琴平方向即到。約1km（5分）

約5km（10分）　經由縣道33、25號

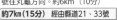

第77號　桑多山 明王院 道隆寺
22 瀬戸大橋·五色台　多度津町　地圖P.107A-3

據說對治眼疾相當靈驗的「治眼藥師」

＊そうたざんみょうおういん　どうりゅうじ
☎0877-32-3577
所 多度津町北鴨1-3-30　P 20輛（免費／鄰接）
車▶從善通寺IC經國道319號、11號、縣道25號往北。再經縣道216號往丸龜方向。約6km（10分）

約7km（15分）　經由縣道21、33號

第78號　佛光山 廣德院 郷照寺
22 瀬戸大橋·五色台　宇多津町　地圖P.107B-3

真言宗和時宗都有信仰的寺廟

＊ぶっこうざんこうとくいん　ごうしょうじ
☎0877-49-0710
所 宇多津町1435　P 100輛（免費／鄰接）
車▶從坂出IC經縣道191號往北。約3km（10分）

約6km（15分）　經由縣道33號

第79號　金華山 高照院 天皇寺
22 瀬戸大橋·五色台　坂出市　地圖P.107B-3

直到江戶時代前都是崇德上皇的御鎮座所

＊きんかざんこうしょういん　てんのうじ
☎0877-46-3508
所 坂出市西庄町天皇1713-2　P 10輛（付費／步行3分）　車▶從坂出IC經國道11號高松方向。左轉後往縣道33號。約7km（10分）

約7km（10分）　經由縣道33號

第80號　白牛山 千手院 國分寺
22 瀬戸大橋·五色台　高松市　地圖P.107C-3

有重要文化財

＊はくぎゅうざんせんじゅいん　こくぶんじ
☎087-874-0033
所 高松市国分寺町国分2065　P 20輛（免費／山門前）　車▶從高松檀紙IC經國道11號、縣道33號往坂出方向。約6km（15分）

約14km（30分）　經由國道11號，縣道187、16、180號

第81號　綾松山 洞林院 白峯寺
22 瀬戸大橋·五色台　坂出市　地圖P.107C-2

祭祀崇德上皇

巡遊加分景點 傳說在上皇駕崩後過了3年，前來御廟祭拜的西行法師曾在這裡與上皇的魂魄互相詠歌。

＊りょうしょうざんどうりんいん　しろみねじ
☎0877-47-0305
所 坂出市青海町2635　P 100輛（免費／步行3分）　車▶從坂出IC經國道11號、縣道187、16、180號往五色台方向。約15km（30分）

約8km（15分）　經由縣道180號

第82號　青峰山 千手院 根香寺
22 瀬戸大橋·五色台　高松市　地圖P.107C-2 ·108

門前有牛鬼像迎接

＊あおみねざんせんじゅいん　ねごろじ
☎087-881-3329
所 高松市中山町1506　P 20輛（免費／步行1分）　車▶從高松檀紙IC經縣道176號北上。經縣道16號往西，在下笠居小學前左轉後往縣道180號。約15km（30分）

約18km（30分）　經由縣道180、16、12號

第83號　神毫山 大寶院 一宮寺
23 屋島·高松　高松市　地圖P.108

「一宮之大師」之名聚集信徒

＊しんごうざんだいほういん　いちのみやじ
☎087-885-2301
所 高松市一宮町607　P 40輛（免費／步行3分）　車▶從高松西IC、高松檀紙IC經縣道12號往三木方向。約4km（10分）

約17km（40分）　經由國道193、11號，屋島Drive Way

第84號　南面山 千光院 屋島寺
23 屋島·高松　高松市　地圖P.108

曾是源平合戰的屋島古剎

＊なんめんざんせんこういん　やしまじ
☎087-841-9418
所 高松市屋島東町1808　P 400輛（300日圓／使用屋島山上停車場／步行3分）車▶從高松中央IC經國道11號往東。在高松東IC西往左轉北上縣道30號，往屋島Drive Way。約11km（30分）

約11km（15分）　經由屋島Drive Way、國道11號、縣道145號

第85號　五劍山 觀自在院 八栗寺
23 屋島·高松　高松市　地圖P.108

相當靈驗的「八栗之聖天大人」

＊ごけんざんかんじざいいん　やくりじ
☎087-845-9603
所 高松市牟礼町牟礼3416　P 400輛（免費／八栗地軌式纜車登山口）
車▶從さぬき三木IC經縣道38、145號往北。約10km（20分）

八栗地軌式纜車
☎087-845-2218　7:30～17:15／每月1日為5:00～17:15／無休／乘車時間約4分／來回930日圓

約7km（15分）　經由縣道145號、國道11號

第86號　補陀洛山 志度寺
24 大串·白鳥　讚岐市　地圖P.108 ·110

創建於飛鳥時代的古剎

＊ほだらくさん　しどじ
☎087-894-0086
所 さぬき市志度1102　P 50輛（免費／鄰接）　車▶從志度IC經縣道141號往北。約3km（5分）

約7km（15分）　經由縣道3號

第87號　補陀洛山 觀音院 長尾寺
24 大串·白鳥　讚岐市　地圖P.110

以「觀音大人」之稱為人們所熟悉

＊ふだらくさんかんのんいん　ながおじ
☎0879-52-2041
所 さぬき市長尾西653　P 50輛（需洽詢／鄰接）
車▶從志度IC經縣道3號、一般道路往長尾方向。約6km（15分）

約16km（40分）　經由縣道3號、國道377號

第88號　醫王山 遍照光院 大窪寺
25 鹽江·脇町　讚岐市　地圖P.111

迎向巡禮之旅的終點

＊いおうざん·へんじょうこういん　おおくぼじ
☎0079-56-2270
所 さぬき市多和兼割96　P 100輛（免費／步行3分）　車▶志度IC經縣道141、37、3號往德島方向。在多和交叉路口左轉後往國道377號。約22km（40分）

約46km（2時間）　經由國道377、318號，縣道139、12號

租車資訊

開車前往遠處時，長距離移動是很累人的一件事。建議大家採用在當地租車的方法。

租車基本知識

1 租借

只要在租借前預約，就可以配合自駕行程選擇適合的車種，放心享受自駕之旅。機場和車站遍布各式各樣的租車公司，最好在事前先調查好比較保險。也別忘記攜帶國際駕照。

2 出發前

租車後為了防止事故發生，在出發前請確實聽完負責人員的說明及注意事項。還車時為了防止突發狀況發生，也一定要檢查車體上有沒有損傷。

3 還車

還車時一定要加滿油再還車。有些租車公司有指定加油站，請確實確認。

4 保險免責

一般租車時的基本費用包括發生事故時的基本保險補償金額。如果想提高補償費用的上限額度，雖然視各個公司而異，但都會有額外方案可以選擇，只要入保額外方案即可。此外，如果加入「免責補償制度」，那就算發生意外事故，也不用自己負擔修理費等。建議第一次租借的人仔細洽詢保險相關的說明事項。

租車服務內容

1 鐵路&租車優惠方案

若使用這個方案，搭乘JR之全程里程數超過201km，且出發車站到有租車服務的車站之里程數超過51km的遊客只要同時預先訂購票券與租車，全體旅客的JR車票皆可享8折折扣，還能以9折優惠價搭乘特快車與綠色車廂。而且，連租車費用也有打折。只是在黃金週、過年期間等期間無法使用這個方案，請務必留意。

2 租車方案

在旅行社準備的行程方案中，有配合租車的自由行方案。方案中包括前往目的地用的公共運輸與住宿設施，不但讓事前準備更省力，租車費用也是一般價格的8、9折，相當划算。

3 運用網路資源

各個租車公司官網皆有提供折扣活動，或是可享免費汽車導航等選擇服務之類的特典。遊客可以事先在網路上預訂，請務必去官網確認一下。

機場的租車服務

※營業時間基本上為8:00～19:00或20:00（一部分視店鋪而異）

機場名	租車公司名	聯絡電話	機場名	租車公司名	聯絡電話
但馬飛行場	豐田租車	0796-24-0100	山口宇部機場	豐田租車	0836-37-2030
	日本租車	0796-26-1523		日產租車	0836-36-1123
鳥取砂丘柯南機場	豐田租車	0857-28-6199		時代租車	0836-37-3377
	時代租車	0857-31-0109		日本租車	0836-22-0919
	日本租車	0857-28-0919	高松機場	豐田租車(東四國)	087-879-8100
	歐力士租車	0857-22-3900		日產租車	087-879-8623
米子鬼太郎機場	豐田租車(鳥取)	0859-45-0115		時代租車(高松機場前店)	087-879-0755
	日產租車(米子機場店)	0859-47-2232		日本租車	087-879-2157
	日本租車	0859-45-0913		歐力士租車	087-840-5288
	歐力士租車	0859-45-3707		J-net租車公司	087-815-8820
出雲結緣機場	豐田租車	0853-72-8808	德島阿波舞機場	豐田租車(東四國)	088-699-6606
	日產租車	0853-73-8823		日產租車	088-699-4623
	時代租車	0853-72-7117		時代租車(德島機場前店)	088-699-5658
	日本租車	0853-72-0919		日本租車	088-699-6170
	歐力士租車	0853-72-7119		歐力士租車(德島機場店)	088-699-1110
隱岐機場	隱岐Rent-a-Lease	08512-2-3366	松山機場	豐田租車(西四國)	089-972-6100
萩、石見機場	豐田租車	0856-22-1000		日產租車	089-974-2341
	時代租車(益田店)	0856-24-2826		時代租車	089-972-8371
	日本租車	0856-24-0005		日本租車	089-973-6811
岡山機場	豐田租車(預約中心)	086-294-2100		歐力士租車	089-905-6388
	日產租車	086-294-1723		J-net租車公司	089-972-5155
	時代租車	086-294-7520		巴吉租車	089-994-8543
	日本租車	086-294-3919	高知龍馬機場	豐田租車(西四國)	088-864-0707
	歐力士租車	086-294-5543		日產租車	088-864-2319
廣島機場	豐田租車	0848-86-9500		時代租車	088-804-6550
	日產租車	0848-86-9023		日本租車	088-863-0663
	時代租車	0848-86-9555		歐力士租車(高知龍馬機場總站店)	088-804-6007
	日本租車	0848-86-9919		巴吉租車	088-878-6543
	歐力士租車	0848-86-0544			

車站租車服務

※營業時間基本上為8:00～18:00左右（一部分視店鋪而異）

縣名	站名	聯絡電話	縣名	站名	聯絡電話	縣名	站名	聯絡電話
兵庫	新神戶站	078-241-3570	廣島	三原站※A	0848-63-5069	愛媛	松山站	089-941-5235
	西明石站	078-927-2670		吳站	0823-23-8231		宇和島站	0895-25-2306
鳥取	鳥取站	0857-24-2250	山口	新山口站	083-972-6371		今治站	0898-23-5828
	米子站	0859-34-1140		新下關站	083-256-3361		伊予西條站※C	0897-53-7522
	倉吉站	0858-26-9212		下關站	083-224-0232	德島	德島站	088-622-1014
島根	松江站	0852-23-8880		新岩國站	0827-46-1639		阿南站	0884-22-0147
	出雲市站	0853-21-8193		岩國站	0827-21-6910		安藝站	0888-826-3022
岡山	岡山站	086-224-1363		德山站	0834-31-6013	高知	中村站※B	0880-34-6696
	倉敷站	086-422-0632		防府站	0835-38-2950		安藝站	0887-34-8800
	新倉敷站	086-522-5411		高松站	087-821-1341	福岡	小倉站	093-531-1942
廣島	廣島站	082-263-5933	香川	琴平站	0877-73-4171			
	福山站	084-924-7848		丸龜站	0877-23-4032			
	新尾道站※A	0848-22-7087		坂出站	0877-44-4166			
				宇多津站※C	0877-56-7213			

※A時代租車內
※B日本租車內
※C歐力士租車內

各家租車公司的聯絡電話與官網

公司名	聯絡電話	網址
豐田租車	0800-7000-111	http://rent.toyota.co.jp/
日產租車	0120-00-4123	http://nissan-rentacar.com/
時代租車	0120-00-5656	http://rental.timescar.jp/
日本租車	0800-500-0919	http://www.nipponrentacar.co.jp/
歐力士租車	0120-30-5543	http://car.orix.co.jp/
巴吉租車	0570-054-317	http://www.budgetrentacar.co.jp/
J-net租車公司	0120-49-3711	http://www.wing-rent.co.jp/

租車費用參考

	車種	6小時	12小時	24小時
輕便款	Tanto、Mira等(660cc)	4860日圓	4860日圓	5940日圓
	Fit、Vitz等(1000～1300cc)	5400日圓	5400日圓	7020日圓
舒適款	COROLLA等(1500cc)	7020日圓	8100日圓	9720日圓
	ACCORD、GALANT等(1800cc)	10800日圓	13500日圓	17280日圓
戶外款	Wagon R、MOVE等(小型RV)	5400日圓	5400日圓	5940日圓
	Odyssey、Stepwgn(廂型車)	14040日圓	15120日圓	20520日圓
	Legacy旅行車(Station Wago)	10800日圓	12960日圓	15660日圓

另有汽車導航1日免費～1080日圓、兒童椅540～1080日圓等備選方案
※上表中的金額僅供參考。請在預約時向各家租車公司確認實際金額。

J-net租車松山機場店
089-972-5155

中國、四國自駕
導覽地圖

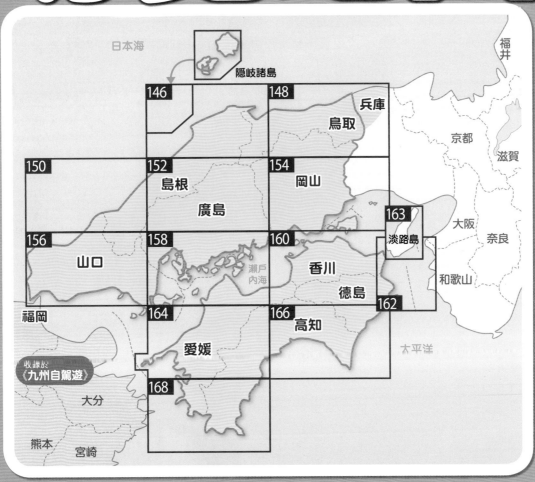

日本海

隱岐諸島

福井

146

148 兵庫
鳥取

京都

滋賀

150

152 島根
廣島

154 岡山

163 淡路島

大阪

奈良

156 山口

158

瀬戸
內海

160 香川
德島

162

和歌山

福岡

164 愛媛

166 高知

太平洋

收錄於
《九州自駕遊》

大分

168

熊本　宮崎

順道造訪日本海沿岸的公路休息站！ ⋯⋯ **150**
順道造訪淡路島的SA、PA！ ⋯⋯⋯⋯⋯⋯ **163**
高速公路地圖 ⋯⋯⋯⋯⋯⋯⋯⋯⋯⋯⋯⋯ **170**

地圖的看法

━━━ 介紹的
經典路線

P.32
1 島波海道 介紹的
路線與頁碼

1 START&GOAL 經典路線
起終點

街頭散步
尾道
➡ P.36 介紹的區域
特輯與頁碼

🏯 四國八十八札所
🅿 公路休息站 ✿ 賞花名勝
♨ 溫泉地 ★ 紅葉名勝
⛩ 神社 ❋ 其他賞花名勝
卍 寺院 ⊗ 冬季封閉

休息站
停車場 高速公路

18 高規格 付費
國道
5 付費 都道府縣道

一般道路

━━━ 新幹線
━━━ JR在來線
━━━ 私鐵線

	A	B	C	D

山陰地區必去！順道造訪日本海沿岸的公路休息站！

🚗 道路資訊　🍴 餐廳或輕食　🏪 商店　🥕 產地直銷所　♨ 溫泉

在山陰地區自駕時，一定要去看看日本海沿岸的公路休息站。在這些公路休息站除了可以品嘗到新鮮的海產外，有許多可以看到沒入日本海中的美麗夕陽景點也是一大特色。面朝海水浴場的「キララ多伎」，以及正如其名、可以看到夕陽的「ゆうひパーク浜田」「ゆうひパーク三隅」都是推薦在傍晚時分造訪的公路休息站。此外，在「阿武町」可以看到大島等群島，「北浦街道豐北」能欣賞到角島的美麗全景，位於日本海附近的田萬川邊的「ゆとりパークたまがわ」則是有豐富自然環繞的景點。

---

9 | 島根縣　浜田市 | 地圖 P.151H-2
ゆうひパーク浜田
ゆうひぱーくはまだ
沒入日本海的美麗夕陽

可以看到夕陽沒入日本海中的景觀景點。附設義式餐廳、和食餐廳、速食店、海產與特產品商店。

☎ 0855-23-8000
🕘 9:00～19:00　休 無休
所 島根縣浜田市原井町1203-1
P 175輛

---

9 | 島根縣　浜田市 | 地圖 P.151H-2
ゆうひパーク三隅
ゆうひぱーくみすみ
在面向日本海的草園廣場欣賞夕陽

可以一覽壯觀的日本海景。石州和紙、西条柿、三隅羊羹等商品很適合當作伴手禮帶回家。距離這裡步行5分左右路程的海岸在一年之中有幾次看到海豚的機會。

☎ 0855-32-2880
🕘 9:00～17:30（1、2月～17:00）
休 無休　所 島根縣浜田市三隅町折居220-1　P 40輛

---

191 | 山口縣　阿武町 | 地圖 P.150D-4
あぶちょう
阿武町
看著美麗夕陽景色泡溫泉

面朝日本海且位在國道191號線沿岸，所在的地點可以看到相當美麗的海景。設有販售水產和特產品的物產直銷所、日本海溫泉「鹿島之湯」等。

☎ 08388-2-0355
🕘 10:00～18:00（溫泉～20:30，餐館～20:00）休 第1、3週三（直銷所無休，鹿島之湯為週三休）所 山口縣阿武町奈古2249　P 134輛

---

9 | 島根縣　出雲市 | 地圖 P.146D-3
きららたき
キララ多伎
附近有溫泉或海灘很便於觀光

建在面朝日本海的國道9號邊，設有特產品區、餐廳，以及24小時提供道路及觀光導覽資訊的多媒體廣告看板。附近也有小木屋跟海水浴場。

☎ 0853-86-9080
🕘 9:00～18:30（章魚燒區為9:30～18:00）休 無休　所 島根縣出雲市多伎町多伎135-1　P 167輛

也有機會可以看到震撼的夕陽景色！

眼前是一片美麗的沙灘

〈左〉特產品「無花果 蓬萊柿」。無花果霜淇淋300日圓很受歡迎　〈右〉海鮮章魚燒6個裝450日圓

---

191 | 山口縣　下關市 | 地圖 P.156A-2
きたうらかいどうほうほく
北浦街道 豐北
建在可以看到浮現在水平線上的角島大橋的高地上

建在可以看到浮現在水平線上的角島大橋的高地上。直銷所內販售有北浦名產劍先烏賊等現捕的新鮮海產，以及附近農家所種植的當季農產品。

☎ 083-786-0111
🕘 8:30～18:00（有夏季、冬季變動）休 第1、3週二（有季節性變動）所 山口縣下關市豐北町神田上314-1　P 146輛

---

191 | 山口縣　萩市 | 地圖 P.151F-3
ゆとりパークたまがわ
在可以看到美麗夕陽景色的休息站中享受溫泉的滋潤

除了有水果外，還有提供豐富的海產與山產。附近有汽車露營區、田萬川溫泉、露營場、海水浴場等休息景點。

☎ 08387-2-1150
🕘 8:30～19:00（12～2月～18:00）
休 一年5次（1、2、4・6、10月的第3週一）
所 山口縣萩市下田万2849-1　P 111輛

山陰道東伯・中山道路 | 鳥取縣　琴浦町 | 地圖 P.148C-2
ことのうら
琴の浦
一邊欣賞絕景一邊品嘗鳥取美食

北臨日本海，南有一座大山的公路休息站。除了有直銷商店和伴手禮店外，還有可以品嘗到鳥取美食的美食區。

☎ 0858-55-7811（琴浦町觀光協會）
🕘 9:00～18:00　休 無休
所 鳥取縣琴浦町別所1030-1
P 148輛

山口縣

萩市

長尾之鼻
見島漁港
見島
日崎

1:300,000　6km
地圖上的1cm為3km

相島

尾島

櫃島
大島
P.150 阿武町

肥島

鵜山岬

羽島

阿武の松原

191

萩市

萩玻璃工房

椿群生林　笠山

北浦街道萩

萩市街

萩

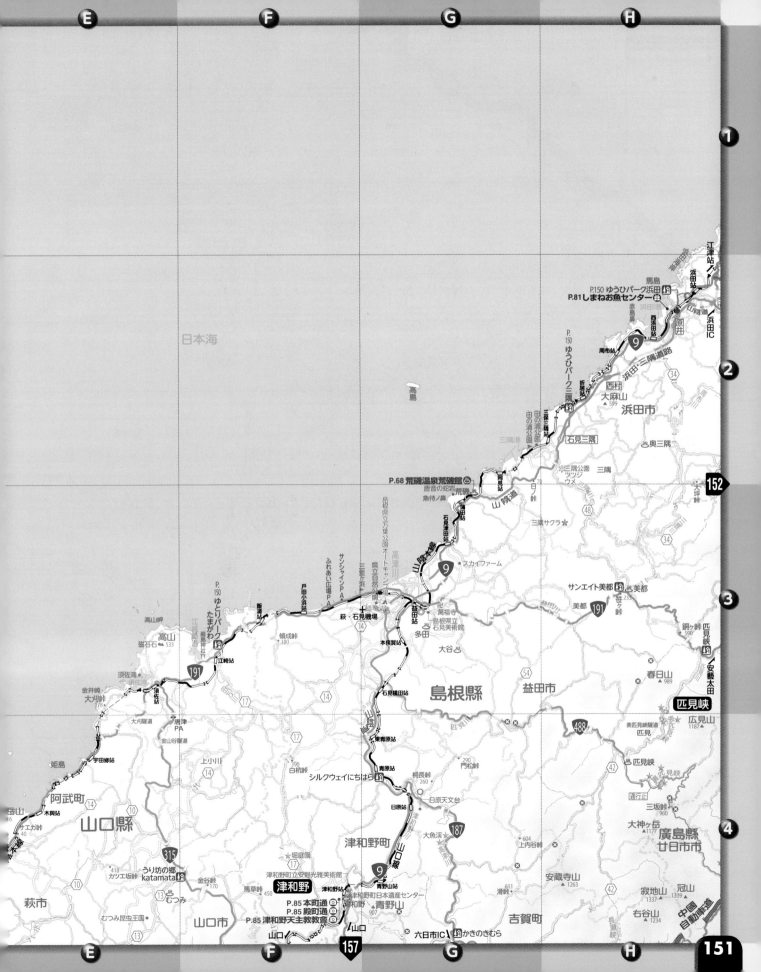

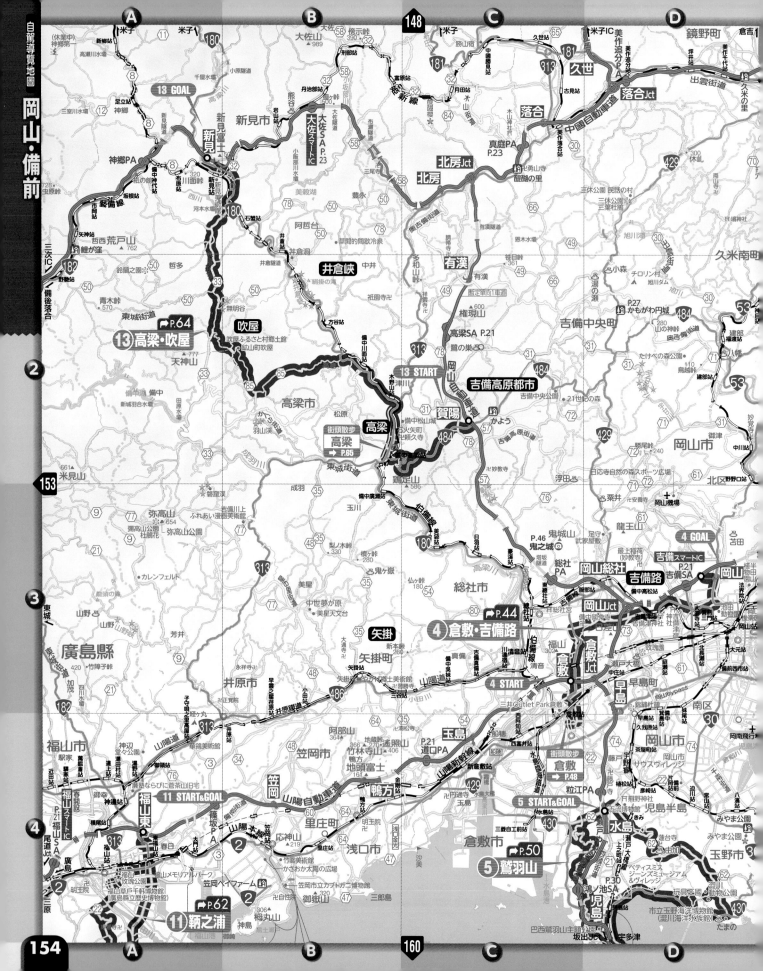

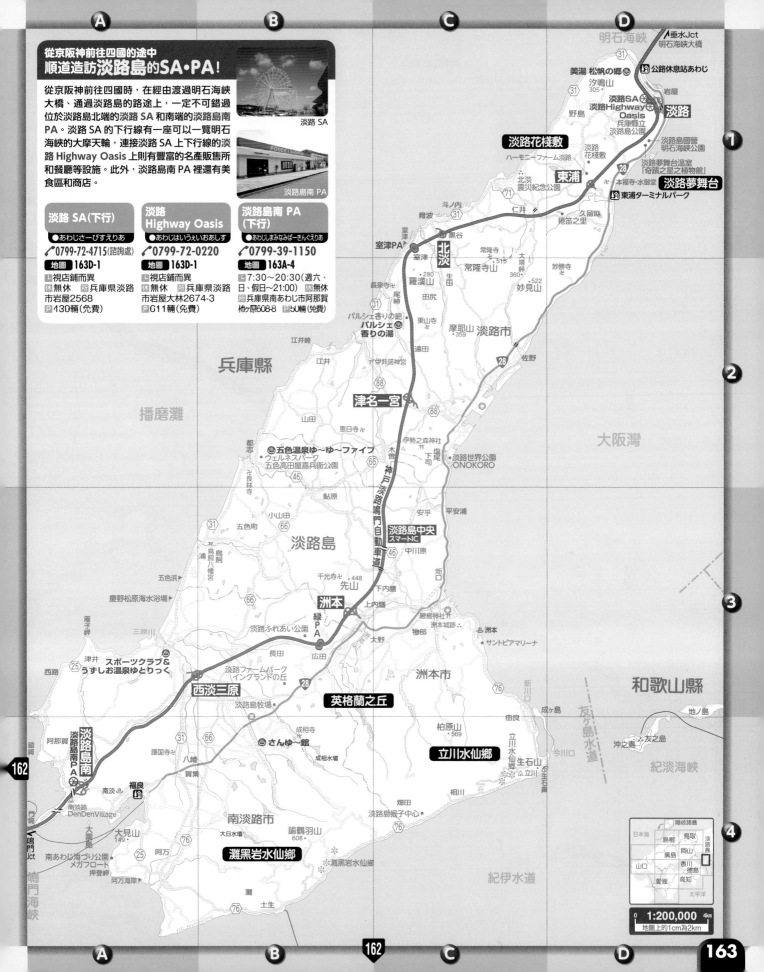

從京阪神前往四國的途中
順道造訪淡路島的SA•PA!

從京阪神前往四國時，在經由渡過明石海峽大橋、通過淡路島的路途上，一定不可錯過位於淡路島北端的淡路SA和南端的淡路島南PA。淡路SA的下行線有一座可以一覽明石海峽的大摩天輪，連接淡路SA上下行線的淡路Highway Oasis上則有豐富的名產販售所和餐廳等設施。此外，淡路島南PA裡還有美食區和商店。

淡路 SA

淡路島南 PA

淡路 SA（下行）	淡路 Highway Oasis	淡路島南 PA（下行）
●あわじさーびすえりあ	●あわじはいうえいおあしす	●ありじしまみなみぱーきんぐえりあ
☎0799-72-4715(諮詢處)	☎0799-72-0220	☎0799-39-1150
地圖 163D-1	地圖 163D-1	地圖 163A-4
⏰視店鋪而異	⏰視店鋪而異	⏰7:30～20:30(週六、日、假日～21:00)
休無休 所兵庫縣淡路市岩屋2568	休無休 所兵庫縣淡路市岩屋大林2674-3	休無休 所兵庫縣南あわじ市阿那賀柏ヶ原508-8
Ｐ130輛(免費)	Ｐ611輛(免費)	Ｐ50輛(免費)

兵庫縣

播磨灘

淡路島

南淡路市

大阪灣

和歌山縣

紀淡海峽

紀伊水道

1:200,000

地圖上的1cm為2km

山口縣

周防大島町

松山機場 ✈

松前町

伊予市站

38 GOAL 伊予

向井原IC

378

ふたみシーサイド公園
ふたみ

56

クラフトの里

伊予灘

43 24

内子フレッシュパークからり
八日市・護國街區
商いと暮らしの博物館

内子PA

➡P.132
38 佐田岬

378

大洲

内子
五十崎

38 START
36 GOAL

32

56

大洲市

愛媛縣

197

197

西予市

29

35

➡P.132
38 佐田岬

伊方町

宇和海

➡P.128
35 宇和島周邊

宇和島市

三間

35 START

西予宇和

35 GOAL

320

P.118
29 劍山
劍山

439
いやしの温泉郷

三嶺
1894

高ノ瀬

白髪山
1770

石立山
1708

べふ峡温泉
四ツ足峠

赤城尾山
1436

駒背峠

杉ノ谷山
1367

宝蔵峠

稗己屋山
1228

天狗森
1296

魚梁瀬

馬路村

鐘ヶ龍森
1126

馬路

北川村

東山森林公園

大山

神峯神社

神峯寺 P.138

野友

安田町

田野駅屋

田野町

奈半利町

室戸市

吉良川水切瓦與灰泥聚落

P.120
キラメッセ室戸

55

P.138
金剛頂寺
(西寺)

四十寺山
313

新村石垣集落

津照寺(津寺)
P.138

室戸海豚中心

室戸岬漁港

室戸岬

最御崎寺(東寺) P.120・138
室戸岬展望台

室戸岬

剣山
1955 1879

二重藤蔓橋

次郎笈の水

一ノ森

大久保山
1563

平家平
1603

折宇谷山

木頭歩危峡の湧水

四ノ定堂

甚吉森
1423

湯桶丸
1372

千本山
1084

魚梁瀬水壩

久保水壩

北川(休業中)

野根山
983

平鍋水壩

四郎ヶ野峠
490

旧土佐浜街道

東洋町

仏頂造り漁村

甲浦站

天満宮

55

P.120
31 室戸岬

長命水

四季美谷

卍黒滝寺

那賀町

徳島縣

神戸丸
1148

霧越峠

海陽町

浅川站

城満寺卍

阿波海南文化村

阿波海南站

海部站

宍喰

宍喰温泉

宍喰站

海底觀光船Blue Marine

竹ヶ島

信義峠
981

美杉峠
700

上勝町

土佐中街道

相生森林文化公園 あいあいらんど

もみじ川温泉

胴切山
884

牟岐町

通川站

牟岐站

鯖瀬站

まぜのおか

出羽島

大島

P.119
30 南阿波海岸

日和佐

北河内站

P.137 薬王寺

日和佐站

日和佐海龜博物館Caretta

モラスコむぎ～貝の資料館～

鷲の里

太竜寺山

土佐浜街道

わきまち

195

195

川口水壩

阿南

阿南市

美波町

土佐浜街道

阿南站

162

太平洋

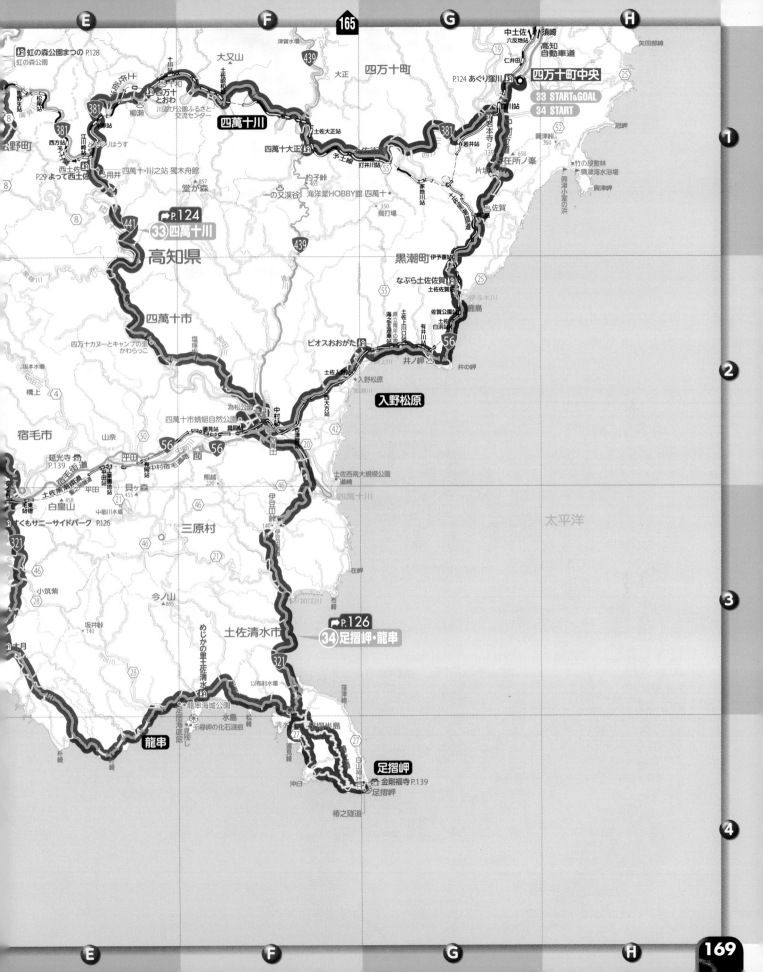

虹の森公園まつの P.128
虹の森公園

大又山

四万十町

四万十
とおわ

川遊び公園ふるさと
交流センター

四萬十川

土佐昭和駅

439

大正

四万十町中央

P.124 あぐり窪川

33 START&GOAL
34 START

381

381

野見本寺 P.139

四萬十大正

予土線

土佐大正駅

打井川駅

55

若井駅

片坂

土佐佐賀

439

一の又渓谷

海洋堂HOBBY館 四萬十

鳥打場

堂が森

高知県

441

P.124

33 四萬十川

黒潮町

伊予喜駅

土佐佐賀駅

四萬十市

なぶら土佐佐賀

55

佐賀公園

鹿島

四万十カヌーとキャンプの里
かわらっこ

ビオスおおがた

土佐入野駅

土佐白浜駅
有井川駅

56

入野松原

井ノ岬

井の岬

宿毛市

四萬十市蜻蛉自然公園

中村駅

西大方駅

56

56

42

太平洋

平田

中村宿毛道路

間

三原村

46

土佐西南大規模公園

道崎

46

今ノ山

伊豆田

321

P.126

34 足摺岬・龍串

土佐清水市

めじかの里土佐清水

龍串海域公園

千尋岬の化石連痕

321

龍串

足摺岬

金剛福寺 P.139

足摺岬

椿之隧道

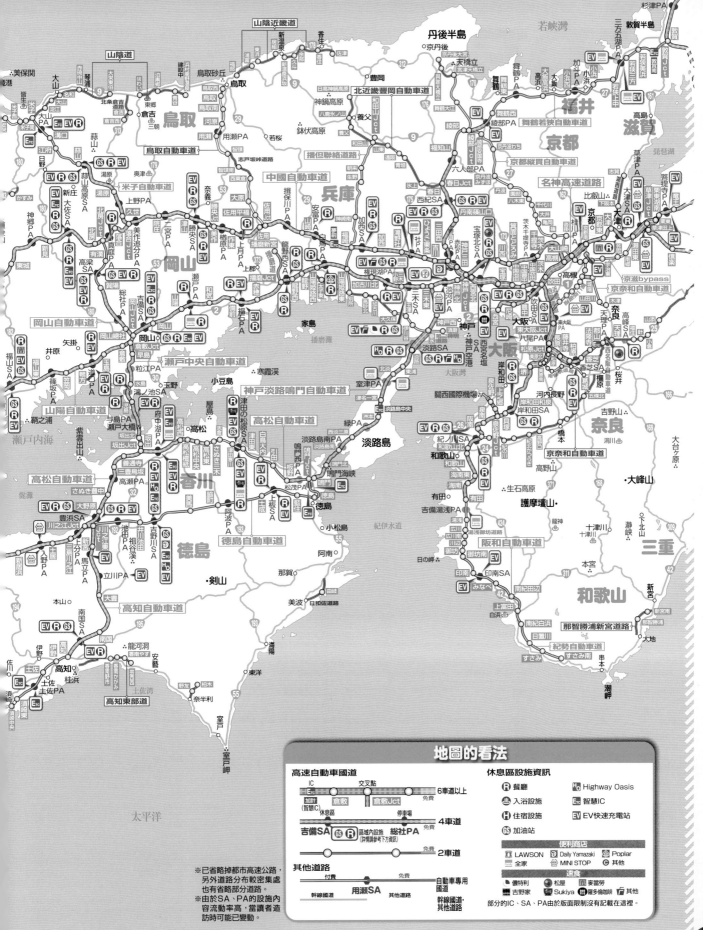

地圖的看法

高速自動車國道

IC　交叉點　　　　　　6車道以上
　　　　　　　　　　　　　免費

加計　倉敷　倉敷Jct
(智慧IC)　休息區　　停車場　　4車道
　　　　　　　　　　　　　免費

吉備SA GS R 區域內設施 總社PA　　免費
　　　　　　(詳情請參考下方頁訊)

　　　　　　　　　　　　2車道
　　　　　　　　　　　　免費

其他道路

　　　　　付費　　　　　免費
　　　　　　　　　　　　　自動車專用
　　　　　　　　　　　　　國道
用瀨SA
幹線國道　　其他道路　　幹線國道・
　　　　　　　　　　　　其他道路

休息區設施資訊

R 餐廳　　　　　　　Ho Highway Oasis

入浴設施　　　　　Etc 智慧IC

H 住宿設施　　　　　EV EV快速充電站

GS 加油站

便利商店

LAWSON　　　D Daily Yamazaki　Poplar
全家　　　　　MINI STOP　　　　其他

速食

儂特利　　　松屋　　　　　麥當勞
吉野家　　　Sukiya　　　羅多倫咖啡　其他

部分的IC、SA、PA由於版面限制沒有記載在這裡。

※已省略掉都市高速公路，
另外道路分布較密集處
也有省略部分道路。

※由於SA、PA的設施內
容流動率高，當讀者造
訪時可能已變動。

INDEX

符號、英文字母

& mariage …… 79
「四國村」四國民家博物館、四國村畫廊 108
ALLEY 烏小島公園 …… 40
BRASS 門司港 …… 54
BEAR FRUIT …… 54
CAFÉ STRUGLLE …… 87
Crêprie Kresalart …… 109
Cucina 湯田園 …… 47
Curry & Cafe Shibabe …… 63
ESCAHILL 鳴門 …… 114
FRUITS－J ブティック天満屋岡山本店 …… 47
GABBIANO …… 12
HAGI KANKO HOTEL …… 68
HIRUZEN HERBGARDEN HerBill …… 91
Hiruzenkogen Center Joyful Park …… 91
HOTEL NISHINAGATO RESORT …… 68
IKUNAS g …… 109
Kamonwharf …… 53
KURASHIKI IVY SQUARE …… 48
La Ceiba …… 85
La Cenetta …… 49
Limone …… 35
MARIHO 水族館 …… 18
MATSUE VOGEL PARK …… 73
REFRESH PARK YUMURA …… 94
RiverStation West-West …… 117
RSK 玫瑰園 …… 47
Ryokan Kurashiki Restaurant …… 49
Senzakitchen …… 87
SHIMANAMI DOLCE 本店 …… 35
SIRAKAWA …… 104
UFO LINE …… 16
USHIO CHOCOLATL …… 8
VERT MARIN …… 43
WOOD PAO …… 90

日文假名

アサヒ …… 134
あじろ …… 85
あじろや …… 95
いきいきうどん坂出店 …… 100
いち福 …… 91
いな忠 …… 59
いわ栄え …… 37
うえの …… 57
うづ乃家 …… 115
うどん本陣 山田家本店 …… 102
うなぎ屋せいろ …… 123
エーデルワイス洋菓子店 …… 42
えびめし屋 万成店 …… 66
おがわうどん …… 104
おか泉 …… 100
オミシマコーヒー焙煎所 …… 10
おもごふるさとの駅 …… 131
お食事処 かいがん …… 77
かすみ朝市センター …… 94
かつら 蒲刈本店 …… 39
かなくま餅 …… 104
カフェテリア異人館 …… 85
かめびし屋 …… 102
がもううどん …… 100・106
からさわ …… 37
カレイ山展望公園 …… 35
キッチンカフェ海士 …… 121
ぎゃらりい宮郷 …… 59
きよし窯 …… 133
きららオーガニックライフ …… 83
くろしお …… 35
コーヒーハウス IL MARE …… 43
ごはん屋 漁火 …… 77
こまめ食堂 …… 113
さか枝 …… 102
さわやどり。 …… 87
しまねお魚センター …… 81
すみれ飲食店 …… 98
せと珍味 …… 37
せと風の丘パーク …… 132
そばの加儀ら …… 78
そば道場 …… 116
そば縁 …… 73
そば処 かねや …… 79

タケサン記念館 一徳庵 …… 112
たこ判小前 …… 105
タマちゃん …… 63
たむらうどん …… 101
ちどり …… 9
つぼや菓子舗 …… 135
であいの館 …… 39
なかにし …… 101
なかむら …… 101
ハーブロードいどべ …… 91
はい！からっと横丁 …… 53
バイストン美観地区店 …… 48
ばんか …… 35
フォレスト酒蔵森國ギャラリー …… 113
ふくの河久 …… 55
ふく処 喜多川 …… 55
ふたみシーサイド公園 …… 132
ぶっかけうどん大円 …… 102
ふれあいプラザさくら …… 40
ほづみ亭 …… 129
ポニー牧場 …… 130
マーレ・グラッシア大三島 …… 34
まつおか …… 91
まつやホルモン店 …… 98
マリンオアシスはかた …… 35
マル海 渡辺水産 …… 95
ミルク園 …… 130
むかし下津井回船問屋 …… 50
めん処みやち …… 66
もり家 …… 103
やすもり本店 …… 55
やまだ屋本店 …… 59
ヤマトギャラリー零 …… 42
レストラン亀遊亭 …… 49
わら家 …… 101
をり鶴 …… 95

一～五畫

一之湯 …… 94
一六本舗勝山本店 …… 135
一畑藥師 …… 72
一宮寺 …… 143
一鶴 高松店 …… 109
乙女座 …… 39
二十四隻眼睛電影村 …… 112
二層卯建街道 …… 118
入船山公園 …… 42
入鹿海水浴場 …… 40
八十八名物ところてん 清水屋 …… 107
八十八庵 …… 103
八日市・護國街區 …… 132
八坂寺 …… 140
八昌 …… 66
八重垣神社 …… 72
八栗寺 …… 143
八雲庵 …… 74
十樂寺 …… 136
三井 Outlet Park 倉敷 …… 47
三角寺 …… 141
三段峽 …… 60
上町 白壁街景 …… 56
上戸 …… 104
上帝釋 …… 61
上原屋本店 …… 102
下關南部町郵局 …… 55
丸金醬油紀念館 …… 112
丸善水產 松江店 …… 98
千光寺公園 …… 34
千年亭 …… 68
千羽海崖 …… 119
千疊敷 …… 86
千疊敷 Country Kitchen …… 15
土庄港觀光センター …… 113
土佐料理 司高知本店 …… 123
土藏蕎麥 …… 97
大山トムソーヤ牧場 …… 90
大山寺 …… 91
大山牧場 牛奶的故鄉 …… 90
大山祇神社 …… 10・34
大山桝水高原 …… 90
大山村 …… 17
大日寺（高知縣香南市）…… 138
大日寺（德島縣板野郡）…… 136
大日寺（德島縣德島市）…… 137

大正洞 …… 83
大串自然公園 …… 110
大歩危、小歩危 …… 116
大和波止場 …… 41
大和博物館（吳市海事歷史科學館）…… 40
大和溫泉物語 …… 11
大社門前えんむすびや …… 79
大型觀潮船 WONDER NARUTO …… 114
大原美術館 …… 48
大森街景 …… 81
大塚國際美術館 …… 114
大窪寺 …… 143
大鳴門橋架橋紀念館 …… 114
大興寺 …… 142
大濱海岸 …… 119
大寶寺 …… 140
子規堂 …… 134
小豆島橄欖園 …… 113
小泉八雲記念館 …… 74
小縣家 …… 104
山下うどん …… 103
山口縣立萩美術館・浦上記念館 …… 85
山内うどん …… 104
山越うどん …… 104
川尻岬 …… 14
川京 …… 74
工房尾道帆布 …… 37
弓濱海岸 …… 72
與島PA …… 106
中國庭園 燕趙園 …… 96
中華そばいのたに …… 105
五色台 …… 106
五味之市 …… 63
井上誠耕園 ザ・スタイルショップ マザーズ …… 113
井戸寺 …… 137
仁摩砂博物館 …… 81
元乃隅成神社 …… 15・87
元帥酒造本店 …… 97
元祖たこ料理 保乃家 …… 51
元窯 …… 133
公路休息站 あぐり窪川 …… 124
公路休息站 あさひ …… 82
公路休息站 かもがわ円城 …… 27
公路休息站 きなんせ岩美 …… 28
公路休息站 キラメッセ室戸 …… 120
公路休息站 キララ多伎 …… 81・150
公路休息站 しおのえ …… 111
公路休息站 すくもサニーサイドパーク …… 126
公路休息站 たけはら …… 38
公路休息站 たたらば壱番地 …… 28
公路休息站 にちなん日野川の郷 …… 26
公路休息站 びんご府中 …… 26
公路休息站 ふぉレスト君田 …… 27
公路休息站 みはら神明の里 …… 27
公路休息站 みろく …… 29
公路休息站 ゆうひパーク三隅 …… 150
公路休息站 ゆうひパーク浜田 …… 150
公路休息站 ゆとりパークたまがわ …… 150
公路休息站 よって西土佐 …… 29
公路休息站 八幡浜みなっと …… 29
公路休息站 大山 …… 28
公路休息站 小豆島オリーブ公園 …… 29・112
公路休息站 小豆島ふるさと村 …… 112
公路休息站 天空の郷さんさん …… 19・26
公路休息站 木の香 …… 16・26
公路休息站 北浦街道 豊北 …… 150
公路休息站 多々羅島波公園 …… 10・34
公路休息站 来夢とこうち …… 60
公路休息站 阿武町 …… 150
公路休息站 秋鹿なぎさ公園 …… 28
公路休息站 虹の森公園まつの …… 128
公路休息站 貞光ゆうゆう館 …… 29・118
公路休息站 風の家 …… 91
公路休息站 清流茶屋かわはら …… 28
公路休息站 奥津溫泉 …… 27
公路休息站 琴の浦 …… 150
公路休息站 萩しーまーと …… 28
公路休息站 豊平どんぐり村 …… 27
切幡寺 …… 136
天任堂 …… 65
天明堂 …… 42
天狗高原 …… 130
天皇屋 …… 143
天勝 …… 109
太山寺 …… 141
太龍寺 …… 137
巴西鷲羽山主題公園 …… 51
手打うどん てっちゃん …… 100
手打ちうどん鶴丸 …… 101
文學小路 …… 36
日の出製麺所 …… 100・106
日本ぜんざい学会 壱号店 …… 79
日本茶 cafe Scarab 別邸 …… 75
日御碕 …… 78
水中觀潮船 AQUA EDDY …… 114

水木ロード 千代むすび岡空本店 …… 77
水木茂之路 …… 72
水木茂紀念館 …… 76
火之山公園 …… 52
牛窗橄欖園 …… 63
王子岳 …… 50
王様のたまご …… 54
世羅百合園 …… 56
世羅高原農場 …… 56
世羅紫藤園 …… 56
世羅夢公園、世羅酒廠 …… 56
仙遊寺 …… 141
仙西窯 …… 78
出雲そばきがる …… 74
出雲大社 …… 78
出雲勾玉之里 傳承館 …… 73・98
出雲村温泉 漆仁の湯 …… 69
出釋迦寺 …… 142
功山寺 …… 55
北九州市立國際友好紀念圖書館 …… 53
北川村「莫内庭園」馬摩丹 …… 121
北浜 alley …… 109
卯之町街道 …… 128
卯建街道 …… 111
史跡高松城遺跡 玉藻公園 …… 109
四万十いやしの里 …… 124
四万十鐵 …… 125
四方見展望台 …… 114
四國喀斯特 …… 130
四萬十・川之站 獨木舟館 …… 124
市立下關水族館 海響館 …… 52
市場食堂よし …… 55
平山郁夫美術館 …… 35
平家屋敷民俗資料館 …… 116
平家茶屋 …… 53
平等寺 …… 137
平翠軒 …… 49
弁柄館 …… 64
打吹山・打吹公園 …… 97
本山寺 …… 142
本町通 …… 85
本家 鳥好 …… 11
正福寺 …… 77
民芸窯井屋 …… 59
玉作湯神社 …… 72
玉造溫泉 …… 72
田舎洋食 いせ屋 …… 42
甲山寺 …… 142
白兎海岸 …… 96
白峯寺 …… 106・143
白鬚神社 …… 110
白鳥動物園 …… 110
白楽天 今治本店 …… 105
白壁土藏群 …… 97
白壁倶楽部 …… 97
白瀧山 …… 34
石手寺 …… 140
石火矢町ふるさと村 …… 65
石見銀山 …… 81
石見疊浦 …… 81
石垣の里「外泊」…… 127
石鎚山 …… 131
立江寺 …… 137
立花食堂 …… 8

六～十畫

苾楽 …… 87
伊予のご馳走おいでん家 …… 134
伊予万里 …… 105
伊勢屋 …… 49
休暇村 奧大山 …… 90
光國本店 …… 85
全島美術館 …… 9・34
冰見二千坊原 …… 17
吉良川街道 …… 121
吉香公園 …… 57
吉備町玫瑰公園 …… 35
吉祥寺 …… 141
吉備津彦神社 …… 46
吉備津神社 …… 46
名物かまど総本店 …… 107
地藏寺 …… 136
地藏湯 …… 94
多幸膳 …… 48
如竹堂 …… 48
宇和島市立伊達博物館 …… 129
宇和島城 …… 128
宇和海展望塔 …… 127
安樂寺 …… 136
早明浦水壩 …… 16
旬魚 たにも …… 95
有隣荘 …… 49
朱華園 …… 37

池上製麵所⋯⋯⋯⋯⋯⋯⋯103
灰峰⋯⋯⋯⋯⋯⋯⋯⋯⋯⋯41
竹林寺⋯⋯⋯⋯⋯⋯⋯⋯139
竹原町街景保存地區⋯⋯38
竹清⋯⋯⋯⋯⋯⋯⋯⋯⋯101
竹野海岸⋯⋯⋯⋯⋯⋯⋯94
米子城跡⋯⋯⋯⋯⋯⋯⋯77
米澤たい焼店⋯⋯⋯⋯⋯97
糸山公園・來島海峽展望館⋯35
自由軒⋯⋯⋯⋯⋯⋯⋯⋯42
西林寺⋯⋯⋯⋯⋯⋯⋯⋯140
西海觀光船⋯⋯⋯⋯⋯126
佐田沉下橋⋯⋯⋯⋯⋯124
佐田岬燈塔⋯⋯⋯⋯⋯132
佛木寺⋯⋯⋯⋯⋯⋯⋯140
吳市入船山紀念館⋯⋯42
吳市立美術館⋯⋯⋯⋯42
吳灣艦船巡遊⋯⋯⋯⋯41
吹屋町街景保存地區⋯64
吾妻そば⋯⋯⋯⋯⋯⋯95
吾妻寿司 さんすて岡山店⋯47
吳ハイカラ食堂（日招きの里）⋯43
坂上の雲博物館⋯⋯⋯134
妖怪がまぐち⋯⋯⋯⋯77
妖怪神社⋯⋯⋯⋯⋯⋯77
宍道湖夕陽⋯⋯⋯⋯⋯73
尾道文學館⋯⋯⋯⋯⋯37
尾道電影資料館⋯⋯⋯36
志度寺⋯⋯⋯⋯⋯⋯⋯143
牡丹庭園 大根島本陣⋯72
町屋 清水庵⋯⋯⋯⋯97
角島⋯⋯⋯⋯⋯⋯⋯⋯86
角島テラス⋯⋯⋯⋯⋯12
角島大橋⋯⋯⋯⋯⋯⋯12
角島燈塔⋯⋯⋯⋯⋯⋯13
谷川米穀店⋯⋯⋯⋯⋯103
谷川製麵所⋯⋯⋯⋯⋯103
赤瓦⋯⋯⋯⋯⋯⋯⋯⋯97
赤間神宮⋯⋯⋯⋯⋯⋯55
足立美術館⋯⋯⋯⋯⋯73
足摺岬⋯⋯⋯⋯⋯⋯⋯126
足摺黑潮市場⋯⋯⋯⋯127
里湯⋯⋯⋯⋯⋯⋯⋯⋯94
亞洲博物館、井上靖紀念館⋯73
味司野村⋯⋯⋯⋯⋯⋯47
味处 みづき屋⋯⋯⋯⋯76
味处あらし⋯⋯⋯⋯⋯115
和ダイニング ふかみ⋯127
和之宿飯店祖谷溫泉⋯116
和布刈公園⋯⋯⋯⋯⋯52
和田珍味本店⋯⋯⋯⋯81
和食れすとらん中村⋯85
岡山城（烏城）⋯⋯⋯47
岡山後樂園⋯⋯⋯⋯⋯47
岡山縣立美術館⋯⋯⋯47
岩井ゆかむり溫泉共同浴場⋯69
岩本寺⋯⋯⋯⋯⋯⋯⋯139
岩屋寺⋯⋯⋯⋯⋯⋯⋯140
岩窟⋯⋯⋯⋯⋯⋯⋯⋯57
岩間沉下橋⋯⋯⋯⋯⋯124
岬の分教場⋯⋯⋯⋯⋯113
延光寺⋯⋯⋯⋯⋯⋯⋯139
延命寺⋯⋯⋯⋯⋯⋯⋯141
明水亭⋯⋯⋯⋯⋯⋯⋯104
明石寺⋯⋯⋯⋯⋯⋯⋯141
東後畑棚田⋯⋯⋯⋯14・87
松下村塾⋯⋯⋯⋯⋯⋯84
松下製麵所⋯⋯⋯⋯⋯102
松山市立子規紀念博物館⋯134
松山城⋯⋯⋯⋯⋯⋯⋯134
松江 和らく⋯⋯⋯⋯74
松江月ヶ瀬⋯⋯⋯⋯⋯75
松江堀川遊覽船⋯⋯⋯75
松江湖畔公園⋯⋯⋯⋯74
松濤園⋯⋯⋯⋯⋯⋯⋯38
林源十郎商店⋯⋯⋯⋯49
油谷灣溫泉 楊貴館飯店⋯68
法輪寺⋯⋯⋯⋯⋯⋯⋯136
炉端 魚河岸いちばのよこ⋯55
玩具王國⋯⋯⋯⋯⋯⋯47
花のれん 本店⋯⋯⋯95
金子美鈴紀念館⋯⋯⋯87
金泉寺⋯⋯⋯⋯⋯⋯⋯136
金倉寺⋯⋯⋯⋯⋯⋯⋯142
金剛頂寺（西寺）⋯⋯138
金剛福寺⋯⋯⋯⋯⋯⋯139
長田 in 香の香⋯⋯⋯103
長尾寺⋯⋯⋯⋯⋯⋯⋯143
長府毛利邸⋯⋯⋯⋯⋯55
門司麥酒煉瓦館⋯⋯⋯54
門司港懷舊展示室⋯⋯54
門司港懷舊海峽廣場⋯53
門司港懷舊區⋯⋯⋯52
阿波土柱⋯⋯⋯⋯⋯⋯111
陀峯山全景展望台⋯⋯40

青柳⋯⋯⋯⋯⋯⋯⋯⋯37
青海島⋯⋯⋯⋯⋯⋯⋯86
青海島遊船行程⋯⋯⋯87
青龍寺⋯⋯⋯⋯⋯122・139
前神寺⋯⋯⋯⋯⋯⋯⋯141
南光坊⋯⋯⋯⋯⋯⋯⋯141
南樂園⋯⋯⋯⋯⋯⋯⋯128
城崎海洋世界⋯⋯⋯⋯95
城崎溫泉⋯⋯⋯⋯⋯⋯94
室戶世界地質公園中心⋯120
室戶海洋深層水 SPA searest⋯121
室戶海洋深層水產養殖場⋯120
室戶海豚中心⋯⋯⋯121
室戶岬⋯⋯⋯⋯⋯⋯⋯120
屋島⋯⋯⋯⋯⋯⋯⋯⋯108
屋島寺⋯⋯⋯⋯⋯⋯108・143
帝釋峽⋯⋯⋯⋯⋯⋯⋯61
帝釋峽スコラ高原⋯⋯61
帝釋峽遊覽船⋯⋯⋯⋯61
後藤鑛泉所⋯⋯⋯⋯⋯8
春来軒⋯⋯⋯⋯⋯⋯⋯66
柳⋯⋯⋯⋯⋯⋯⋯⋯⋯94
泉薬湯 溫泉津溫泉元湯⋯69
洋食屋 あかね屋⋯⋯97
津和野天主教會⋯⋯⋯85
津照寺（津寺）⋯⋯⋯138
珈琲と人⋯⋯⋯⋯⋯⋯47
砂浜美術館⋯⋯⋯⋯⋯125
秋山兄弟出生地⋯⋯⋯134
秋吉台⋯⋯⋯⋯⋯⋯⋯82
秋吉台自然動物公園⋯83
秋芳洞⋯⋯⋯⋯⋯⋯⋯82
約翰萬次郎博物館⋯⋯127
約翰萬次郎賞鯨豚之旅⋯126
紅葉谷公園⋯⋯⋯⋯⋯58
美保神社⋯⋯⋯⋯⋯⋯72
美保關燈塔⋯⋯⋯⋯⋯72
美馬市傳統工藝體驗館⋯111
美鈴通⋯⋯⋯⋯⋯⋯⋯87
重要文化財 大橋家住宅⋯49
面河溪⋯⋯⋯⋯⋯⋯⋯131
面河溪溪降⋯⋯⋯⋯⋯131
音戶之瀬戶公園⋯⋯⋯40
食事処おでび⋯⋯⋯⋯62
食堂かめっち。⋯⋯⋯66
食堂 みつばち⋯⋯⋯35
香川縣立東山魁夷瀬戶內美術館⋯107
香川縣立博物館⋯⋯⋯109
香風亭⋯⋯⋯⋯⋯⋯⋯141
俵山溫泉 白猿之湯⋯87
俵山溫泉 町之湯⋯⋯87
倉吉公園廣場⋯⋯⋯⋯97
倉敷美觀地區⋯⋯⋯⋯46
唐戶市場⋯⋯⋯⋯⋯⋯52
宮島⋯⋯⋯⋯⋯⋯⋯⋯57
宮島水族館⋯⋯⋯⋯⋯58
宮島伝統産業会館 みやじまん工房⋯58
宮島空中纜車⋯⋯⋯⋯58
島ごころ⋯⋯⋯⋯⋯⋯9
島根海洋館 AQUAS⋯81
島根縣立古代出雲歷史博物館⋯79
島根縣立宍道湖自然館 Gobius⋯73
島根縣立美術館⋯⋯⋯73
庭園茶寮 みな美⋯⋯74
恩山寺⋯⋯⋯⋯⋯⋯⋯137
栗尾商店⋯⋯⋯⋯⋯⋯118
株湯⋯⋯⋯⋯⋯⋯⋯⋯69
根香寺⋯⋯⋯⋯⋯⋯⋯143
桂濱⋯⋯⋯⋯⋯⋯⋯⋯122
桃太郎ジーンズ児島味野本店⋯51
泰山寺⋯⋯⋯⋯⋯⋯⋯141
浜幸本店⋯⋯⋯⋯⋯⋯123
浜屋⋯⋯⋯⋯⋯⋯⋯⋯87
浦富海岸⋯⋯⋯⋯⋯⋯94
浪花寿司⋯⋯⋯⋯⋯⋯74
海上自衛隊吳史料館（鐵鯨館）⋯40
海上自衛隊第1術科學校⋯41
海之站あしずり⋯⋯⋯126
海底觀光船 Blue Marine⋯120
海洋堂 HOBBY 館 四萬十⋯124
海洋與生活史料館⋯⋯77
海峽夢之塔⋯⋯⋯⋯⋯52
特別名勝栗林公園⋯⋯109
砥部町陶藝創作館⋯⋯133
砥部燒觀光中心 炎之里⋯133
破〝流知庵くらしき⋯⋯49
祖谷の藤蔓橋⋯⋯⋯⋯116
祖谷溪⋯⋯⋯⋯⋯⋯⋯116
神戶ベーカリー 水木ロード店⋯77
神峯寺⋯⋯⋯⋯⋯⋯⋯138
神峰山⋯⋯⋯⋯⋯⋯⋯38
神恵院⋯⋯⋯⋯⋯⋯⋯142
神龍湖⋯⋯⋯⋯⋯⋯⋯61
耕三寺博物館（耕三寺）⋯9・34
脇町劇場オデオン座⋯111

茶房こもん⋯⋯⋯⋯⋯37
荒磯溫泉荒磯館⋯⋯⋯68
釜めし初音⋯⋯⋯⋯⋯121
高見山展望台⋯⋯⋯⋯9
高松地標塔⋯⋯⋯⋯⋯108
高知市龍馬生né紀念館⋯123
高知城⋯⋯⋯⋯⋯⋯⋯123
高知旅廣場⋯⋯⋯19・123
高知縣立坂本龍馬紀念館⋯18・19
高知縣立高知城歷史博物館⋯19・122
高原亭⋯⋯⋯⋯⋯⋯⋯91
高梁市觀光物産館 紺屋川⋯60
鬼女台⋯⋯⋯⋯⋯⋯⋯90
鬼之城⋯⋯⋯⋯⋯⋯⋯46
鬼太郎的妖怪樂園⋯⋯76
桜草⋯⋯⋯⋯⋯⋯⋯⋯49

十一～十五畫

國分寺（香川縣高松市）⋯143
國分寺（高知縣南國市）⋯138
國分寺（愛媛縣今治市）⋯141
國分寺（德島縣德島市）⋯137
國民宿舍 Sunroad 吉備路⋯46
國營備北丘陵公園⋯⋯56
國寶 松江城⋯⋯⋯⋯72
常樂寺⋯⋯⋯⋯⋯⋯⋯137
彩雨庵⋯⋯⋯⋯⋯⋯⋯85
彩雲堂⋯⋯⋯⋯⋯⋯⋯74
御手洗街景保存地區⋯11・38
御所之湯⋯⋯⋯⋯⋯⋯94
御前湯⋯⋯⋯⋯⋯⋯⋯69
曼陀羅寺⋯⋯⋯⋯⋯⋯94
曼荼羅寺⋯⋯⋯⋯⋯⋯142
梅野精陶所（梅山窯）⋯133
淡路 Highway Oasis⋯163
淡路 SA（下行）⋯⋯163
淡路島南 PA（下行）⋯163
淨土寺⋯⋯⋯⋯⋯⋯⋯140
淨瑠璃寺⋯⋯⋯⋯⋯⋯140
清瀧寺⋯⋯⋯⋯⋯⋯⋯139
瓶森⋯⋯⋯⋯⋯⋯⋯⋯17
紺屋川美觀地區⋯⋯⋯64
船宿カフェ 若長⋯⋯11
造山古墳⋯⋯⋯⋯⋯⋯46
郷土料理 五志喜⋯⋯134
郷屋敷⋯⋯⋯⋯⋯⋯⋯102
酔鯨亭 高知店⋯⋯⋯123
野呂山⋯⋯⋯⋯⋯⋯⋯38
雪蹊寺⋯⋯⋯⋯⋯⋯⋯139
魚見台⋯⋯⋯⋯⋯⋯⋯96
魚富⋯⋯⋯⋯⋯⋯⋯⋯65
鳥取砂丘 砂之美術館⋯95
鳥取砂丘⋯⋯⋯⋯⋯⋯94
黑潮海閣⋯⋯⋯⋯⋯⋯127
備中松山城⋯⋯⋯⋯⋯65
備中高梁松山舞蹈節⋯65
備前國分寺⋯⋯⋯⋯⋯46
創作料理 野の花⋯⋯112
善通寺⋯⋯⋯⋯⋯⋯⋯142
善樂寺⋯⋯⋯⋯⋯⋯⋯138
喫茶 ベニ屋⋯⋯⋯⋯98
奥吉野溪谷⋯⋯⋯⋯⋯17
寒霞溪⋯⋯⋯⋯⋯⋯⋯112
景清洞⋯⋯⋯⋯⋯⋯⋯82
最上稻荷⋯⋯⋯⋯⋯⋯47
最御崎寺（東寺）⋯120・138
森之國⋯⋯⋯⋯⋯⋯⋯91
渦之道⋯⋯⋯⋯⋯⋯⋯114
港機交流館⋯⋯⋯⋯⋯76
菊家家住宅⋯⋯⋯⋯⋯84
郷照寺⋯⋯⋯⋯⋯⋯⋯143
開明學校⋯⋯⋯⋯⋯⋯128
陽のあたる場所⋯⋯⋯54
雲邊寺⋯⋯⋯⋯⋯⋯⋯142
黑潮一番館⋯⋯⋯⋯⋯125
焼がきのはやし⋯⋯⋯58
圓明寺⋯⋯⋯⋯⋯⋯⋯141
塔之岡茶屋⋯⋯⋯⋯⋯58
奥大山鍵掛峠⋯⋯⋯⋯90
奥祖谷二重藤蔓橋⋯⋯117
愛媛縣歷史文化博物館⋯129
新海運大樓⋯⋯⋯⋯⋯54
極樂寺⋯⋯⋯⋯⋯⋯⋯136
殿町通⋯⋯⋯⋯⋯⋯⋯85
溫水壇⋯⋯⋯⋯⋯⋯⋯60
溫泉津溫泉⋯⋯⋯⋯⋯81
滑床溪谷⋯⋯⋯⋯⋯⋯128
滑沙⋯⋯⋯⋯⋯⋯⋯⋯95
獅子靈巖展望台⋯⋯⋯108
瑜伽山 蓮台寺⋯⋯⋯50
萩・明倫學舍⋯⋯⋯⋯18
萩城下町⋯⋯⋯⋯⋯⋯82
萩城跡指月公園⋯⋯⋯85

萩博物館⋯⋯⋯⋯⋯⋯85
萩燒會館⋯⋯⋯⋯⋯⋯82
蛸処 憩⋯⋯⋯⋯⋯⋯35
豐田商店⋯⋯⋯⋯⋯⋯115
路庵⋯⋯⋯⋯⋯⋯⋯⋯81
道後溫泉⋯⋯⋯⋯⋯⋯133
道後溫泉本館⋯⋯⋯⋯135
道後溫泉別館 飛鳥乃湯泉⋯18
道隆寺⋯⋯⋯⋯⋯⋯⋯143
境台場公園⋯⋯⋯⋯⋯77
境港水産直賣中心⋯⋯77
鞆の浦 a cafe⋯⋯⋯62
鞆之浦⋯⋯⋯⋯⋯⋯⋯62
夢幻庵 備前燒工房⋯63
夢岬⋯⋯⋯⋯⋯⋯⋯⋯12
夢空間はしまや⋯⋯⋯49
夢港公園⋯⋯⋯⋯⋯⋯73
榮福寺⋯⋯⋯⋯⋯⋯⋯141
歷史の見える丘⋯⋯⋯41
歷史の見える丘公園⋯10
熊谷寺⋯⋯⋯⋯⋯⋯⋯136
福山市內海ふれあいホール⋯62
種間寺⋯⋯⋯⋯⋯⋯⋯139
窪津賞鯨之旅⋯⋯⋯⋯126
網燒きレストラン 見蘭⋯85
蒜山 JERSEY LAND⋯90
蒜山倶楽部 Nadja⋯91
蒜山馬樂園⋯⋯⋯⋯⋯91
蒲生田岬⋯⋯⋯⋯⋯⋯119
駅東創庫 Gallery Minato⋯51
蜻蛉自然公園⋯⋯⋯⋯124
語らい座 大原本邸⋯49
銚子溪自然動物園猴子王國⋯112
鳴門天然溫泉 あらたえの湯⋯18
劍山⋯⋯⋯⋯⋯⋯⋯⋯118
劍峽⋯⋯⋯⋯⋯⋯⋯⋯118
廣兼邸⋯⋯⋯⋯⋯⋯⋯64
播磨屋橋⋯⋯⋯⋯⋯⋯123
潮待ち茶屋 花あかり⋯37
稻佐海濱⋯⋯⋯⋯⋯⋯79
緣結び箸 ひらの屋⋯79
蝙蝠塚古墳⋯⋯⋯⋯⋯46

十六畫以上

麵处 まはろ⋯⋯⋯⋯102
橋本食堂⋯⋯⋯⋯⋯⋯105
橘香堂 美觀地區店⋯49
橫峰寺⋯⋯⋯⋯⋯⋯⋯141
燒山寺⋯⋯⋯⋯⋯⋯⋯137
賴久寺⋯⋯⋯⋯⋯⋯⋯65
錦帶橋⋯⋯⋯⋯⋯⋯⋯57
駱駝騎乘體驗⋯⋯⋯⋯95
龍光寺⋯⋯⋯⋯⋯⋯⋯140
龍串海域公園⋯⋯⋯⋯126
龜老山展望台⋯⋯⋯⋯34
彌谷寺⋯⋯⋯⋯⋯⋯⋯142
澁川海洋水族館（市立玉野海洋博物館）⋯50
澁川動物園⋯⋯⋯⋯⋯50
濱坂海岸⋯⋯⋯⋯⋯⋯94
磯の味処 さかな工房⋯73
禪師峰寺⋯⋯⋯⋯⋯⋯139
繁多寺⋯⋯⋯⋯⋯⋯⋯140
鴻之湯⋯⋯⋯⋯⋯⋯⋯94
舊大社車站⋯⋯⋯⋯⋯79
舊片山家住宅⋯⋯⋯⋯64
舊加茂川沿岸⋯⋯⋯⋯77
舊厚狹毛利家萩屋敷長屋⋯84
舊海軍基地（長迫公園）⋯41
舊野崎家住宅⋯⋯⋯⋯51
藁焼き鰹たたき 明神丸⋯123
藏本通屋台⋯⋯⋯⋯⋯43
豐國神社（千疊閣）⋯58
瀬戶大橋紀念公園⋯⋯106
瀬戶內海歷史民俗資料館⋯106
瀬戶田夕陽海濱⋯⋯⋯34
瀬戶內風仏蘭西料理 レストラン門田⋯134
藤い屋 宮島本店⋯⋯59
藤井寺⋯⋯⋯⋯⋯⋯⋯136
藤森食堂⋯⋯⋯⋯⋯⋯65
藥王寺⋯⋯⋯⋯⋯⋯⋯137
藥師寺⋯⋯⋯⋯⋯⋯⋯94
關門海峽博物館⋯⋯⋯53
嚴島神社⋯⋯⋯⋯⋯⋯58
寶壽寺⋯⋯⋯⋯⋯⋯⋯141
轟公園⋯⋯⋯⋯⋯⋯⋯124
鶴林寺⋯⋯⋯⋯⋯⋯⋯137
鷲羽山⋯⋯⋯⋯⋯⋯⋯50
靈山寺⋯⋯⋯⋯⋯⋯⋯136
鹽釜冷泉⋯⋯⋯⋯⋯⋯91
觀自在寺⋯⋯⋯⋯⋯⋯140
觀音寺⋯⋯⋯⋯⋯⋯⋯137
觀音寺⋯⋯⋯⋯⋯⋯⋯142
讚州井筒屋敷⋯⋯⋯⋯110

【 MM 哈日情報誌系列 27 】

中國·四國
自駕遊

作者／MAPPLE昭文社編輯部
翻譯／王姮婕
校對／黃渝婷
編輯／林庭安
發行人／周元白
排版製作／長城製版印刷股份有限公司
出版者／人人出版股份有限公司
地址／23145 新北市新店區寶橋路235巷6弄6號7樓
電話／（02）2918-3366（代表號）
傳真／（02）2914-0000
網址／www.jjp.com.tw
郵政劃撥帳號／16402311 人人出版股份有限公司
製版印刷／長城製版印刷股份有限公司
電話／（02）2918-3366（代表號）
經銷商／聯合發行股份有限公司
電話／（02）2917-8022
第一版第一刷／2019年5月
定價／新台幣380元
　　　港幣127元

國家圖書館出版品預行編目（CIP）資料

中國·四國自駕遊 / MAPPLE昭文社編輯部作 ；
王姮婕翻譯. ──
第一版.── 新北市：人人，2019.05
面； 公分. ──（MM哈日情報誌系列 ；27）
ISBN 978-986-461-179-9（平裝）

1.旅遊 2.日本四國

731.7709　　　　　　　　108002551

Mapple magazine Drive CHUGOKU・SHIKOKU
Best'19
Copyright ©Shobunsha Publications, Inc, 2018
All rights reserved.
First original Japanese edition published by
Shobunsha Publications, Inc. Japan
Chinese (in traditional characters only) translation
rights arranged with Jen Jen Publishing Co., Ltd
through CREEK & RIVER Co., Ltd.

●版權所有·翻印必究●